OSHO
O livro das crianças

FUNDAMENTOS PARA UMA NOVA HUMANIDADE

OSHO

O livro das crianças
Apoio à liberdade e à inteligência de uma nova geração

Tradução
Patrícia Arnaud

6ª edição

Rio de Janeiro | 2020

CIP-BRASIL. CATALOGAÇÃO NA FONTE
SINDICATO NACIONAL DOS EDITORES DE LIVROS, RJ

O91L

Osho, 1931-1990
O livro das crianças / Osho; tradução: Patrícia Arnaud. – 6. ed.
6ª. ed. – Rio de Janeiro: Best*Seller*, 2020.

Tradução de: The Book of Children
ISBN 978-85-7684-708-3

1. Vida espiritual. 2. Meditação. I. Título.

15-22575   CDD: 158.1
                                       CDU: 159.947

Texto revisado segundo o novo Acordo Ortográfico da Língua Portuguesa.

TÍTULO ORIGINAL:
THE BOOK OF CHILDREN
Copyright © 1997, 1998 OSHO International Foundation
Copyright da tradução © 2015 by Editora Best Seller Ltda.

Publicado mediante acordo com OSHO International Foundation, Switzerland.
www.osho.com/copyrights

O material contido neste livro foi selecionado a partir de vários discursos de Osho para plateias ao vivo. Todos os discursos de Osho foram publicados na íntegra como livros, e estão também disponíveis como gravações de áudio. Os arquivos completos de gravações e textos se encontram em www.osho.com

OSHO é uma marca registrada da Osho International Foundation,
www.osho.com/trademarks.

Capa: Gabinete de Artes
Editoração eletrônica: Abreu's System

Todos os direitos reservados. Proibida a reprodução,
no todo ou em parte, sem autorização prévia por escrito da editora,
sejam quais forem os meios empregados.

Direitos exclusivos de publicação em língua portuguesa para o Brasil
adquiridos pela
EDITORA BEST SELLER LTDA.
Rua Argentina, 171, parte, São Cristóvão
Rio de Janeiro, RJ – 20921-380
que se reserva a propriedade literária desta tradução

Impresso no Brasil

ISBN 978-85-7684-708-3

Seja um leitor preferencial Record.
Cadastre-se e receba informações sobre nossos
lançamentos e nossas promoções.

Atendimento e venda direta ao leitor:
sac@record.com.br

Sumário

As qualidades da criança	7
A gravidez, o parto, a infância	24
O condicionamento	50
Ser pai e mãe da nova criança	70
Conselho aos pais	107
Adolescentes	140
Educação	169
A reconciliação com os pais	220
Meditação	239
Meditações	250
O paraíso recuperado	262
Informações adicionais	269

As qualidades da criança

É a experiência da infância que ronda as pessoas inteligentes ao longo de suas vidas. Elas a querem novamente, ou seja, a mesma inocência, a mesma admiração, a mesma beleza. Agora é um eco distante, é como se as pessoas tivessem visto a infância em sonho.

Mas toda religião nasce a partir da perseguição da experiência da infância que tem como base a admiração, a verdade, a beleza, a vida em sua bela dança. Nos cantos dos pássaros, nas cores do arco-íris, na fragrância das flores, a criança continua a lembrar, no fundo do seu ser, que ela perdeu um paraíso.

Não é uma coincidência o fato de todas as religiões do mundo terem a ideia, em parábolas, de que depois que o homem viveu no paraíso, de alguma maneira e por alguma razão, ele foi expulso. São histórias diferentes, parábolas diferentes, mas têm como significado uma verdade simples: são apenas uma forma poética de dizer que todo homem nasce no paraíso e depois o perde. O tolo, o indivíduo com inteligência limitada, esquece completamente disso.

Entretanto, o inteligente, o sensível, o criativo é assombrado pelo paraíso que conheceu uma vez e, agora, só lhe resta uma vaga lembrança, difícil de acreditar. Ele começa a buscá-lo mais uma vez.

A busca pelo paraíso é a busca pela própria infância novamente. É claro que o corpo não vai mais ser o de uma criança, mas a consciência pode ser tão pura quanto a consciência infantil. Esse é todo o segredo da experiência mística: fazer com que as pessoas voltem a ser crianças de novo, inocentes, desprovidas de qualquer conhecimento, sem saber nada, mas ainda cientes de tudo o que as cerca, com uma admiração profunda e uma sensação de um mistério que não pode ser desmistificado.

A capacidade de brincar

Ninguém permite que seus filhos dancem, cantem, gritem e pulem. Por razões triviais, como por exemplo, a possibilidade de que algo possa se quebrar, ou de que possam ficar com suas roupas molhadas da chuva se correrem para fora, destrói-se completamente uma grande qualidade espiritual, a capacidade de brincar.

A criança obediente é elogiada pelos pais, pelos professores, por todo mundo, e a criança brincalhona é condenada. Sua capacidade de brincar pode ser absolutamente inofensiva, mas ela é condenada porque existe um perigo de rebeldia em potencial. Ao crescer com total liberdade para ser brincalhona, a criança tende a ser uma pessoa rebelde. Não vai ser facilmente escravizada, não vai ser facilmente colocada em exércitos para destruir pessoas ou para ela própria ser destruída.

A criança rebelde virá a ser um jovem rebelde. Depois, não se consegue forçá-la a se casar, não se consegue forçá-la a ter um determinado emprego, nem pode ser forçada a realizar os desejos e anseios frustrados dos pais. O jovem rebelde vai seguir seu próprio caminho. Ele vai viver sua vida de acordo com seus desejos mais íntimos, e não de acordo com os ideais de outra pessoa.

Por todas essas razões, a capacidade de brincar é sufocada e esmagada desde o início. A natureza da criança brincalhona nunca tem permissão para dizer algo. Devagar, lentamente, a pessoa começa a carregar uma criança morta dentro de si. Essa criança morta dentro de si destrói o senso de humor da pessoa a tal ponto que ela não pode rir com vivacidade total, não pode brincar, não pode usufruir das pequenas coisas da vida. A pessoa se torna tão séria que sua vida, em vez de se expandir, começa a encolher.

A vida deve ser, a cada momento, uma criatividade preciosa. O que se cria não importa, pode ser apenas castelos de areia na praia, mas o que quer que se faça deve resultar da capacidade de brincar e da alegria de cada um.

Inteligência

A inteligência não é algo que se adquire, e sim algo que é inerente, que é inato, que é intrínseco à própria vida. Não são apenas as crianças que são inteligentes, os animais também são inteligentes à sua maneira, as árvores são inteligentes ao seu modo. É claro que todos eles têm tipos distintos de inteligência, uma vez que suas necessidades são diferentes, e agora é fato consagrado que tudo o que vive é inteligente. A vida não pode existir sem a inteligência, estar vivo e ser inteligente são sinônimos. Mas o homem vive em um dilema, pela simples razão de que ele não é apenas inteligente, mas também tem consciência de sua inteligência. Embora seja algo exclusivo do ser humano, ou seja, seu privilégio, sua prerrogativa, sua glória, pode se transformar em sua agonia muito facilmente. O homem tem consciência de que é inteligente, e essa consciência traz seus próprios problemas. O primeiro problema é o fato de criar ego.

O ego não existe em nenhum outro lugar, a não ser nos seres humanos, e começa a crescer à medida que a criança cresce. Os pais, as escolas, as universidades, todos eles ajudam a fortalecer o ego pela simples razão de que, durante séculos, o homem teve que lutar para sobreviver, e a ideia tornou-se uma fixação, um profundo condicionamento inconsciente de que somente egos fortes podem sobreviver na luta da vida. A vida tornou-se apenas uma luta para sobreviver. Além disso, os cientistas tornaram tudo ainda mais convincente com a teoria da sobrevivência do mais apto. Portanto, toda criança é orientada de forma a ter um ego cada vez mais forte, e é aí que surge o problema.

À medida que o ego fica forte, começa a cercar a inteligência como uma camada espessa de escuridão. A inteligência é luz, o ego é escuridão. A inteligência é muito delicada, o ego é muito difícil. A inteligência é como uma flor, o ego é como uma rocha. E, para aquele que deseja sobreviver, os autoproclamados conhecedores dizem que é preciso ser como uma rocha, é preciso ser forte, invulnerável. É preciso que o indivíduo se torne uma fortaleza fechada, para que não possa ser atacado de fora para dentro. Ele tem de se tornar impenetrável.

Mas daí ele passa a ficar fechado. Consequentemente, passa a morrer no que diz respeito à sua inteligência, pois esta precisa de céu aberto, de vento, de ar, de sol, para que possa crescer, expandir-se, fluir. Para continuar viva, a inteligência precisa fluir de forma constante, pois, uma vez estagnada ela se torna lentamente um fenômeno morto.

Não se permite que as crianças permaneçam inteligentes. O fato é que, em primeiro lugar, ao serem inteligentes, serão vulneráveis, delicadas, abertas. Ao serem inteligentes, serão capazes de perceber muitas farsas na sociedade, no governo, na igreja, no sistema educacional. Vão tornar-se rebeldes. Vão ser indivíduos diferentes dos outros, e não serão intimidadas facilmente. É possível esmagá-las, mas não se consegue escravizá-las. É possível destruí-las, mas não se pode forçá-las a se conformar.

Se por um lado, a inteligência é muito delicada, como uma rosa, por outro, ela tem a sua própria força. No entanto, essa força é sutil, não é patente. Essa força é a força da rebeldia, de uma atitude descompromissada. O indivíduo não está pronto para vender a sua alma.

Basta observar crianças pequenas para, em seguida, perceber sua inteligência. Sim, elas não têm conhecimento acumulado e, caso se deseje que tenham esse conhecimento, não vai ser possível achar que sejam inteligentes. Se os pais lhes fizerem perguntas que dependam de informações adquiridas, elas não vão parecer inteligentes. No entanto, se fizerem perguntas reais que não tenham nada a ver com informações, e que precisem de resposta imediata, os pais vão perceber que as crianças são muito mais inteligentes do que eles próprios. É claro que o ego dos pais não vai permitir que aceitem este fato, mas se puderem aceitá-lo, vai ajudar bastante. Vai ajudar aos pais, vai ajudar às crianças, porque se eles podem perceber a inteligência dos filhos, podem aprender muito mais sobre eles.

Mesmo que a sociedade destrua a inteligência do ser humano, não pode destruí-la completamente, uma vez que apenas a encobre com muitas camadas de informação.

E essa é a função da meditação: levar o indivíduo para dentro de si de forma mais profunda. É um método de cavar dentro de seu próprio ser até o ponto em que chegue às águas vivas de sua própria inteligência, quando então descobre as fontes dela. Somente quando descobrir a criança novamente é que entenderá o que eu quero dizer ao enfatizar repetidas vezes que as crianças são realmente inteligentes.

A mãe estava preparando o pequeno Pedro para ir a uma festa. Quando acabou de pentear o cabelo dele, ela ajeitou o colarinho da camisa e disse:
– Agora vai, filho. Divirta-se... e comporte-se!
– Qual é, mãe! – disse Pedro. – Por favor, decida antes de eu sair o que quer que eu faça!

Deu para entender? A mãe diz: "Divirta-se... e comporte--se". Ora, as duas coisas não podem ser feitas em conjunto. E a resposta da criança é realmente de muito valor. Ele responde: "Por favor, decida antes de eu sair o que quer que eu faça. Se permite que eu me divirta, então não posso me comportar, e se quer que eu me comporte, então não posso me divertir". A criança pode ver a contradição de forma tão clara, mas pode não ter ficado evidente para a mãe.

Um transeunte pergunta para um menino:
– Filho, pode me dizer que horas são, por favor?
– Sim, claro – responde o menino –, mas para que você precisa disso? Ela muda continuamente!

Uma nova placa de trânsito foi colocada em frente à escola, na qual se lia: "Dirija devagar. Não mate um aluno!"
No dia seguinte, havia uma sequência do aviso da placa com letra de criança: "Espere pelo professor!"

O pequeno Pierino chega em casa da escola com um grande sorriso no rosto.
– Bem, querido, você parece muito feliz. Então você gosta da escola, não gosta?
– Não seja boba, mãe – responde o menino. – Não se deve confundir a ida com a volta!

Enquanto caminha devagar para a escola, o menino reza:
– Querido Deus, por favor, não me deixe chegar atrasado na escola. Eu te peço, Deus, que me deixe chegar na escola no horário...
Neste momento, ele escorrega em uma casca de banana e desliza no chão por alguns metros. Ao se levantar, olha para o céu irritado e diz:
– Tudo bem, tudo bem, Deus, não precisa empurrar!

A jovem professora escreveu no quadro-negro: "Não tive nenhuma diversão durante todo o verão". Em seguida, ela perguntou às crianças:
– O que há de errado com a frase e o que posso fazer para corrigi-la?
O pequeno Ernie gritou do fundo:
– Arrume um namorado.

O pai estava contando histórias para os filhos na sala, depois do jantar:
– Meu bisavô lutou na guerra contra o ditador Rosas, meu tio lutou na guerra contra o Kaiser, meu avô lutou na guerra da Espanha contra os republicanos e meu pai lutou na Segunda Guerra Mundial contra os alemães.
E então o filho menor comentou:

– O que há de errado com essa família? Eles não podem se relacionar com ninguém?

Inocência

As crianças pequenas são inocentes, mas não fizeram por merecer, pois é algo natural. Na verdade, elas são ignorantes, mas sua ignorância é melhor do que aquilo que chamamos de aprendizagem, porque a pessoa que aprendeu apenas encobre sua ignorância com palavras, teorias, ideologias, filosofias, dogmas, crenças. Ela tenta encobrir sua ignorância, mas basta raspá-la um pouco para encontrar em seu interior nada além de escuridão, nada além de ignorância.

Uma criança está em uma condição muito melhor do que a pessoa que aprendeu, porque a criança pode perceber as coisas. Embora seja ignorante, a criança é espontânea e tem percepções de um valor enorme.

Um menininho, tomado por soluços, exclamou:
– Mamãe, eu estou tossindo para trás!

Um menino foi levado ao consultório de um psiquiatra para uma avaliação, pela mãe que era uma tagarela. O psiquiatra fez umas perguntas ao menino e ficou surpreso ao perceber que ele quase não havia prestado atenção às perguntas.
– Você tem problema para ouvir? – perguntou o psiquiatra ao menino.
– Não – respondeu o rapaz. – Tenho dificuldade para escutar.

Vê a percepção? Ouvir e escutar são completamente diferentes. A criança diz: "Não tenho dificuldade de ouvir, mas estou cansado de escutar. Alguém tem que ouvir – e a mãe tagarela encontra-se ali – mas tenho dificuldade de escutar. Não consigo prestar atenção". A mãe, ao ser uma tagarela, destrói algo valioso na criança: a atenção. Ele é uma criança completamente entediada.

O professor de ensino fundamental mandou as crianças para o quadro-negro para resolver problemas de aritmética.
– Não tenho não nenhum giz – disse um menino.
– Isso não está certo – disse o professor. – O modo correto de dizer isso é: "Eu não tenho nenhum giz. Você não tem nenhum giz, Nós não temos nenhum giz, Eles não têm nenhum giz..." Agora você entende?
– Não – respondeu o menino. – O que aconteceu com todo o giz?

O relógio tinha acabado de bater 3 horas da manhã, quando a filha adolescente do ministro voltou de uma balada. O ministro e a esposa estavam esperando pela menina e, assim que ela entrou pela porta da frente, ele disse a ela com bastante desdém:
– Bom dia, filha do diabo.
Com doçura, como qualquer filha deve agir, ela disse:
– Bom dia, pai.

A professora estava tentando ensinar subtração.
– Agora, Hugh – disse ela –, se o seu pai ganhasse $180,00 por semana e deduzisse $6,00 de seguro, $10,80 de previdência social e $24,00 de impostos, e depois desse metade para sua mãe, o que ela teria?
– Um ataque cardíaco! – respondeu o garoto.

O jantar tinha acabado. O pai e o filho de 9 anos estavam na sala assistindo à televisão. A mãe e a filha estavam na cozinha, lavando a louça do jantar. De repente, o pai e o filho ouviram um som estrondoso de algo se espatifando na cozinha. Esperaram por um momento, em estado de choque, mas não ouviram mais nenhum som.

– Foi a mamãe que quebrou um prato – disse o garoto.
– Como é que você sabe? – perguntou o pai.
– Porque – respondeu o filho – ela não está falando nada!

Da cozinha veio o som de copo ou louça se espatifando.
– Willy – gritou a mãe da sala. – Que diabos você está fazendo na cozinha?
– Nada – respondeu Willy –, já está feito!

Um vendedor que trabalhava na área da Nova Inglaterra estava sendo transferido para a Califórnia. A mudança torna-se o principal assunto na casa durante semanas.

Então, na noite antes da grande mudança, quando a filha de 5 anos fazia suas preces, ela disse:

– E agora, Deus, eu vou ter que dizer adeus para sempre, porque amanhã estaremos de mudança para a Califórnia!

Como você conseguiu manter a inocência e a clareza de criança e não se deixou intimidar pelos adultos ao seu redor? De onde você tirou essa coragem?

A inocência é tanto coragem quanto clareza. Não há necessidade de se ter coragem se for inocente. Também não há necessidade de ter nenhuma clareza, porque nada pode ser mais cristalino do que a inocência. Portanto, a questão toda é como proteger a própria inocência. A inocência não é algo a ser alcançado. Não é algo a ser aprendido. Não é algo como um talento para a pintura, música, poesia, escultura. Não é como essas coisas. É mais como respirar, algo com que já se nasce. A inocência é da natureza de todos.

Ninguém nasce de outra forma que não inocente. Como pode alguém nascer sem ser inocente? O nascimento significa que o indivíduo entrou no mundo como uma tábula rasa (folha de papel em branco), ou seja, nada foi escrito sobre ele. Ele tem apenas o futuro, não tem passado. Esse é o significado de inocência. Portanto, é preciso primeiro tentar entender todos os significados de inocência.

O primeiro significado é: sem passado, somente futuro. O ser humano vem para o mundo como um observador inocente. Todo mundo vem da mesma maneira, com a mesma qualidade de consciência.

A questão é a seguinte: como eu consegui que ninguém pudesse corromper a minha inocência, a minha clareza, e de onde eu consegui essa coragem? Como consegui não ser humilhado pelos adultos e seu mundo? Eu não fiz nada, portanto, não é uma questão de como. Simplesmente aconteceu e, então, não posso levar crédito por isso. Talvez isso aconteça com todo mundo, mas você se interessa por outras coisas. Você começa a barganhar com o mundo dos adultos. Eles têm muitas coisas para te dar, e você tem apenas uma coisa para dar, que é sua integridade, sua autoestima. Não tem muito, tem uma única coisa, que se pode chamar de qualquer coisa: inocência, inteligência, autenticidade. Tem apenas uma única coisa.

E a criança é naturalmente muito interessada em tudo o que ela vê ao redor. Sempre quer ter isso, ter aquilo, o que é parte da natureza humana. Ao observar uma criança pequena, mesmo um bebê recém-nascido, é possível perceber que começa a tatear em busca de algo, que suas mãos tentam descobrir alguma coisa. Ele começou a jornada.

Na jornada, a criança vai se perder, porque não se pode obter nada neste mundo sem pagar por isso. E a pobre criança não consegue entender que o que ela está dando é tão importante que, se o mundo todo estiver de um lado e a integridade dela do outro, a sua integridade será mais pesada, mais valiosa. A criança não tem como saber isso. Esse é o problema, pois o que ela tem, simplesmente tem, e toma isso como fato consumado.

Você me pergunta como eu consegui não perder minha inocência e minha clareza. Não fiz nada. Simplesmente, desde o princípio... Eu era uma criança solitária, porque fui criado pelos meus avós maternos, e não estava com meu pai e minha mãe. Essas duas pessoas idosas eram solitárias e queriam uma criança que pudesse ser a alegria de seus últimos dias. Então, meu pai e minha mãe concordaram: eu era o filho mais velho, o primogênito, e me mandaram para a casa dos meus avós para morar com eles.

Não me lembro de nenhuma relação com a família do meu pai, nos primeiros anos da minha infância. Vivi com esses dois homens idosos: o meu avô e seu empregado também idoso, que era realmente um belo homem, e com a minha avó... três pessoas. E a diferença era tão grande, que eu era absolutamente solitário. Eles não eram companhia para mim, nem podiam ser. Eles tentavam ao máximo ser o mais amigável possível, mas isso era meramente impossível.

Fui deixado à minha própria sorte. Eu não podia dizer coisas para eles. Não tinha ninguém mais, porque naquele pequeno vilarejo, a minha família era a mais rica. E era um vilarejo tão pequeno, não tinha mais do que duzentas pessoas ao todo, e as pessoas eram tão pobres que meus avós não permitiriam que eu me misturasse com as crianças do vilarejo. Elas eram sujas e, claro, praticamente mendigos. Portanto, não havia maneira alguma de fazer amigos. Isso causou um grande impacto. Em toda a minha vida, eu nunca fui um amigo e nunca conheci ninguém para ser um amigo. Sim, conhecidos eu tive.

Naqueles primeiros anos, eu era tão solitário que comecei a gostar, e isso é realmente um prazer. Portanto, não foi uma maldição para mim, pelo contrário, revelou ser uma bênção. Comecei a gostar e a me sentir autossuficiente, ou seja, eu não dependia de ninguém.

Nunca tive interesse por brincadeiras, pela simples razão de que na minha própria infância não havia como brincar, não tinha ninguém com quem brincar. Ainda posso me ver naqueles primeiros anos, apenas sentado.

Nossa casa ficava em um local lindo, em frente a um lago. O lago se estendia para longe, por quilômetros... e era tão belo e tão silencioso. Somente de vez em quando era possível ver uma fila de garças brancas voando, ou ouvi-las fazer chamados de amor, quando então a paz era perturbada. Caso contrário, era exatamente o lugar certo para a meditação. E, quando elas vinham perturbar a paz... um chamado de amor de um pássaro, e depois de seu chamado, a paz se aprofundava e se tornava mais predominante.

O lago era cheio de flores de lótus, e eu ficava sentado por horas, tão satisfeito, como se o mundo não importasse: as flores de lótus, as garças brancas, o silêncio... E meus avós descobriram uma coisa: que eu gostava da minha solidão. Viram que eu nunca tivera nenhum desejo de ir ao vilarejo para me encontrar ou falar com alguém. Mesmo que quisessem falar comigo, a minha resposta era sim ou não, também não tinha interesse em conversar. Ficaram cientes de que eu gostava de ser solitário, e que era o seu dever sagrado não me incomodar

Acontece com as crianças, de os adultos dizerem para elas: "Faça silêncio porque seu pai está pensando, seu avô está descansando. Fique quieto, sente e fique em silêncio". Na minha infância, aconteceu o inverso. Agora, não posso responder por que e como aconteceu. É por isso que digo que simplesmente aconteceu, e o crédito não vai para mim.

Todos esses três idosos foram continuamente fazendo sinais uns para os outros: "Não o incomode, ele está se deleitando assim". E eles começaram a amar o meu silêncio.

O silêncio tem sua vibração, e é contagiante, especialmente o silêncio de uma criança que não é forçada em função de alguém lhe dizer: "Vou bater em você, se criar qualquer incômodo ou fizer barulho." Não, isso não é silêncio. Isso não vai criar a vibração de alegria da qual estou falando, quando uma criança fica em silêncio por conta própria, em uma condição de prazer sem qualquer motivo, com uma felicidade que não tem causa, e isso cria vibrações ao redor.

Em um mundo melhor, toda família vai aprender com as crianças. Os pais estão com tanta pressa de educá-las. Ninguém parece aprender com elas, no entanto, elas têm tanto para ensinar aos pais. E eles não têm nada para ensinar para as crianças.

Só por que os pais são mais velhos e poderosos é que se veem no direito de querer fazer com que as crianças sejam iguais a eles, sem nem mesmo nunca terem pensado sobre o que eles próprios são, aonde chegaram, e qual é o status deles em seu mundo pessoal. Se o pai é um indigente, ele quer o mesmo para o seu filho também? Mas ninguém pensa; se pensassem, as pessoas aprenderiam com as crianças pequenas. As crianças trazem muito do outro mundo, em função de terem chegado recentemente. Elas ainda carregam o silêncio do útero, o silêncio da própria existência.

Portanto, foi apenas uma coincidência o fato de eu ter permanecido sem ser incomodado durante sete anos, sem ninguém para me censurar, para me preparar para o mundo dos negócios, da política e da diplomacia. Meus avós estavam mais interessados em me deixar o mais natural possível, especialmente a minha avó. Ela é uma das causas do meu respeito pela feminilidade como um todo, pois essas pequenas coisas afetam todo o comportamento de alguém. Ela era uma mulher simples, sem instrução, mas muito sensível. Deixou claro para o meu avô e o empregado: "Todos nós vivemos certo tipo de vida que não nos levou a lugar nenhum. Estamos tão vazios como sempre estivemos e agora a morte se aproxima". Ela insistiu: "Não deixemos que essa criança sofra a nossa influência. Com qual influência podemos contribuir? Podemos apenas fazê-los igual a nós, e nós não somos nada. Devemos dar a ele uma oportunidade de ser ele mesmo".

Sou imensamente grato a essa mulher. Meu avô, repetidas vezes, teve a preocupação de que, mais cedo ou mais tarde, ele seria responsabilizado: "Vão dizer: 'Nós deixamos nosso filho com vocês, e vocês não lhes ensinaram nada.'"

Minha avó sequer permitiu que eu frequentasse a escola ou tivesse um professor particular. Havia um homem no vilarejo que poderia pelo menos ter me ensinado os princípios da linguagem, da matemática, um pouco de geografia. Ele estudou até a quarta série – a quarta série mais baixa do que era denominado de escola primária na Índia. Mas era o homem mais instruído na cidade. Meu avô tentou arduamente: "Ele pode vir e pode ensiná-lo. Pelo menos ele vai conhecer o alfabeto, um pouco de matemática, de modo que, quando for ao encontro dos pais, eles não digam que nós desperdiçamos todos esses sete anos."

Mas minha avó dizia: "Deixemos que façam tudo o que quiserem fazer depois de sete anos. Durante sete anos, ele tem que ser apenas o seu eu natural, e nós não vamos interferir". E o argumento dela era sempre o seguinte: "Você conhece o alfabeto, e daí? Você sabe matemática, e daí? Você ganhou um pouco de dinheiro, e quer que ele também ganhe um pouco de dinheiro e viva como você?"

Isso foi o suficiente para manter esse velho homem em silêncio. O que fazer? Ele estava em uma posição difícil, porque não podia argumentar, mas ele sabia que seria responsabilizado, e não ela, pois meu pai lhe perguntaria: "O que você fez?" E, na verdade, esse teria sido o caso, mas, felizmente, ele morreu antes que meu pai pudesse perguntar.

Quando voltei para os meus pais, meu pai dizia constantemente: "Aquele velho foi responsável, ele estragou a criança." No entanto, naquele momento eu era forte o bastante, e lhe deixei claro: "Diante de mim, nunca diga uma única palavra contra meu avô materno. Ele me salvou de ser mimado por você, e é essa a sua verdadeira raiva. Mas você tem outros filhos, mime-os. No final vai ver quem foi estragado."

Meu pai tinha outros filhos, e mais e mais crianças continuavam a chegar. Eu costumava implicar com ele: "Façam o favor de trazer mais uma criança para completar uma dúzia." Onze filhos? As pessoas perguntam: "Quantos filhos? Onze não é legal, uma dúzia impressiona mais."

E nos últimos anos, eu costumava lhe dizer: "Você continua mimando todos os seus filhos. Eu sou selvagem e vou permanecer selvagem."

O que se vê como inocência não é nada mais do que uma condição selvagem. O que se vê como clareza não é nada mais do que a natureza selvagem. De alguma forma, eu fiquei fora da capacidade de dominação da civilização.

Depois fiquei forte o suficiente... e é por isso que as pessoas insistem: "Segurem a criança o mais rápido possível, não percam tempo, porque o quanto antes segurarem a criança, mais fácil será. Depois que a criança se tornar forte o bastante, será difícil para os pais dobrá-la de acordo com os seus desejos."

E a vida se move em ciclos de sete anos. Ao sétimo ano a criança está perfeitamente forte, e não se pode fazer nada. Agora ela sabe para onde ir, o que fazer. Ela é capaz de argumentar. Ela é capaz de perceber o que é certo e o que é errado. E sua clareza vai atingir o seu ápice quando chegar aos 7 anos. Se os pais não o perturbarem em seus primeiros anos, ao atingir os 7, tudo será tão claro, que sua vida como um todo será vivida sem qualquer arrependimento.

Vivo sem qualquer arrependimento. Tentei encontrar: será que fiz alguma coisa errada, alguma vez? Não que as pessoas pensem que tudo que tenho feito seja correto, não é essa a questão: nunca pensei que qualquer coisa que eu tenha feito fosse errada. O mundo inteiro pode achar que estava errado, mas para mim existe uma certeza absoluta de que estava certo, e que era a coisa certa a fazer.

A gravidez, o parto, a infância

Se os seres iluminados não têm filhos, e as pessoas neuróticas não estão aptas para a paternidade, quando é o momento certo?

As pessoas iluminadas não têm filhos, e as pessoas neuróticas não devem tê-los. Exatamente entre os dois é que há um estado de saúde mental, de ausência de neurose, ou seja, a pessoa não é neurótica nem iluminada, é simplesmente saudável. É exatamente no meio o momento certo para a paternidade, para tornar-se mãe ou pai.

Este é o problema: as pessoas neuróticas tendem a ter muitos filhos. As pessoas neuróticas tendem, em sua neurose, a criar um espaço bastante ocupado em torno delas. Não deveriam, pois isso é uma forma de escapismo. Deveriam sim é enfrentar a questão da neurose e ir além dela.

Uma pessoa iluminada não precisa ter filhos. Ela deu a luz final a si mesma. Agora não há necessidade de dar à luz ninguém mais. Tornou-se pai e mãe para si mesma. Tornou-se um útero para si mesma, e renasceu.

Mas entre as duas, quando a neurose não está presente, a pessoa medita, torna-se um pouco alerta, consciente. Sua vida não fica apenas envolta na escuridão. A luz não é tão penetrante como quando a pessoa se torna Buda, mas uma vela com pouca claridade está disponível. Este é o momento certo para ter filhos, porque a pessoa será capaz de dar algo de sua consciência para os seus filhos. Do contrário, o que ela dará de presente para eles? Vai dar a sua neurose.

Ouvi dizer que um homem com 18 filhos levou-os para um show de gado leiteiro. Estava incluso no evento a apresentação de um touro premiado, a um custo de cinquenta centavos para vê-lo. O homem pensou que esse valor era exorbitante, mas seus filhos queriam ver o animal, e assim se aproximaram da entrada do recinto. O atendente perguntou:

– Todas essas crianças são suas, senhor?

– Sim, são – respondeu o homem. – Por quê?

– Bem, esperem aqui um minuto, que eu vou trazer o touro para fora para ver vocês! – respondeu o atendente.

Dezoito crianças! Até mesmo o touro vai ficar com inveja.

A pessoa continua reproduzindo réplicas de si mesmo de forma inconsciente. É preciso primeiro pensar: se der à luz uma criança, você está em condições de dar um presente para o mundo? Você é uma bênção para o mundo, ou uma maldição? E então pensar: você está pronto para ser mãe ou pai de uma criança? Você está preparado para dar amor de forma incondicional? Isso porque, embora os filhos venham através dos pais, eles não lhes pertencem. Eles podem dar amor aos filhos, mas não devem impor suas ideias a eles. Não devem dar seus modos neuróticos de viver a eles. Continue a pensar: você vai permitir que eles floresçam à sua própria maneira? Vai permitir que eles tenham liberdade para serem eles mesmos? Se estiver pronto, então está bom. Caso contrário, aguarde, e prepare-se.

Com o homem, a evolução consciente entrou para o mundo. Não seja como os animais, que apenas reproduzem inconscientemente. No entanto, prepare-se antes de se decidir por ter um filho. Torne-se mais meditativo, torne-se mais tranquilo e pacífico. Livre-se de todas as neuroses que tem dentro de si. Espere por aquele momento em que esteja absolutamente puro, para então dar à luz uma criança. Depois dê sua vida à criança, seu amor ao seu filho. Com isso, estará ajudando a criar um mundo melhor.

Estou grávida. Decidi pelo aborto e achei que estava feliz com a decisão, mas desde então, sempre que penso nisso, sinto-me triste.

Essa vai ser uma tristeza momentânea. Se quiser tornar-se mãe, é porque quer ter problemas mais profundos, pois não se trata de uma questão que pode ser resolvida facilmente, afinal de contas, a criança está presente. A mãe não pode ter seu próprio crescimento, não pode trabalhar, pelo contrário, tem que tomar conta dos filhos. E depois há complicações.

Depois de terminado o próprio trabalho de crescimento é um momento perfeitamente adequado. Um filho deve ser um motivo de lazer, deve ser o último luxo. Depois, a pessoa pode mimar a si mesma sendo uma mãe, senão vai criar complicações. Portanto, é preciso se decidir. Ninguém a está forçando, a decisão depende dela: se quiser tornar-se mãe, então quer tornar-se mãe. Mas depois assuma as consequências também.

As pessoas não têm consciência do que estão fazendo quando desejam trazer uma criança ao mundo. Caso contrário, vão sentir muito em relação a isso, em vez de sentir muito em relação ao aborto. Basta que se pense em ambas as possibilidades: o que vai dar à criança? O que você conseguiu para dar à criança?

Você vai trazer suas tensões para esse ser, e o filho vai repetir o mesmo tipo de vida que o seu. Ele vai ao psicanalista, ele vai ao psiquiatra, e toda a sua vida vai ser um problema, assim como é com todo mundo. Que direito ela tem de trazer uma alma ao mundo, quando não pode dar a essa alma um ser completo e saudável? É um crime! As pessoas pensam o contrário: acham que o aborto é um crime. Mas a criança vai encontrar outra mãe, porque nada morre. E há muitas mulheres que vão ficar felizes em ter a criança. A única questão é que quem fez o aborto não vai ser responsável por ela.

Não estou dizendo para não tornar-se mãe, estou dizendo para ter consciência de que tornar-se mãe é uma grande arte, é uma grande conquista. Primeiro é preciso que a pessoa crie essa qualidade, essa criatividade dentro de si, essa alegria, essa celebração e, depois, convide a criança. Daí então ela vai ter alguma coisa para dar para o filho, ou seja, sua celebração, sua canção, sua dança, e não vai criar um ser patológico. O mundo já está muito cheio de seres patológicos. Deixem que algum outro planeta sofra! Por que esta terra? O mundo está morrendo de fome, não há comida e as pessoas estão morrendo, a natureza está confusa e a vida vai ficar cada vez mais desagradável e infernal. Este não é o momento certo.

E mesmo achando que está tudo bem, que o mundo vai cuidar de si mesmo, que o mundo vai sair dessa, a pessoa ainda tem que pensar em seu filho. Ela está pronta para ser mãe? Essa é a questão. Se ela acha que está pronta, que vá em frente: tenha um filho. Quando estiver preparada, vai ficar feliz em ter um filho e o filho vai ficar feliz por ter tido a sorte de ter uma mãe como ela. Caso contrário, deve ir a qualquer psiquiatra e perguntar: "Quais são os problemas das pessoas?" Esses problemas podem ser reduzidos a um fator: a mãe, porque a mãe não foi capaz de gerar um útero psicológico, de gerar um útero espiritual. Ela estava neurótica em termos psicológicos, e estava vazia em termos espirituais, portanto, não havia nenhum alimento espiritual para a criança, nada para alimentá-la. A criança vem ao mundo como um ser físico, sem uma alma, sem qualquer centro. A mãe não estava centrada. Como a criança pode ser centrada? A criança é simplesmente uma continuação, uma continuidade do ser da mãe. Se as pessoas vissem todas as implicações disso, poucas decidiriam tornarem-se pais e mães. E seria um mundo melhor se poucas pessoas decidissem ser mães e pais. Seria menos lotado, menos neurótico, menos patológico, menos louco.

Ainda não temos filhos e tenho vontade de ter uma criança. Tenho 32 anos agora e acho que estou pronta, mas gostaria de ter o seu conselho.

Basta uma coisa. Quando quiser fazer amor, deve-se sempre fazer depois da meditação. Torne a meditação um hábito, e quando a energia estiver bastante meditativa, só então faça amor. Quando está em um estado meditativo profundo e a energia flui, a pessoa concebe uma alma de qualidade superior. O tipo de alma que entra na mulher depende de onde a mulher se encontra.

Quase sempre acontece de as pessoas fazerem amor quando estão sexualmente ativas. A sexualidade é um centro inferior. Acontece, às vezes, de as pessoas fazerem amor, quando estão irritadas e brigando. Isso também é muito baixo. Assim, elas abrem a porta para uma alma muito inferior. Ou as pessoas fazem amor como uma rotina, um hábito mecânico, algo que tem de ser feito todo dia, ou duas vezes por semana, ou seja lá o que for. Fazem isso apenas como uma rotina ou como parte da higiene pessoal, mas também é muito repetitivo. Não há nada de coração nisso e, consequentemente, as pessoas permitem que almas muito inferiores entrem nelas.

O amor deve ser quase como oração. O amor é sagrado. É a coisa mais sagrada que existe no homem.

Portanto, primeiro a pessoa deve se preparar para fazer o ato de amor. Deve orar, meditar e, quando estiver repleta de um tipo diferente de energia que não tenha nada a ver com a necessidade física, na verdade, nada a ver com a necessidade sexual, então está vulnerável a uma alma de qualidade superior.

Se não estiver muito alerta em relação a isso, a pessoa vai se envolver com uma alma muito comum. As pessoas não têm consciência do que estão fazendo. Se alguém vai comprar um carro, ainda assim pensa muito sobre isso. Se alguém pretende comprar móveis para a própria sala, tem mil e uma alternativas e pensa sobre isso e aquilo, quais deles vão ser mais adequados. No entanto, quando se trata de filhos, as pessoas nunca pensam sobre que tipo de criança gostariam de ter, que tipo de alma vão chamar, vão convidar.

E são várias as alternativas... de Judas a Jesus, da alma mais sombria à mais sagrada. São milhões as alternativas e é a atitude da pessoa que vai decidir. Qualquer que seja a atitude, a pessoa se torna disponível para esse tipo de alma.

Estou grávida. Existe alguma meditação ou alguma coisa a ser feita, que seja útil para o bebê ou para nós, os pais?

Apenas permaneça o mais feliz e amorosa possível. Evite negatividades, pois é isso que destrói a mente da criança. Quando está em formação, a criança não apenas segue o corpo da mãe, mas também a sua mente, uma vez que esses são os modelos. Portanto, se a mãe for negativa, essa negatividade começa a entrar na composição da criança desde o princípio. Depois é uma jornada longa e tortuosa para abandoná-la. Se as mães fossem um pouco mais cuidadosas, não haveria a necessidade de nenhuma terapia do "grito primal". Se as mães fossem um pouco mais cuidadosas, a psicanálise como profissão desapareceria.

A psicanálise é um grande negócio por causa das mães. A mãe é realmente de grande importância, porque durante nove meses o filho vai viver no clima da mãe, e vai absorver a mente dela, toda a mente dela. Portanto, a mãe não pode ser negativa. Tem que estar cada vez mais com o humor positivo, mesmo quando às vezes possa parecer difícil. Mas esse tanto de sacrifício tem de ser feito em prol da criança. Se quiser realmente ter uma criança de algum valor, de alguma integridade, com alguma individualidade, além de uma criança feliz, então esse sacrifício tem de ser feito. Isso faz parte do conceito de ser uma mãe, ou seja, esse sacrifício. Portanto, não deve ser negativa de jeito nenhum, deve evitar todas as negatividades. Deve evitar ter raiva, ter ciúme, ser possessiva, ficar ranzinza e brigar, deve evitar esses espaços. A mãe não pode se dar ao luxo dessas coisas, pois está criando um novo ser! O trabalho é de tal importância que não se pode ser tolo ou estúpido.

Alegre-se cada vez mais, ore, dance, cante, ouça boa música, e não música pop. Ouça música clássica, que é reconfortante e entra fundo no inconsciente, pois é apenas assim que a criança pode ouvir.

Sente-se em silêncio, tanto quanto possível, e desfrute da natureza. Esteja com árvores, pássaros, animais, porque eles são realmente inocentes. Ainda fazem parte do jardim do Éden, somente Adão e Eva foram expulsos. Até mesmo a árvore do conhecimento ainda está no jardim do Éden. Portanto, fique mais em contato com a natureza, e relaxe, para que a criança cresça em um ventre relaxado, sem tensão, senão, desde o início, a criança começa a se tornar neurótica.

(Para o pai): Ajude-a nesses dias, para que ela possa ser mais positiva. Não provoque nela a negatividade. Dê-lhe cada vez mais tempo, para que ela possa sentar-se em silêncio, estar com as árvores, ouvir os pássaros, ouvir música. Evite qualquer situação que possa se tornar uma provocação para tornar a futura mãe negativa. E para ambos: sejam mais amorosos, alegrem-se mais com o silêncio um do outro, pois os dois estão dando à luz algo que é divino. Toda criança é divina, e quando algo grande está para acontecer, um grande convidado está para chegar em casa, o casal não briga. E este pode ser o maior convidado que jamais chegou ao casal, portanto, durantes esses nove meses, sejam cuidadosos, cautelosos e vigilantes.

Sejam mais amorosos e menos sexuais. Se o sexo for amoroso, tudo bem, mas não pelo sexo em si. Desde o início, isso dá à criança uma sexualidade profundamente enraizada. O sexo é perfeitamente bom no contexto do amor, como parte do amor, assim como o casal segura as mãos um do outro e se abraça como parte do amor. Um dia podem fazer amor também, mas como parte do amor. Daí não se trata de uma atitude que envolve sexualidade, é apenas uma comunhão.

Se por esses nove meses, puderem evitar o sexo pelo sexo, será um grande presente para a criança. Assim a vida dela não vai ser tão obsessiva em relação ao sexo como acontece com a vida das pessoas.

Existe algo que a mãe possa fazer para tornar o processo de nascimento o mais fácil possível para a criança?

Com certeza a mãe pode fazer muito, mas você deve se preocupar em apenas não fazer. Portanto, simplesmente relaxe. É preciso lembrar-se de não interferir, e quando começar a sentir a dor, opte pela dor. Quando começar a sentir os movimentos no útero, e o corpo começar a se preparar para dar à luz, e houver um pulso rítmico dentro... As pessoas acham que esse pulso é doloroso, mas não é, é a interpretação errada delas que faz com que seja doloroso. Portanto, quando o pulso surgir, simplesmente o aceite, e flutue com ele. Da mesma forma que a respiração ocorre através da inspiração e da expiração, o útero e o canal de nascimento começam a expandir e a encolher. Esta é apenas uma forma de fazer uma passagem para a criança. Quando a mulher sente dor, quando ela decide que é dor, começa a lutar contra, pois é muito difícil não lutar contra a dor. Quando ela começa a lutar, ela dá início a uma interferência com o ritmo. Essa interferência é muito destrutiva para a criança. Se a mãe simplesmente ajuda a criança, se a mãe vai junto com o corpo, o que quer que esteja acontecendo, ou seja, se expande, se encolhe, se permite o pulso e simplesmente desfruta dele, é realmente um grande deleite. Mas depende de como a mãe conduz isso.

Por exemplo, agora, pelo menos no Ocidente, as pessoas têm ideias mais avançadas sobre sexo. No entanto, no passado, ao longo dos séculos, a primeira experiência sexual para a mulher era muito dolorosa. Ela ficava trêmula, porque desde a infância lhe era ensinado que o sexo era feio, animalesco e, então, ela tremia de medo. A lua de mel se aproximaria e a mulher ficaria tremendo. Ela sentia que tinha de passar pela provação, e sendo uma provação, é claro que era dolorosa. Mas agora, no Ocidente pelo menos, a dor desapareceu. É uma bela experiência, é orgásmica.

É exatamente a mesma coisa com o parto. É um orgasmo maior do que o orgasmo sexual, porque no orgasmo sexual, o corpo tem um ritmo: expande, encolhe, expande, encolhe, mas não é nada comparado a quando a mulher dá à luz uma criança. Dar à luz uma criança é um orgasmo um milhão de vezes maior. Encare a experiência como um orgasmo: estar feliz, satisfeita, contente, só isso, em seguida a criança simplesmente sai da passagem, ajudada pela mãe. Por outro lado, se a mãe luta quando a criança quer sair, e não permite que aconteça o movimento que é necessário para isso, às vezes a criança fica presa, a cabeça fica presa. Se a cabeça ficar presa, a criança vai sofrer a vida inteira. Ela não vai ser tão inteligente quanto teria sido, porque sua cabeça é muito mole e o cérebro ainda está se desenvolvendo. Basta um pequeno impacto, um pequeno fechamento, e o cérebro não é mais tão saudável como poderia ser.

Portanto, ajude no processo de nascimento, aprecie-o. Basta considerá-lo como se estivesse se movendo em um grande orgasmo, nada mais. A não interferência por parte da mãe é a maior ajuda que se pode dar à criança. Assim a criança vem facilmente, relaxada, por conta do "deixa acontecer". E depois ela não vai precisar de terapia primal, diferentemente de outras pessoas que precisam dessa terapia porque sofreram trauma no nascimento. E é tão doloroso para a criança. É apenas a primeira experiência, e a primeira experiência é tão desagradável, sufocante, e quase mata o bebê: a passagem é estreita, a mãe está tensa e a criança não consegue sair da passagem.

Essa é sua primeira experiência. Assim, a primeira experiência é um inferno e, depois, a vida inteira torna-se um sofrimento. Deixe a primeira experiência ser proveniente de um belo fluir, e ela será o alicerce para a criança.

O que mais pode ser feito para que o nascimento de uma criança seja feito da forma mais suave possível?

Quando a criança sai do útero, é o maior choque de sua vida. Nem mesmo a morte será um choque tão grande, porque a morte virá sem aviso. A morte virá, muito provavelmente, quando ela estiver inconsciente. No entanto, quando estiver saindo do útero da mãe, ela está consciente. O longo sono de nove meses, um sono tranquilo, é perturbado e, em seguida, é cortado o cordão que une a criança à mãe. No momento em que se corta o cordão que junta o filho à mãe, cria-se um indivíduo medroso. Não é o caminho certo, mas é assim que tem sido feito até agora.

A criança deve se apartar da mãe de forma mais lenta, mas gradual. Não deve haver esse choque, e isso pode ser providenciado. É possível fazer uma preparação científica. Não deve haver luzes ofuscantes na sala, porque a criança viveu durante nove meses na escuridão absoluta e tem olhos muito frágeis que nunca viram luz. E, em todos os hospitais há luzes ofuscantes, luzes de tubo, e a criança de repente se depara com a luminosidade... A maioria das pessoas sofre de problemas nos olhos por causa disso e, mais tarde, tem que usar óculos. Nenhum animal precisa de óculos. Alguém já viu animais com óculos lendo jornais? Seus olhos são perfeitamente saudáveis a vida inteira até a morte. É só o homem. E o começo disso acontece nos primórdios. Não, deve-se dar à luz no escuro, ou com muito pouca iluminação, talvez velas. A escuridão seria melhor, mas se for necessário um pouco de luz, então velas são uma boa opção.

E o que os médicos fizeram até agora? Eles sequer dão um pouco de tempo para que a criança se familiarize com a nova realidade. O modo como dão as boas vindas à criança é tão ridículo. Eles suspendem, com as mãos, a criança pelos pés e lhe dão um tapa no bumbum. A ideia por trás desse ritual estúpido é que vai ajudar a criança a respirar, uma vez que no útero da mãe ela não respirava por conta própria, pois era a mãe que respirava por ela, comia por ela, fazia tudo por ela.

Vir ao mundo e ser saudado de cabeça para baixo, e com um tapa no bumbum, não é um bom começo. Mas o médico está com pressa. De outro modo, a criança começaria a respirar por livre e espontânea iniciativa. Além disso, é preciso que a deixe sobre a barriga da mãe, em cima da barriga da mãe. Antes de se cortar o cordão umbilical, a criança deve ser deixada sobre a barriga da mãe. Ela esteve dentro da barriga, por baixo, e agora está fora. Não é uma grande mudança. A mãe está lá, a criança pode tocá-la, pode senti-la. A criança conhece a vibração. Tem perfeita consciência de que esse é o seu lar. Ela veio para fora, mas esta é a sua casa. Deixem-na ficar com a mãe um pouco mais, para que se familiarize com a mãe do lado de fora, pois do lado de dentro a criança já a conhece.

E não se deve cortar o cordão que une a criança à mãe até que ela comece a respirar por conta própria. E agora, o que se faz? Corta-se o cordão e dá-se um tapa na criança para que ela tenha que respirar. Mas essa é uma maneira de forçá-la, isso é violento, e absolutamente anticientífico e antinatural. Deixe-a primeiro respirar por livre e espontânea vontade. Vai levar alguns minutos. Não se deve ter muita pressa. Trata-se da vida inteira de um homem. O médico pode fumar seu cigarro dois ou três minutos depois, pode sussurrar palavras doces para sua namorada um pouco mais tarde. Não vai prejudicar ninguém. Qual é a pressa? Será que não pode dar à criança três minutos? A criança não precisa de mais do que isso. Basta deixá-la por conta própria, e dentro de três minutos ela começa a respirar. Quando começa a respirar, torna-se confiante de que pode viver por contra própria. Daí, então, pode-se cortar o cordão, pois ele é inútil agora, e não vai causar um choque à criança.

Depois, o passo mais importante é não colocar a criança em cobertores e em uma cama. Não, durante nove meses, ela ficou nua, sem cobertores, sem travesseiros, sem lençóis, sem uma cama, portanto, não se deve fazer tal mudança tão rapidamente. A criança precisa de uma pequena banheira com a mesma solução de água que estava no útero da mãe, do mesmo modo que a água do mar, que precisa da mesma quantidade de sal, da mesma quantidade de substâncias minerais, exatamente a mesma coisa.

Essa é mais uma vez a prova de que a vida deve ter acontecido pela primeira vez no oceano. Ainda acontece na água oceânica.

É por isso que quando está grávida, a mulher começa a comer coisas salgadas, porque o útero passa a absorver o sal, e a criança precisa exatamente da mesma água salgada que existe no oceano. Portanto, basta compor a mesma água em uma banheira pequena, e deixar a criança deitada ali, para que ela se sinta perfeitamente acolhida. Essa é a situação com a qual ela é familiarizada.

No Japão, um monge Zen tentou um grande experimento, que está ajudando uma criança de 3 meses a nadar. O monge foi, lentamente, diminuindo a idade dos bebês no experimento. Primeiro, tentou com crianças de 9 meses, depois com crianças de 6 meses, agora com crianças de 3 meses. E digo a ele que ainda está muito longe. Mesmo a criança que acabou de nascer é capaz de nadar, pois ela nadava no útero da mãe.

Portanto, dê à criança uma chance, e que seja similar ao útero materno.

Alimentar e amar a criança

Quando uma mãe está alimentando seu filho, não está apenas dando leite, como sempre se pensou. Agora os biólogos se depararam com uma questão mais profunda, e dizem que a mãe está fornecendo energia, e que o leite é apenas uma parte física. Eles têm feito muitas experiências: a criança é gerada, a comida é dada, da maneira mais perfeita possível, com o que quer que a ciência médica ache que é necessário. Tudo é dado à criança, mas ela não é amada, não recebe afago, a mãe não toca nela. O leite é dado através de dispositivos mecânicos, são dadas injeções, são dadas vitaminas, tudo é perfeito. Mas a criança para de crescer, começa a encolher, como se a vida começasse a se afastar dela. O que está acontecendo? Tudo o que o leite da mãe estava dando continua sendo dado, mas a criança não prospera.

Foi o que aconteceu na Alemanha, durante a guerra, quando muitos bebês pequenos órfãos foram colocados em um hospital. Em poucas semanas, todos eles estavam quase morrendo. Metade deles morreu, apesar de todo o cuidado adotado. Cientificamente os cuidados estavam absolutamente certos, e os médicos estavam fazendo tudo o que era necessário. Mas por que essas crianças estavam morrendo? Então, um psicanalista observou que os bebês precisavam de afago, de alguém para abraçá-los, alguém para fazê-los sentirem-se importantes. O alimento não é alimento o suficiente. É necessário algum alimento interno, algum alimento invisível. Assim, o psicanalista criou uma regra segundo a qual qualquer pessoa que entrasse na sala, ou seja, uma enfermeira, um médico, um funcionário, tinha que ficar pelo menos cinco minutos lá para abraçar e brincar com as crianças. De repente, eles pararam de morrer, e começaram a crescer. E, desde então, muitos estudos têm sido feitos.

Quando uma mãe abraça uma criança, a energia flui. Essa energia é invisível, e é chamada de amor, de aconchego. Algo está saltando da mãe para a criança, e da criança para a mãe. É por isso que a mulher fica tão bela quando se torna mãe. Antes, falta alguma coisa, ela não está completa, o ciclo está quebrado. Sempre que uma mulher torna-se mãe, o ciclo fica completo. Chega até ela uma graça, como se viesse de alguma fonte desconhecida. Portanto, não é apenas a mãe que está alimentando a criança, mas a criança também está alimentando a mãe. Elas estão felizes numa relação de uma "para" a outra.

E não há nenhuma outra relação que seja tão próxima. Mesmo os amantes não são tão próximos, porque a criança vem da mãe, desde o próprio sangue, sua carne e seus ossos, a criança é apenas uma extensão do ser da mãe. Isso nunca acontecerá novamente, porque ninguém pode estar tão próximo. Um amante pode estar perto do coração da amada, mas a criança vive dentro do coração. Por nove meses, a criança permaneceu como parte da mãe, organicamente unidas, como uma pessoa. A vida da mãe foi a vida do filho, a morte da mãe teria sido a morte do filho. Mesmo depois que isso passa, continua a existir uma transferência de energia, uma comunicação de energia.

A mãe, para a criança, torna-se desde o início associada à ideia do alimento e de amor. Alimento e amor tornam-se praticamente duas faces da mesma moeda. O objeto do amor da criança e o objeto de seu alimento são o mesmo. Não apenas a mãe, mas o peito em particular, uma vez que a criança obtém o alimento e o calor e a sensação do amor do peito.

Há uma diferença: quando a mãe ama a criança, o peito tem uma sensação diferente e uma vibração diferente. A mãe gosta que a criança mame em seu peito, e é estimulante para a sexualidade da mãe. Se a mãe está realmente apaixonada pela criança, ela chega quase a uma alegria orgásmica. Seus peitos são muito sensíveis, são as zonas mais eróticas de seu corpo. Ela começa a incandescer e a criança pode sentir. A criança torna-se consciente do fenômeno do qual sua mãe está desfrutando. Ela não está simplesmente alimentando-a, ela está curtindo.

Mas quando a mãe dá o peito apenas por necessidade, então o peito é frio, não há calor nele. A mãe não está disposta, está com pressa. Ela quer tirar o peito o mais rápido possível. E a criança sente isso. É tão aparente que a mãe é fria, que ela não é amorosa, que não tem calor para dar. Ela não é realmente uma mãe. A criança parece ser indesejada, e se sente indesejada.

A criança se sente desejada apenas quando a mãe gosta quando ela mama em seu peito, quando isso se torna praticamente uma relação de amor, quase uma relação orgásmica. Somente então a criança sente o amor proveniente da mãe, necessário por parte materna. E, ser necessário por parte materna é ser necessário por parte da existência, uma vez que a mãe é toda a existência do filho, e ele conhece a existência através dela. Qualquer que seja a ideia do filho sobre a mãe, vai ser a sua ideia do mundo.

Uma criança que não foi amada pela mãe vai se achar uma alienada em termos de existência, vai se achar uma pessoa esquisita, um estranho. Ela não pode confiar na existência. Se não poderia nem confiar em sua própria mãe, como é que pode confiar em alguma outra pessoa? A confiança torna-se impossível. Ela duvida, ela desconfia, e está constantemente vigilante, com medo, assustada. Encontra em toda parte inimigos, concorrentes. A todo o momento está com medo de ser esmagada e destruída. O mundo não lhe parece ser um lar de jeito nenhum.

Se a mãe está feliz, alegra-se em alimentar a criança, que então nunca come muito, porque tem confiança, sabe que a mãe está sempre lá. A qualquer momento em que a criança sinta fome, suas necessidades serão satisfeitas. Ela nunca come demais.

Uma criança bem amada permanece saudável. Ela não é nem magra nem gorda, ela mantém um equilíbrio.

❧

Basta olhar para uma criança pequena. Sempre que se sente tensa, coloca a mão na boca, e começa a mastigar a própria mão. E por que será que ela se sente bem quando seu dedo polegar está na boca? Por que a criança se sente bem e dorme? Isso acontece com quase todas as crianças. Sempre que elas sentem que o sono não vem, colocam o polegar dentro da boca, ficam à vontade e caem no sono. Por que será? O dedão torna-se um substituto para o peito da mãe, e o alimento é relaxante. Ninguém consegue ir dormir sentindo fome, pois é difícil pegar no sono. Quando o estômago está cheio, a criança se sente sonolenta, e o corpo precisa descansar. O dedão é apenas um substituto para o peito e, apesar de não dar leite, apesar de ser algo falso, ainda assim dá a sensação.

Se quando essa criança cresce, ela chupa o dedão em público, as pessoas acham que ela é uma tola, então ela adere ao cigarro. Um cigarro não é tolo, é aceito. É só o dedão que não é aceito, e o cigarro é mais prejudicial do que o dedão. É melhor que a pessoa fume o seu polegar, e continue fumando até o túmulo, pois não é prejudicial.

E, em países em que a amamentação parou, automaticamente haverá mais fumantes. É por isso que as pessoas nos países desenvolvidos fumam mais do que nos países subdesenvolvidos, pois nenhuma mãe está preparada para dar o peito ao filho, porque todas estão preocupadas com a forma. Em todas as comunidades primitivas, uma criança de 7 anos, ou mesmo uma criança de 8 ou 9 anos, vai continuar a mamar no peito. Depois, haverá uma satisfação e fumar não será tão necessário. E é por isso que em comunidades primitivas os homens não ficam muito interessados nos peitos das mulheres, ninguém olha para os peitos.

Qualquer pessoa que tivesse mamado no peito por dez anos, de forma continua, ficaria farto e entediado, e diria: "Pare agora!" Mas toda criança tem sido desmamada prematuramente, e isso provoca uma ferida. Por isso todos os países civilizados são obcecados com seios. As crianças devem ser alimentadas no peito, pois, do contrário, vão se tornar viciadas nele, e vão ficar em busca dele a vida inteira.

Os cientistas fizeram experiências com crianças para ver o que elas fariam se fossem deixadas próximas à comida. Há de se pensar que elas comeriam demais. Errado, elas não comem demais. As mães e os pais deram a elas uma superalimentação, dizendo: "Coma mais. Coma, fique um pouco mais robusta. Mostre um pouco de brilho, olhe para você." A mãe senta-se de frente para a criança e diz para comer mais, só um pouco mais. A criança chora e, de alguma forma, consegue comer. É frequente ver crianças chorando. O corpo delas está dizendo não. O corpo delas diz para sair, pular e saltar um pouco, subir em árvores. E os pais continuam a alimentá-las. O médico diz que a cada três horas é preciso lhes dar de mamar. A criança não mama e, embora vire o rosto para o lado, a mãe continua a alimentá-la com leite, porque se passaram três horas.

Seguir o tempo médio não funciona. Quando a criança está com fome, ela chora, ela própria deixa que a mãe saiba. Não há necessidade de olhar no relógio. A criança tem seu relógio biológico interno. Mas a mãe continua interferindo no relógio da criança. Além disso, cada criança sente fome de forma diferente. Uma sente fome em quatro horas, outra em três, outra ainda em duas horas. Ora, isso é um grande problema, pois foi estabelecida uma regra, que é a regra da média.

Cuidado com a regra da média. O corpo tem seu próprio relógio biológico.

Ouça o corpo. Siga o corpo. Nunca, de forma alguma, domine o corpo. O corpo é a fundação do ser humano. Depois de começar a entender o corpo, 99% de seu sofrimento vai simplesmente desaparecer. Mas as pessoas não o escutam.

A partir da primeira infância as pessoas são afastadas do corpo, são retiradas do corpo. A criança chora, a criança tem fome e a mãe está olhando para o relógio. Ela não está olhando para a criança. Se a criança não recebe a comida neste exato momento, a mãe terá afastado a criança do corpo. Em vez de lhe dar comida, a mãe lhe dá uma chupeta. Agora a mãe está trapaceando e enganando. Além disso, está dando à criança algo falso, feito de plástico, para tentar afastá-la e destruir a sensibilidade do corpo. A sabedoria do corpo não tem permissão para se expressar, a mente está interferindo.

A criança sossega com a chupeta, e adormece. Logo depois, o relógio diz que se passaram três horas e a mãe tem que dar de mamar à criança. Agora a criança está dormindo profundamente, seu corpo está dormindo, e a mãe a acorda. A mãe destrói o ritmo da criança mais uma vez. Lentamente, ela perturba todo o ser de seu filho. Chega um momento em que a criança perde todo o controle do corpo. Não sabe o que o próprio corpo quer, se quer comer ou não; se quer fazer amor ou não. Tudo é manipulado por alguma coisa de fora.

Permitir que a criança chore

Desde o inicio a criança quer chorar, rir. O choro é uma necessidade profunda dentro dela. Através do choro, todos os dias a criança passa por uma catarse.

A criança tem muitas frustrações. Isso está fadado a acontecer, é por necessidade. A criança quer algo, mas não pode dizer o quê, não pode expressar. A criança quer algo, mas os pais podem não estar numa posição para satisfazê-la. A mãe pode não estar disponível ali. Ela pode estar envolvida com algum outro trabalho, e a criança não pode ter os seus cuidados. Naquele momento, nenhuma atenção lhe é prestada, então ela começa a chorar. A mãe quer persuadi-la, consolá-la, pois ela própria está perturbada, o pai está perturbado, toda a família está perturbada. Ninguém quer que a criança chore, uma vez que o choro é uma perturbação, portanto, todo mundo tenta distraí-la para que não chore. É possível suborná-la.

A mãe pode lhe dar um brinquedo, a mãe pode lhe dar leite, pode lhe dar qualquer coisa que gere uma distração ou a console, mas ela não deve chorar.

No entanto, chorar é uma necessidade profunda. Se a criança conseguir chorar e lhe permitirem que chore, vai se tornar revigorada novamente, pois a frustração é eliminada através do choro. Caso contrário, com um choro interrompido, a frustração fica interrompida. Com isso, a criança passa a acumular as frustrações, que se transformam em um grito "acumulado". Depois, os psicólogos dizem que as pessoas precisam de um "grito primal". Foi desenvolvida uma terapia no Ocidente exatamente para ajudar as pessoas a gritarem com tanta força que todas as células do corpo se envolvem na ação. Se puder gritar tão loucamente a ponto de todo o corpo gritar junto, a pessoa vai ficar aliviada de muita dor, de muito sofrimento que está acumulado.

Controle do esfíncter

Pode ocorrer um grande dano com o controle do esfíncter, quando as crianças são forçadas a ir ao banheiro em um determinado momento. Ora, as crianças não conseguem controlar seus movimentos intestinais, leva tempo, leva anos para que elas consigam controlá-los. E aí, o que é que fazem? Simplesmente forçam, simplesmente fecham seu mecanismo anal e, devido a isso, tornam-se obcecadas pelo ânus.

É por isso que existe tanta constipação no mundo. É só o ser humano que sofre de constipação. Nenhum animal sofre de prisão de ventre, no reino animal nenhum bicho sofre de constipação. A prisão de ventre é mais psicológica, é um dano para o sistema de energia do corpo. E, devido à prisão de vente, muitas outras coisas crescem na mente humana.

O ser humano torna-se um colecionador, que junta conhecimento, dinheiro, virtude, e se transforma em uma pessoa avarenta. Não pode se desfazer de nada! Tudo o que pega, detém consigo. E com essa ênfase na fase anal, ocorre um grande dano.

Quando a criança está doente

Desde o princípio, desde a primeira infância, quase sempre é errado dar uma atenção maior à criança quando ela está doente. Isso cria uma associação errada: a mãe a ama mais, o pai cuida mais dela, toda a família a coloca no centro das atenções, ela se torna a pessoa mais importante. Ninguém se preocupa com a criança de outro modo, pois se está boa e saudável, é como se ela não estivesse presente. Quando está doente, ela se torna ditatorial, ela dita seus termos. Uma vez aprendido esse truque – que sempre que fica doente, torna-se de alguma forma especial – então todas as pessoas têm que dar atenção, pois, se não derem, a criança pode fazer com que se sintam culpadas. E ninguém pode dizer nada, porque ninguém pode dizer que a criança é responsável por sua própria doença.

Se a criança está fazendo algo de errado, pode-se dizer: "Você é responsável." No entanto, se ela está doente, não se pode dizer nada, porque a doença não é de forma alguma causada por ela. O que é que ela pode fazer? Mas as pessoas não conhecem os fatos: 90% das doenças são autocriadas, geradas pela própria criança para atrair atenção, afeição, importância. E a criança aprende o truque com muita facilidade, porque o problema básico da criança é que ela é indefesa. O problema básico, e que ela sente continuamente, é sua impotência enquanto todo mundo é poderoso. No entanto, quando ela fica doente, torna-se poderosa e todo mundo fica impotente. Ela passa a compreender isso.

A criança é muito sensível sobre as coisas. Ela passa a pensar: "Até mesmo o pai não é nada, a mãe não é nada, ninguém é nada diante de mim quando estou doente." Depois a doença torna-se algo muito importante, um investimento. Sempre que se sente negligenciada na vida, "estou impotente", ela vai ficar doente, ela vai criar uma doença. E isso é um problema, um problema profundo, pois o que é que os pais podem fazer? Quando uma criança está doente, todo mundo tem que dar assistência.

Mas, agora, os psicólogos sugerem que, sempre que uma criança estiver doente, não se preste muita atenção nela. Ela deve ser cuidada em termos médicos, mas não psicologicamente. Não se deve criar nenhuma associação na mente da criança de que a doença traz recompensas, senão a vida inteira, sempre que esta pessoa sentir que algo está errado, ela vai ficar doente. Depois a esposa, ou o marido, não pode dizer nada, e ninguém pode culpá-la porque ela está doente. E todo mundo tem que ter pena e lhe dar carinho.

As três fases do sexo

O primeiro estágio é o autossexual.

Quando a criança nasce ela é narcisista. Ama muito o seu corpo, que é belo, e conhece apenas o seu corpo. Ela simplesmente chupa o próprio polegar e entra numa euforia. Basta observar a criança chupando o próprio dedo. Que euforia surge em seu rosto, apenas brincando com o próprio corpo, tentando levar o dedo do pé dentro da boca, criando um círculo de energia. Quando a criança leva o dedo do pé à boca, cria-se um círculo e a energia começa a se mover de forma cíclica. A energia circula naturalmente na criança, e ela gosta porque, quando a luz circula, há uma grande alegria interior.

A criança brinca com seus órgãos sexuais sem saber que são órgãos sexuais. Ela ainda não foi condicionada, e apenas conhece o seu corpo como um todo. E, com certeza, os órgãos sexuais são as partes mais sensíveis do corpo. Ela gosta muito de tocá-los, de brincar com eles.

E é aqui que a sociedade entra na psique da criança: "Não toque!" "Não" é a primeira palavra feia no vocabulário da criança. E, a partir desta palavra de três letras, muitas outras estão por vir: não pode, não vai, que são termos de seis e sete letras. Depois que o pai ou a mãe dizem um "não!" com raiva à criança, com aqueles olhos... E a mão da criança é tirada dos órgãos genitais que, sem dúvida, são muito agradáveis. Ela realmente gosta disso, e não tem nada a ver com uma questão sexual ou algo do tipo. Trata-se apenas da parte mais sensível do seu corpo, a parte mais viva de seu corpo, apenas isso.

Mas às mentes condicionadas dos adultos... a criança está tocando um órgão sexual e, como isso é ruim, os pais tiram a mão dela dali. E assim eles criam a culpa na criança.

Agora foi dado o início da destruição de sua sexualidade natural. Agora os pais começaram a envenenar a fonte original da alegria da criança, de seu ser. Estão criando a hipocrisia nela, e ela vai se tornar uma diplomata. Quando os pais estiverem presentes, ela não vai brincar com seus órgãos sexuais. Neste momento teve início a primeira mentira, e a criança não consegue ser verdadeira. Agora ela sabe que, se for verdadeira consigo mesma, se respeitar a si mesma, se respeitar o seu próprio prazer, se respeitar o seu próprio instinto, os pais vão ficar zangados.

A criança é o fenômeno mais explorado no mundo. Nenhuma outra classe foi tão explorada quanto a criança. E ela não pode fazer nada: não pode criar sindicatos para lutar contra os pais, não pode ir aos tribunais, não pode pedir ajuda ao governo. Em suma, não tem nenhuma maneira de se proteger contra o ataque dos pais.

Aconteceu o primeiro trauma. A partir de agora a criança nunca vai ser capaz de aceitar a sua sexualidade naturalmente, com prazer. Alguma parte do corpo não é aceitável, alguma parte do corpo é feia, alguma parte do corpo não é digna de fazer parte de seu corpo, e a criança a rejeita. No fundo de sua psicologia, a criança começa a se castrar, e a energia recua. A energia não vai fluir tão naturalmente como costumava fluir antes do surgimento desse "não".

Esse é o estado autossexual, e muitas pessoas permanecem presas nele. É por isso que elas continuam a se masturbar tanto no mundo inteiro. É um estado natural. Teria passado por si só, era uma fase de crescimento, mas os pais interferiram na fase de crescimento da energia.

Uma vez iniciada a masturbação, esta se torna um hábito, um hábito mecânico e, depois, a pessoa nunca mais vai passar para a segunda fase. Pode permanecer presa a essa fase, que é bem infantil. Nunca vai atingir a sexualidade adulta plena. Nunca vai conhecer a felicidade suprema que só o ser sexualmente adulto é capaz de alcançar. E a ironia é que essas são as mesmas pessoas que condenam a masturbação e fazem tanto alarde em relação a isso. Dizem às pessoas que, se vierem a se masturbar vão ficar cegas, se vierem a se masturbar vão se transformar em zumbis, se vierem a se masturbar nunca serão inteligentes, vão permanecer estúpidos. Ora, todas as descobertas científicas estão de acordo com um ponto: que a masturbação nunca prejudica ninguém. No entanto, essas sugestões prejudicam as pessoas.

Se lhe é permitida a fase natural da autossexualidade, a criança passa para a segunda fase por conta própria, que é a fase homossexual. No entanto, são muito poucas as pessoas que passam para a segunda fase, a maioria permanece na primeira. Mesmo quando fazem amor com uma mulher, ou com um homem, podem não estar fazendo nada além de apenas uma masturbação mútua.

A segunda fase é a fase homossexual. Poucas pessoas passam por essa fase, que é uma fase natural. A criança ama o próprio corpo. Se a criança é um menino, ama um corpo de menino, o próprio corpo. Para pular para o corpo de uma mulher, para o corpo de uma menina, seria um passo muito grande. É natural que a criança passe pelo amor pelos outros meninos ou, se a criança for uma menina, o primeiro instinto natural é amar outras meninas, porque elas têm o mesmo tipo de corpo, o mesmo tipo de ser. A menina pode compreender melhor as meninas do que os meninos, pois os meninos são um mundo à parte.

A fase homossexual é uma fase natural. Aqui a sociedade ajuda as pessoas a permanecerem presas novamente, uma vez que cria barreiras entre o homem e a mulher, meninas e meninos. Se essas barreiras não estão lá, então logo a fase homossexual desaparece, e começa a ocorrer o interesse pelo outro sexo. Mas, para isso, a sociedade não dá oportunidades. Nas universidades, os alunos têm que morar em moradias separadas por sexo. Seus encontros e reuniões não são aceitos.

A homossexualidade é perpetuada pela sociedade e condenada pela mesma. Essas estratégias têm de ser compreendidas. A mesma sociedade condena o homossexual, chama-o de pervertido, criminoso. Ainda há países onde a homossexualidade é crime, e em que o indivíduo pode ser mandado para a cadeia por muitos anos. E é a mesma sociedade que cria isso!

E a terceira fase é a heterossexual.

Quando um homem encontra-se realmente fora da autossexualidade e da homossexualidade, ele é capaz e está maduro para se apaixonar por uma mulher, que é um mundo totalmente diferente, uma química diferente, uma psicologia diferente, uma espiritualidade diferente. Daí então ele é capaz de lidar com esse mundo diferente, esse organismo diferente.

O condicionamento

Será que a criança não tem tanto direito à privacidade e à liberdade do condicionamento dos pais quanto os pais esperam para si mesmos? Esse é um dos problemas mais fundamentais que a humanidade enfrenta atualmente. O futuro depende da forma como isso é resolvido. Nunca foi encontrado antes. Pela primeira vez o homem amadureceu, houve uma determinada maturidade e, à medida que se torna maduro, tem de enfrentar novos problemas.

Pouco a pouco, à medida que progrediu, o homem tornou-se consciente de muitos tipos de escravidão. No Ocidente, apenas recentemente tomou-se consciência de que a maior escravidão é a da criança. Nunca se pensou a respeito antes, não está mencionado em nenhuma escritura do mundo. Quem poderia imaginar... uma criança e um escravo? Um escravo de seus próprios pais, que o amam, que se sacrificam pelo filho? Poderia parecer ridículo, um absurdo total! Mas agora, depois que a visão psicológica se aprofundou na mente humana e em seu funcionamento, ficou absolutamente claro que a criança é a pessoa mais explorada, e que ninguém foi mais explorada do que ela. E é claro que ela tem sido explorada por trás de uma fachada de amor.

E não digo que os pais tenham consciência de que estão explorando o filho, que estejam impondo uma escravidão à criança, que estejam destruindo-a, que estejam fazendo com que ela seja estúpida, ignorante, que todo o esforço deles em condicionar a criança como um hindu, como um muçulmano, como um cristão, como um budista, seja desumano, pois eles não têm consciência disso. Entretanto, isso não faz nenhuma diferença no que diz respeito aos fatos em questão. A criança é condicionada pelos pais de maneiras terríveis, e não há dúvidas quanto ao fato de a criança ser impotente, pois ela depende dos pais. Ela não pode se rebelar, não pode escapar, não pode se proteger. É absolutamente vulnerável, e é por isso que ela pode ser explorada com facilidade.

O condicionamento dos pais é a maior escravidão no mundo. Tem que ser completamente desenraizado. Somente depois disso é que o homem será capaz, pela primeira vez, de ser livre, verdadeiramente livre, autenticamente livre, uma vez que a criança é o pai do homem. Se a criança é educada de uma maneira errada, então toda a humanidade vai dar errado. A criança é a semente: se a própria semente é envenenada e corrompida por pessoas bem-intencionadas, então não há esperança de um indivíduo humano livre. E, consequentemente, esse sonho nunca poderá ser realizado.

O que as pessoas acham que têm não é individualidade, e sim apenas personalidade. É algo cultivado na pessoa, em sua natureza, por seus pais, pela sociedade, pelo padre, pelo político, pelos educadores. O educador, desde o jardim de infância até a universidade, está a serviço de interesses pessoais, de interesses instituídos. Seu objetivo é destruir todas as crianças de tal forma, de incapacitá-las de tal maneira que elas se ajustem à sociedade instituída. Isso porque há um motivo a temer. O temor é que, se a criança for deixada sem condicionamento desde o início, ela vai ser tão inteligente, tão atenta, tão consciente, que o seu estilo de vida como um todo vai ser o de rebeldia. E ninguém quer pessoas rebeldes, todo mundo quer pessoas obedientes.

Os pais amam a criança obediente. E é bom lembrar que a criança obediente é quase sempre a criança mais estúpida. A criança rebelde é a que é inteligente, mas não é respeitada ou amada, os professores não a amam, a sociedade não lhes dá o respeito e, com isso, ela é condenada. Ou ela tem de se ajustar à sociedade, ou tem de viver em uma espécie de autoculpa. Naturalmente, ela sente que não tem sido boa com os pais, que não os faz felizes.

Lembre-se bem que os pais de Jesus não estavam felizes com ele, que os pais de Gautama Buda também não estavam felizes com ele. Como é que seus pais poderiam estar felizes com eles, se eles eram tão inteligentes, tão rebeldes? E toda criança nasce com possibilidades e potenciais tão grandes que, se for ajudada e tiver permissão para desenvolver sua individualidade, sem nenhum impedimento de outras pessoas, o mundo será belo e terá uma grande variedade de gênios. É muito raro surgir gênios, não porque eles quase não nasçam, mas porque é muito difícil escapar do condicionamento da sociedade. Somente de vez em quando uma criança consegue, de alguma forma, escapar de suas garras.

Toda criança é envolvida em muitas camadas de condicionamento, seja pelos pais, pela sociedade, pelos professores, pelos padres, e por todos os interesses instituídos. Ela recebe uma determinada ideologia religiosa, que não é ela que escolhe. E, sempre que é forçada a algo que não seja de sua própria escolha, a criança é mutilada e destruída em sua inteligência. Não é dada a ela uma chance de escolher, não lhe é permitido que se desenvolva de forma inteligente, e todos controlam isso de tal maneira que a criança se desenvolverá apenas de forma mecânica. Ela será uma cristã, mas não por opção. E o que significa ser cristão, se não for por escolha?

As poucas pessoas que seguiram Jesus, que foram com ele, eram pessoas corajosas. Foram os cristãos verdadeiros: arriscaram suas vidas, foram contra a corrente, viveram perigosamente, e estavam preparados para morrer, mas não estavam prontos para fazer concessões. As poucas pessoas que foram com Gautama Buda foram verdadeiros budistas. Mas agora há milhões de cristãos e milhões de budistas em todo o mundo e todos eles são falsos. Estão sujeitos a ser falsos, uma vez que são forçados a isso! Eles estão envolvidos em uma determinada ideologia religiosa e, consequentemente, estão envolvidos em uma determinada ideologia política, pois lhes é dito que são índios, que são iranianos, que são chineses, que são alemães, ou seja, lhes é imposta uma determinada nacionalidade. A humanidade é uma só, a terra é uma só! Mas os políticos não gostariam que fosse uma única unidade porque, se a terra for uma só, os políticos com sua política terão de desaparecer. E para onde é que vão todos esses presidentes e primeiros ministros? Eles só podem existir se o mundo permanecer dividido.

A religião é uma só. No entanto, se isso for cumprido, o que acontecerá com o papa, com todos os estúpidos shankaracharyas, com todos os aiatolás? O que acontecerá com todas essas pessoas? Elas só podem existir, se houver muitas religiões, muitas igrejas, muitos cultos, muitos credos. Há trezentas religiões na face da terra e pelo menos três mil seitas destas religiões. Com isso, é claro, há uma possibilidade de existir muitos padres, bispos, arcebispos, sumos sacerdotes, shankaracharyas. Essa possibilidade desaparecerá.

E digo a vocês, a religiosidade é uma só! Não tem nada a ver com nenhuma Bíblia, com nenhum Veda, nenhuma Gita.

Tem a ver com um coração amoroso, com um ser inteligente. Tem a ver com consciência, com estado meditativo. Mas dessa forma todos os interesses adquiridos vão sofrer.

É por isso que os pais que pertencem a um determinado *establishment*, a uma determinada nação, a uma determinada igreja, a uma determinada denominação, são obrigados a forçar seus filhos a aderirem às suas ideias. E o estranho é que as crianças são sempre mais inteligentes do que os pais, pois os pais pertencem ao passado e as crianças pertencem ao futuro. Os pais já estão condicionados, envolvidos, cobertos. Seus espelhos estão cobertos com tanta poeira que não refletem nada, e estão cegos.

Apenas um homem cego pode ser um hindu ou um muçulmano ou um jainista ou um cristão. Um homem que enxerga é simplesmente religioso. Ele não vai à igreja ou ao templo ou à mesquita, e não venera todos os tipos de imagens estúpidas. Todos os tipos de deus, todos os tipos de superstição! Os pais carregam todos eles. Quando nasce uma criança, ela é uma folha de papel em branco, uma tábula rasa, não há nada escrito sobre ela. Essa é a sua beleza: o espelho está sem nenhuma poeira. Ela pode ver de forma mais clara.

– Jimmy, você tomou um tombo com a sua calça nova? – pergunta a mãe.

– Sim, mãe. Não tive tempo de tirá-la – respondeu Jimmy.

A professora do primeiro ano estava conversando com a classe sobre natureza e a chamou de "O Mundo ao seu redor". Em seguida, perguntou à pequena Helen, que estava na primeira fileira:

– Agora, Helen, diga a todos na classe. Você é animal, vegetal ou mineral?

– Não sou nenhum desses – respondeu ela prontamente. – Sou uma menina de verdade ao vivo!

Um rapazinho que estava pescando na extremidade de um píer perdeu o equilíbrio ao tentar tirar o peixe da água e caiu no lago. Vários homens que também estavam pescando nas proximidades correram em seu auxílio e puxaram-no para fora.

– Como você veio a cair? – perguntou a ele um dos homens.

– Não vim para cair – disse o menino. – Vim para pescar!

Uma família grande finalmente pôde se mudar para uma casa mais espaçosa. Algum tempo depois, um tio perguntou para o sobrinho:

– O que achou da nova casa?

– Muito boa – respondeu o rapaz. – Meu irmão e eu temos nossos próprios quartos, assim como minhas irmãs. Mas coitada da mamãe, ela ainda está presa no mesmo quarto que o papai!

Toda criança nasce inteligente, com clareza de pensamento, limpa, mas os adultos começam a amontoar lixo sobre ela.

A criança tem muito mais direito do que os pais, porque ela está começando a vida. Os pais já estão sobrecarregados, já estão mutilados, já dependem de muletas. A criança tem mais direito de ser o seu próprio eu. Ela precisa de privacidade, mas os pais não lhe permitem qualquer privacidade, pois têm muito medo da privacidade da criança. Eles constantemente metem o nariz nos assuntos da criança e querem dar opinião sobre tudo.

A criança precisa de privacidade, pois tudo o que é belo cresce na privacidade. É preciso lembrar que essa é uma das leis mais fundamentais da vida. As raízes crescem no subsolo, mas se forem retiradas da terra, começam a morrer. Elas precisam de espaço, privacidade absoluta. A criança cresce no útero da mãe, e fica na escuridão, em total privacidade. Se ela é trazida para a luz, em meio ao público, vai morrer. Ela precisa de nove meses de privacidade absoluta. Tudo aquilo que necessita de crescimento precisa de privacidade. Um adulto não precisa de tanta privacidade porque já cresceu, mas a criança precisa de muito mais privacidade. Porém, ela nunca fica sozinha de jeito nenhum.

Os pais ficam muito aflitos sempre que veem que a criança está ausente ou sozinha, e imediatamente ficam preocupados. Eles têm medo, porque se a criança estiver sozinha, vai começar a desenvolver sua individualidade. Ela tem sempre que ser mantida dentro dos limites, para que os pais possam observá-la constantemente, pois a observação não permite que sua individualidade cresça, ao cobri-la, ao envolvê-la com uma personalidade.

A personalidade não é nada além de um invólucro. Vem de uma palavra bonita, *persona*, que significa máscara. Na tragédia grega, os atores usavam máscaras. *Sona* quer dizer som, *per* quer dizer através. Costumavam falar através da máscara, e não se conseguia ver o verdadeiro rosto deles. Era possível apenas ouvir suas vozes. E a máscara era chamada de *persona*, porque o som era ouvido através dela. E da palavra *persona* deriva *personalidade*.

A criança tem de estar continuamente vigilante, em razão de ser observada com constância. Qualquer pessoa pode perceber isso em si mesma: quando está no banho, sente-se uma pessoa totalmente diferente. No próprio banheiro, pode colocar de lado sua máscara, e até as pessoas adultas, que são muito sérias, começam a cantar, a cantarolar. Mesmo os adultos começam a fazer caretas no espelho! Estão em um momento de privacidade e, embora tivessem trancado a porta, se de repente perceberem que alguém os observa pelo buraco da fechadura, vai ocorrer uma transformação imediata com eles. Ficarão sérios novamente, a música vai desaparecer, não vão fazer caretas no espelho, e vão começar a se comportar como se pressupõe que se comportem. Esta é a personalidade, significa que você está de volta ao invólucro.

A criança precisa de uma enorme privacidade, tanto quanto possível, o máximo de privacidade para que possa desenvolver sua individualidade sem interferência. No entanto, seu direito está sendo violado, continuamente violado. Os pais perguntam constantemente: "O que você está fazendo? No que está pensando?" Até no que está pensando! Eles querem até mesmo olhar dentro de sua mente.

Há algumas tribos, no Extremo Oriente, com a cultura de que cada criança tem que contar seus sonhos, todas as manhãs, para os pais, uma vez que mesmo nos sonhos ela não pode ser deixada sozinha. A criança pode ter sonhos errados, e pensar coisas que não deve pensar, e os pais tem que ser comunicados quanto a isso. O ritual é de manhã cedo, como a primeira coisa a ser feita antes do café da manhã, a criança tem que relatar seus sonhos, ou seja, o que ela viu durante a noite.

A psicanálise teve um desenvolvimento tardio no Ocidente, mas no Oriente, nas tribos do Extremo Oriente, a psicanálise é praticada pelos pais há milhares de anos. E, é claro, como não conhece a simbologia, a pobre criança simplesmente relata o sonho da forma como sonha. Ela não sabe o que isso significa, apenas os pais sabem. Mas estão indo longe demais. Estão invadindo a privacidade dela, é desumano, e se sobrepõe ao espaço de alguém.

Apenas o fato de a criança ser dependente, no que diz respeito à comida, roupa, abrigo, é motivo para que os pais tenham o direito de fazer isso? Porque, se a criança diz que viu que estava voando em seu sonho, os pais imediatamente sabem que esse é um sonho sexual. Agora eles vão restringir mais o comportamento dela, vão discipliná-la mais. Vão lhe dar um banho frio de manhã cedo! Vão lhe ensinar mais sobre celibato e ensiná-la que "se não for celibatária, as coisas vão dar errado" e que "se pensar sobre sexualidade, vai perder toda a inteligência, vai ficar cega", e toda espécie de tolices.

A criança precisa de uma enorme privacidade. Os pais devem vir a ela apenas para ajudá-la, não para interferir. Devem permitir que faça coisas ou não. Os pais devem apenas estar atentos para que a criança não faça nenhum mal a si mesma ou a qualquer outra pessoa, e isso é o suficiente. Mais do que isso é feio.

Um turista dirigiu até uma pequena cidade e falou com um menino que estava sentado em um banco em frente à agência dos correios.

– Há quanto tempo mora aqui? – perguntou o turista.

– Cerca de 12 anos – respondeu o menino.

– Sem dúvida que este é um local fora de mão, não é? – comentou o turista.

– Sem dúvida – concordou o menino.

– Não acontece muita coisa por aqui – comentou o turista. – Não vejo nada aqui que possa manter as pessoas ocupadas.

– Nem eu. – disse o menino. – É por isso que eu gosto.

As crianças gostam muito que as deixem sozinhas, é necessário espaço para o seu crescimento. Sim, os pais têm de estar alertas, cautelosos, para que nenhum mal aconteça à criança, mas este é um tipo negativo de cautela, eles não devem interferir positivamente. Eles têm que dar à criança a chance de ter um grande desejo de investigar sobre a verdade, e não uma ideologia que lhe dê a ideia da verdade. Eles não devem ensiná-la sobre a verdade, devem ensiná-la a como indagar a respeito da verdade. Deve-se ensiná-la a pesquisar, a investigar, a se aventurar. As crianças devem ser ajudadas para que possam fazer perguntas, e os pais não devem responder a essas perguntas, a menos que realmente saibam. E, mesmo que saibam, devem dizer como Buda costumava dizer para seus discípulos: "Não acreditem no que eu digo! Esta é a minha experiência, mas no momento em que digo isso a vocês, torna-se falsa, porque para vocês não é uma experiência. Ouçam-me, mas não acreditem. Experimentem, investiguem, pesquisem. A menos que vocês mesmo conheçam, seu conhecimento é inútil, é perigoso. Um conhecimento que é emprestado é um obstáculo."

Mas eis o que os pais continuam a fazer: continuam a condicionar a criança.

Não é necessário nenhum condicionamento para as crianças, não tem que ser dada nenhuma direção a elas. Elas têm que ser ajudadas a serem elas mesmas, têm que ser apoiadas, alimentadas e fortalecidas. O verdadeiro pai, a verdadeira mãe, os verdadeiros pais serão uma bênção ao filho. A criança vai se sentir ajudada por eles, para que se torne mais enraizada em sua natureza, mais fundamentada, mais centrada, de modo a começar a amar a si mesma, em vez de se sentir culpada em relação a si mesma, a fim de que se respeite.

É bom lembrar que, a menos que uma pessoa ame a si mesma, não pode amar mais ninguém no mundo, a menos que uma criança respeite a si mesma, não pode respeitar mais ninguém. É por isso que todo o amor das pessoas é falso, assim como todo o seu respeito é pseudo, é mentira. Se a pessoa não pode respeitar a si mesma, como é que pode respeitar a mais alguém? A menos que o amor por si nasça dentro do ser da pessoa, não vai irradiar para os outros. Primeiro, ela tem que se tornar uma luz para si e, depois, essa luz vai se espalhar, vai chegar até os outros.

Era dia de exame na escola e um professor mal-humorado questionava um menino quanto ao seu conhecimento sobre plantas e flores. O menino foi incapaz de responder qualquer pergunta de forma correta. Frustrado, o professor virou-se para seu assistente e gritou:

– Vá e me traga um punhado de feno!

Quando o assistente virou-se para sair, o menino gritou:

– E para mim, apenas um café pequeno, por favor!

Um homem dirigia em uma estrada de terra, quando seu carro quebrou. Enquanto o consertava, um menino aproximou-se e perguntou:

– O que é isso?

– É um macaco – respondeu o homem.

– Meu pai tem dois desses – disse o menino.

E então um minuto depois, ele perguntou de novo:

– E o que é isso?

– É uma lanterna.

– Ah, meu pai tem dois desses também. E lá? Aquilo é uma chave de fendas?

– Sim – respondeu o homem, irritado.

– Meu pai tem duas daquelas.

A conversa continuou nessa linha por algum tempo. Por fim, o conserto foi concluído e o homem levantou-se e foi urinar na beira da estrada. Enquanto estava urinando, apontou para o maquinário reprodutivo e perguntou:

– Seu pai tem duas dessas também?

– Claro que não! – disse o menino. – Mas ele tem um que é duas vezes maior!

As crianças são extremamente inteligentes, só precisam de uma chance! Precisam de oportunidades para crescer, do clima certo. Toda criança nasce com o potencial da iluminação, com o potencial de tornar-se desperta, mas os pais destroem isso. Esta tem sido a maior calamidade em toda a história do homem. Nenhuma outra escravidão é tão ruim quanto a escravidão da criança, e nenhuma outra escravidão tira tanto a essência da humanidade quanto a escravidão da criança, e a tarefa mais difícil para a humanidade vai ser livrar-se disso. A menos que toda a sociedade seja reorganizada de uma forma totalmente diferente, a menos que aconteça uma mudança radical e a família desapareça e dê lugar a uma comuna, isso não será possível.

Depois que esse velho conceito de família desaparecer em um arranjo multidimensional, a humanidade pode ter um novo nascimento. Um novo homem é necessário, e o novo homem vai trazer o próprio paraíso que, no passado, todos estavam esperando em alguma outra vida. O paraíso pode ser aqui e agora, mas é preciso produzir uma nova criança.

Por que as pessoas se reprimem e adotam mecanismos de defesa incapacitantes?

Por uma questão de sobrevivência. A criança é tão frágil que não consegue subsistir por conta própria. Os pais podem explorar esse fato. Podem forçar a criança a aprender qualquer coisa que queiram que ela aprenda, que é o que um especialista em comportamento como B.F. Skinner faz em seu laboratório. Ele ensina pombos a jogar pingue-pongue, mas o truque é o mesmo: recompensa e punição. Se jogam, são recompensados, se não jogam, se ficam relutantes, são punidos. Se fazem um movimento certo, são recompensados, recebem alimento, no entanto, se fazem um movimento errado, recebem um choque elétrico. Até pombos começam a aprender pingue-pongue.

Isso é o que sempre foi feito no circo. Vá e veja. Mesmo os leões, belos leões, são enjaulados, e os elefantes andam de acordo com o chicote do mestre de cerimônia. Eles tiveram fome e, em seguida, foram recompensados. Punição e recompensa, esse é o truque.

O que fazem no circo com os animais, os pais fazem com suas crianças. Mas os pais fazem de forma bem inconsciente, porque também foi feito com eles, e essa é a única maneira de saber como treinar e educar os filhos. Isso é o que chamam de "educar". Na verdade, isso é adestrar, é forçá-los a uma existência inferior em vez de educá-los para uma existência superior. Todos estes são truques e técnicas de B.F. Skinner, e é por causa deles que as pessoas voluntariamente começam a se reprimir e a adotar mecanismos de defesa incapacitantes.

A criança não sabe o que é certo e o que é errado. Os pais a ensinam. Ensinam de acordo com a mente deles. A mesma coisa pode estar certa no Tibete e errada na Índia, assim como a mesma coisa pode estar certa na casa de alguém e errada na casa do vizinho. Mas os pais forçam a criança: "Isso está certo, você tem que fazer isso." A criança obtém aprovação quando faz isso e desaprovação quando não faz. Quando a criança segue os pais, eles ficam felizes e a afagam, no entanto, quando a criança não segue os pais, eles ficam bravos e a torturam, batem nela, deixam de lhe dar de comer, deixam de lhe dar amor.

Naturalmente, a criança começa a entender que a sua sobrevivência está em jogo. Se ouve a mãe e o pai, está tudo bem, se não, eles vão matá-la. E o que é que a criança pode fazer? Como é que ela pode se impor perante essas pessoas poderosas? Eles se sobressaem, pois são enormes e poderosos e podem fazer qualquer coisa.

Quando o filho torna-se poderoso, já está condicionado. Daí, o condicionamento foi tão profundo, que não há mais necessidade de ser seguido pelo pai e pela mãe. O condicionamento interior, que é chamado de consciência, passa a torturá-lo.

Por exemplo, se a criança começa a brincar com os seus genitais, o que é uma alegria para ela, uma alegria natural, uma vez que o corpo da criança é muito sensível, não é um ato sexual no sentido que se entende por sexualidade. A criança é realmente muito, muito intensa e, naturalmente, quando está cheia de energia, seus genitais ficam mais sensíveis do que outras partes do corpo. É aí que a energia vital se acumula, que é a parte mais sensível. Ao tocar e brincar com os genitais, a criança se sente tremendamente feliz, mas os pais têm medo. O problema está com os pais. Eles começam a temer que a criança esteja se masturbando ou algo do tipo. Não é nada. É pura alegria brincar com o próprio corpo. Não se trata de masturbação ou coisa parecida, é amor ao próprio corpo.

É a culpa e o temor dos pais. Pode ser que vejam que o filho de um determinado casal está fazendo isso ou aquilo, e o que vão pensar em relação à maneira como o casal está educando os filhos? "Torne-os civilizados, ensine-os a não fazer aquilo!" Então, o casal para, e grita com a criança. O casal diz: "Pare!" repetidas vezes, e isso penetra cada vez mais fundo na criança e se torna uma "consciência", uma parte inconsciente na criança. Agora não há mais necessidade da interferência dos pais. Quando ela começa a brincar com sua genitália, algo de dentro diz: "Pare!", e ela vai ficar com medo, talvez o pai ou a mãe esteja olhando, e ela vai se sentir culpada. Depois, os pais ensinam à criança que existe um Deus Pai, que está sempre olhando por toda parte, até mesmo no banheiro. Ele está sempre observando as pessoas em todos os lugares. Esse conceito de Deus é debilitante e, em função dele, ninguém está livre nem mesmo no próprio banheiro! Em lugar nenhum as pessoas são livres, pois o Deus onipresente segue a todos como um detetive onde quer que estejam. Quando o homem está fazendo amor com uma mulher, ele está lá. Ele não vai dar permissão às pessoas. Ele é um super policial, que se soma à consciência criada pelos pais.

É por isso que Buda diz que, a menos que o filho mate os pais, ele nunca vai ser livre. Matar os pais significa matar a voz dos pais dentro de si, matar a consciência implantada pelos pais dentro de si, abandonar essas ideias absurdas e começar a viver a própria vida, de acordo com a própria consciência. Lembre-se: a *consciência criada por si mesmo* tem que ser mais e a *consciência implantada pelos pais* tem que ser menos. Aos poucos, a consciência implantada pelos pais tem de desaparecer completamente e a consciência autocriada tem que ser vivida.

A consciência autocriada é a lei, portanto, deixem que essa consciência seja a única lei. Daí, tudo o que o ser humano sente, é a vida dele. Ele tem que decidir. Não é a vida e ninguém mais; ninguém mais tem nenhum direito de decidir. Não digo que as pessoas vão sempre fazer a coisa certa. De vez em quando vão fazer a coisa errada, mas isso também faz parte da liberdade e do crescimento das pessoas. Muitas vezes vão errar, mas isso é perfeitamente normal, errar é um modo de voltar para casa. Uma pessoa que nunca erra, nunca volta para casa, e já está morta. Uma pessoa que nunca faz nada errado, nunca desfruta do que faz certo. Ela é apenas uma escrava. Cria-se uma escrava mental.

Uma criança é dependente de seus pais por um longo tempo, pelo menos até 21 ou 25 anos. É bastante tempo, quase um terço de toda sua vida. Durante um terço de sua vida, ela passa pelo processo de condicionamento. Basta pensar: 25 anos de condicionamento! Uma pessoa pode ser forçada a qualquer coisa. E, depois de aprendidos esses truques, é muito difícil esquecê-los.

É por isso que é tão difícil dar um salto para a realidade e começar a viver a própria vida. É claro que no início vai ser muito instável, e a pessoa vai tremer muitas vezes, porque, naturalmente, estará contra seus pais, estará contra a sociedade. A sociedade é a grande escritura de seus pais, eles não são nada além de agentes desta sociedade. Tudo não passa de uma conspiração: os pais, os professores, o policial, o juiz, o presidente. É tudo uma conspiração, pois todos eles estão juntos na retenção do futuro de todas as crianças.

Uma vez aprendido, desaprender torna-se muito difícil, pois, após 25 anos de constante repetição, a pessoa fica completamente hipnotizada. É preciso desipnotizar. A pessoa tem que abandonar esse condicionamento.

Sim, é simplesmente uma questão de sobrevivência, é a necessidade de sobreviver. A criança quer viver e é por isso que ela começa a fazer concessões. Ela barganha. Ninguém vai barganhar quando há uma questão de vida ou morte. Se uma pessoa está morrendo em um deserto e outra tem água, e a pessoa está com sede, essa outra pode pedir qualquer preço. E pode controlar qualquer coisa, pode forçar a primeira pessoa a fazer qualquer coisa. É o que os pais fazem até agora com as crianças.

Por que as pessoas se reprimem voluntariamente e adotam mecanismos de defesa incapacitantes?

Não é voluntário. Parece que é voluntário, porque, quando a pessoa se torna alerta, isso acontece praticamente dentro de seu sangue e ossos. Mas não é voluntário, nenhuma criança jamais aprende nada voluntariamente. Isso é forçado, é violento.

Pode observar qualquer criança. Toda criança resiste, toda criança luta até o fim, toda criança cria problemas para os pais, toda criança se esforça de uma forma ou de outra para escapar desse mecanismo incapacitante. Mas, por fim, os pais se apossam dela, porque são mais poderosos. É simplesmente uma questão entre poderosos e impotentes.

Portanto, não deixa de ser natural que, quando as crianças começam a crescer, elas passem a se vingar dos pais. Essa reação é natural. É muito difícil perdoar os próprios pais, e é por isso que todas as sociedades ensinam as crianças a respeitá-los. Se não puder perdoá-los, deve pelo menos respcitá-los; se não puder amá-los, deve pelo menos respeitá-los. Mas esse respeito é formal, falso. No fundo, a pessoa continua com raiva.

Se o que eu digo for ouvido, se o que eu digo tornar-se predominante algum dia no mundo, daí então as crianças amarão seus pais de verdade. As crianças vão realmente estar em sintonia com os pais, porque os pais não serão seus inimigos, eles serão amigos.

A criança humana é a criança mais fraca em toda a existência. Sua fraqueza é uma benção disfarçada, mas também pode ser explorada, e é isso que tem sido feito ao longo dos séculos. Os pais nunca permitiram que a fraqueza, o desamparo e a dependência da criança se transformassem em independência, força, integridade, individualidade. Pelo contrário, eles estavam determinados a forçar a obediência na criança, naturalmente, porque uma criança obediente não é um problema. Uma criança desobediente é um problema contínuo. Mas uma criança desobediente é um ser humano de verdade.

A criança obediente é apenas um simples estrume de vaca. A criança que não pode dizer não, não tem integridade. E, se a criança não pode dizer não a alguma coisa, seu sim não tem sentido. O sim tem apenas significado quando a criança também é capaz de dizer não. Daí cabe à sua inteligência decidir. Mas é mais fácil para os pais que a criança sempre diga sim. Ela é recompensada por ser obediente e é punida por se desobediente. E a situação é a mesma nas escolas. Os professores querem que as crianças sejam obedientes, pois é mais fácil controlá-las e dominá-las.

Todos os meus professores reclamavam com meu pai, e meu pai dizia a eles:

– Quem sou eu para reclamar? Vocês acham que estou no poder? Vocês acham que ele vai me dar ouvidos? Façam o que quiserem fazer, seja puni-lo, seja expulsá-lo da escola. O que quer que desejem fazer, eu estou totalmente de acordo. Mas não me amolem em relação a ele, porque o dia inteiro as pessoas vêm a mim... eu não tenho mais nada para fazer? Ou será que eu tenho que continuar a ouvir o que ele fez a esse professor, àquele professor, a esse vizinho, àquele vizinho?

E ele me disse:

– Você pode fazer o que quiser, mas não arruíne o meu negócio. Todo mundo entra na loja e, a princípio, acho que são clientes... mas acontece que eles são seus clientes.

Sugeri ao meu pai:

– Faça uma coisa. Bem no canto de sua grande loja, você pode escrever em uma tabuleta pequena: RECLAMAÇÕES AQUI no fundo. Você está salvo do problema, e eu vou ver aquelas pessoas. Deixe-as vir a mim.

– A ideia é boa, mas você já viu em alguma loja um guichê de reclamações? As pessoas vão achar que essas reclamações são contra mim e contra a loja. Ninguém vai pensar que são contra você. E você vai provocar mais estrago nesses pobres rapazes que vieram reclamar – argumentou ele.

– Foi apenas uma sugestão para ajudar você – disse-lhe eu.

É difícil para os pais, é difícil para os professores, é difícil para os padres, e é difícil para todo mundo permitir qualquer espécie de desobediência. Nem mesmo Deus, que é onipotente, todo-poderoso, o maior déspota, o maior ditador, poderia permitir isso. Ora, nem mesmo ele pôde tolerar uma pequena desobediência de Adão e Eva. Eles foram expulsos do Jardim do Éden, embora não tivessem cometido nenhum pecado. Na verdade, desde que ouvi dizer que foi uma macieira, tenho comido tantas maçãs quanto possível. Não vejo nenhum pecado decorrente de se comer o fruto de uma macieira.

Mas a questão não foi a macieira.

A questão foi a desobediência.

Portanto, a primeira coisa é que a obediência tem que ser forçada, ou seja, para obedecer, usa-se o medo. Esse medo se torna o inferno, em termos religiosos. Para a obediência, tem que ser usada a recompensa, o que, em termos religiosos, torna-se o paraíso ou o céu. E, para manter o controle de tudo, é necessária a figura do pai. E assim Deus se torna o pai.

Eu sei por que não fizeram de Deus uma mãe. Sei por experiência própria, pois minha mãe me escondia em casa, quando meu pai estava muito irritado e me procurava por eu ter feito alguma coisa. Quando meu pai se recusava a me dar algum dinheiro por eu ter feito algo que ele havia proibido, minha mãe conseguia me dar dinheiro. Portanto, sei que uma mãe não pode ser tão disciplinadora quanto um pai.

E uma mãe pode ser persuadida com muita facilidade, porque ela é puro amor, puro coração. O pai é cabeça, lógica, razão, disciplina. O pai é um homem, e a sociedade é feita pelo homem. Minha mãe até costumava se divertir, quando eu chegava e lhe dizia: "Fiz algo e preciso de ajuda urgente."

Ela dizia: "Mas primeiro me diga o que você fez. Vou salvá-lo, vou tentar fazer o meu melhor, mas primeiro conte-me toda a história. Você traz histórias tão interessantes que me pergunto por que seu pai fica tão irritado. Ele deveria apreciá-las."

Os padres, o pai no céu, os pais aqui na terra, os professores, os líderes políticos, todos eles querem obediência absoluta de todos, de modo que não se tenha nenhuma dúvida quanto a qualquer rebeldia, qualquer mudança, para que seus interesses adquiridos sejam protegidos. Todas as pessoas tornaram-se vítimas de seus interesses. Chegou a hora de mudar as coisas.

A criança obediente é sempre medíocre, o que significa que, para ser desobediente é preciso um pouco de inteligência. A criança obediente torna-se um bom cidadão, vai à missa todo domingo, enquanto que a criança desobediente é inconstante. O que será que ela vai fazer de sua vida? Pode vir a ser um pintor, pode vir a ser um músico, pode tornar-se um dançarino, que não são profissões muito rentáveis, ou pode vir a ser apenas um Zé ninguém, um vagabundo que desfruta de sua liberdade.

Quero que as pessoas pulem fora deste círculo. Abandonem todo o medo. Não há nada a temer. Não há inferno com que se preocupar e não há paraíso pelo qual as pessoas devam ser gananciosas.

O paraíso é aqui. E, ao abandonar a ideia de que o paraíso está além da morte, é possível fazer com que este paraíso seja mil vezes mais bonito.

Ser pai e mãe da nova criança

Ao olhar para a face das crianças recém-nascidas, com o frescor da própria fonte da vida, é possível perceber certa presença para a qual não se consegue dar um nome, pois é inominável, indefinível.

A criança está intensamente viva. Não se consegue definir essa condição de vitalidade, mas está lá, é possível senti-la. Tanto está lá que, por mais que seja cega, a pessoa não consegue deixar de senti-la. Tem frescor. É possível senti-lo em torno da criança. Essa fragrância desaparece aos poucos. Infelizmente, caso a criança venha a ser bem-sucedida, como por exemplo, uma celebridade, um presidente, um primeiro-ministro, um papa, então a mesma criança vai feder. Ela vem com uma grande fragrância, incomensurável, indefinível, inominável. Basta olhar nos olhos de uma criança, para perceber que não se consegue encontrar nada mais profundo. Os olhos de uma criança são como um abismo, não há fundo para eles. Infelizmente, considerando-se que a sociedade vai destruir a criança, logo seus olhos serão apenas superficiais, pois, com as várias camadas de condicionamento, aquela profundidade imensa vai desaparecer bem antes. E lá se foi sua face original.

A criança não tem pensamentos. Sobre o que ela pode pensar? O pensar exige um passado, o pensar exige a existência de problemas. A criança não tem passado, tem apenas futuro. Ela ainda não tem problemas, é um ser sem problemas. Não há nenhuma possibilidade de pensamento por parte dela. No que pode pensar?

A criança é consciente, mas sem pensamentos. Essa é a face original da criança.

Uma vez que essa também foi a face de qualquer pessoa e, apesar de a terem esquecido, ela ainda está dentro de cada um, à espera de algum dia ser redescoberta. Estou dizendo "re-descoberta", porque as pessoas a descobriram muitas vezes em suas vidas anteriores e, repetidas vezes, a esqueceram.

Talvez até mesmo nesta vida possa ter havido momentos em que as pessoas chegaram muito perto de saber disso, de sentir isso, de ser isso. Mas o mundo é demais para o ser humano. Sua atração é grande, e há mil e uma direções para onde o mundo atrai as pessoas. Ele as atrai para tantas direções que as pessoas estão desmoronando. É um milagre que elas consigam permanecer juntas. De outro modo, uma mão estaria rumando para o norte, a outra para o sul, a cabeça em direção ao céu, e todas as partes estariam voando por tudo quanto é lugar. É sem dúvida um milagre que as pessoas continuem a se manter juntas. Talvez a pressão de todos os lados seja tão grande, que mãos, pernas e cabeças não podem voar. Todo mundo está pressionado de todos os lados.

Mesmo que por acaso aconteça de a pessoa encontrar sua face original, ela não será capaz de reconhecê-la, será como um estranho. Talvez a pessoa se depare com a face original de vez em quando, apenas por acidente, mas ela nem mesmo diz oi! É um estranho, e talvez, no fundo, há certo temor de que esteja sempre lá, com qualquer estranho.

Os pais perguntam como é possível salvar a face original das crianças? Não tem nada a ser feito diretamente, pois qualquer coisa que se faça de forma direta provocará um distúrbio. É preciso aprender a arte do não fazer.

É uma arte muito difícil. Não é algo que se deva fazer para proteger ou salvar a face original da criança. Qualquer coisa que se faça vai distorcer a face original. É preciso aprender o não fazer, é preciso aprender a manter-se afastado, fora do caminho da criança. Os pais têm que ser muito corajosos, pois é arriscado deixar a criança por conta própria.

Há milhares de anos se diz que, se a criança é deixada por conta própria, ela vai ser uma selvagem. Isso é pura tolice. Estou sentado diante de vocês. Vocês acham que sou um selvagem? Eu vivi sem a interferência dos meus pais. Sim, isso acarretou muito problema para eles e acarretará muito problema para todos os pais, mas vale a pena. A face original da criança é tão valiosa que vale qualquer problema. É tão preciosa que, qualquer valor que tenha que ser pago por isso, ainda é barato, está de graça. E a felicidade no dia em que encontrar o filho com sua face original intacta, com a mesma beleza que ele trouxera para o mundo, a mesma inocência, a mesma clareza, o mesmo contentamento, a alegria, a mesma vivacidade... O que mais se pode esperar?

Não se pode dar nada para a criança, pode-se apenas tomar. Aquele que realmente quiser dar um presente à criança, eis o único presente possível: não interferir. Assuma o risco e deixe a criança seguir em direção ao desconhecido, ao inexplorado.

É difícil. Os pais são tomados de um grande medo: como saber o que vai acontecer com a criança? A partir desse medo, começam a esquematizar certo padrão de vida para o filho. A partir do medo, começam a direcionar a criança para um caminho em particular, em direção a um objetivo específico, mas não sabem que, devido ao seu medo, estão matando a criança.

Ela nunca será feliz. E, além de nunca vir a ser grata aos pais, carregará sempre um rancor contra eles.

Sigmund Freud tem uma grande visão sobre este assunto: ele diz: "Toda cultura respeita o pai. Não existe nenhuma cultura na terra, ou nunca existiu, que não tenha proposto e propagado a ideia de que o pai tem de ser respeitado." Freud explica: "Esse respeito pelo pai surge em função de que, em algum tempo no passado, em épocas pré-históricas, o pai deva ter sido morto pelos filhos apenas para se salvarem de ficar aleijados."

É uma ideia esquisita, mas muito significativa. Ele diz que o respeito está sendo pago ao pai por culpa, e essa culpa foi carregada por milhares de anos. Em algum lugar... não é um fato histórico, mas um mito significativo, o de que jovens devam ter matado o pai e depois se arrependeram, naturalmente, porque era o pai deles. Mas o pai estava direcionando os filhos para modos de vida nos quais não estavam felizes. Eles o mataram, mas depois se arrependeram. Então passaram a venerar os espíritos dos ancestrais, pais, avós, por medo, uma vez que os fantasmas desses ancestrais poderiam se vingar. E assim, aos poucos, tornou-se uma convenção ter respeito para com os mais velhos. Mas por quê?

Gostaria que os pais tivessem respeito pelas crianças. As crianças merecem todo o respeito possível dos pais, porque elas são tão puras, tão inocentes, tão próximas da compaixão. É hora de respeitá-las, e não forçá-las a respeitarem todas as espécies de pessoas corruptas, ardilosas, desonestas, cheias de merda, só porque são idosas. Gostaria de inverter a coisa toda: as crianças devem ser respeitadas porque estão mais próximas da fonte, os pais estão longe. Elas ainda são originais, os pais já são uma cópia. E será que vocês conseguem entender o que se pode fazer respeitando-se as crianças? Depois, através do amor e do respeito, os pais podem impedi-las de rumarem para alguma direção errada, não pelo medo, mas pelo respeito e pelo amor.

Meu avô... Eu não podia contar uma mentira para o meu avô, porque ele me respeitava muito. Quando a família inteira estava contra mim, eu podia pelo menos contar com o velho. Ele não dava importância a todas as provas que estavam contra mim. Ele dizia:

– Não me importo com o que ele tenha feito. Se fez isso, deve estar certo. Eu o conheço, ele não é capaz de fazer o mal.

E, quando estava comigo, é claro que a família inteira tinha que respeitá-lo. Eu lhe contava a história toda e ele dizia:

– Não há necessidade de se preocupar. Faça tudo o que sentir que é correto, pois, do contrário, quem mais pode decidir? Em sua situação, em seu lugar, apenas você pode decidir. Faça o que sente que é certo, e lembre-se sempre que estou aqui para apoiá-lo, porque não só te amo, mas também te respeito muito.

Seu respeito para comigo foi o maior tesouro que eu poderia receber. Quando ele estava à beira da morte, eu estava a 130 quilômetros de distância. Ele me informou que eu deveria vir imediatamente porque não havia muito tempo. Vim rapidamente, em duas horas eu estava lá. Foi como se ele estivesse apenas esperando por mim. Abriu os olhos e disse:

– Eu estava tentando continuar a respirar, para que você pudesse chegar até mim. Há apenas uma coisa que quero dizer: não estarei aqui agora para apoiá-lo, e você vai precisar de apoio. Mas lembre-se, onde quer que eu esteja, o meu amor e o meu respeito vão permanecer com você. Não tenha medo de ninguém, não tenha medo do mundo.

Essas foram suas últimas palavras:

– Não tenha medo do mundo.

Respeite as crianças, torne-as destemidas.

Mas se os próprios pais estiverem cheios de medo, como podem fazer com que suas crianças sejam destemidas?

Não devem forçá-las a demonstrar respeito para com eles, pelo fato de serem seus pais, seu papai, sua mãe, isso e aquilo. É preciso mudar essa atitude para depois ver a transformação que o respeito pode trazer às crianças. Elas vão ouvir os pais com mais cuidado, se eles as respeitarem. Vão tentar entender os pais e sua mente com mais cuidado, se eles as respeitarem. Eles têm que respeitá-las. E, de modo algum, os pais devem impor seja o que for. Assim, se por meio do entendimento, as crianças sentirem que os pais estão certos e os seguirem, elas não vão perder a face original.

A face original não é perdida pelo fato de seguir por um determinado caminho. É perdida pelas crianças que são forçadas. O amor e o respeito podem ajudá-las com suavidade a serem mais compreensíveis em relação ao mundo, podem ajudá-las a serem mais alertas, atentas, cuidadosas, pois a vida é preciosa, e é uma dádiva da existência. Não se deve desperdiçá-la. No momento da morte, as pessoas devem ser capazes de dizer que se sentem melhor, mais belas, mais virtuosas, neste momento em que estão deixando o mundo.

Mas isso somente é possível se a pessoa deixar esse mundo com a face original, a mesma face com que veio ao mundo.

A meu ver, os pais podem fazer somente uma coisa com os filhos, que é compartilhar a própria vida. Devem dizer aos filhos que eles próprios foram condicionados pelos pais, que viveram dentro de determinados limites, segundo alguns ideais e que, devido a esses limites e ideais, eles perderam a vida por completo, e que não querem destruir a vida dos filhos. Eles querem que os filhos sejam totalmente livres, livres dos pais, porque para eles os pais representam todo o passado.

É preciso coragem e um amor imenso em um pai, em uma mãe, para dizer aos filhos: "Você precisa ser livre de nós. Não nos obedeça, conte com a sua própria inteligência. Mesmo que erre, é bem melhor do que permanecer um escravo e estar sempre certo. É melhor cometer erros por conta própria e aprender com eles, do que seguir alguém e não cometer erros. Assim você nunca vai aprender nada, exceto seguir, o que é um veneno, puro veneno."

É muito fácil para aquele que ama. Não me perguntem como, porque "como" significa que estão pedindo um método, uma metodologia, uma técnica, e o amor não é uma técnica.

Os pais devem amar seus filhos, desfrutar da liberdade deles. Devem deixar que cometam erros, e ajudá-los a ver onde os cometeram. Precisam dizer a eles: "Cometer erros não é errado. Cometa tantos erros quanto possível, porque essa é a maneira que mais aprenderá. Mas não cometa os mesmos erros repetidas vezes, porque isso faz de você um tolo." Os pais terão de descobrir isso, ao viver com seus filhos a cada momento, e lhes permitindo toda liberdade possível nas pequenas coisas.

Por exemplo, na minha infância... e tem sido o mesmo por séculos, as crianças são ensinadas: "Vá para a cama cedo, e levante-se de manhã cedo. Isso faz de você um sábio."

Disse ao meu pai:

– Parece estranho: quando não estou com sono, você me força a dormir no início da noite.

E nas casas jainistas, o início da noite é realmente cedo, porque o jantar é às 5 horas da tarde, no máximo às 6. E depois não tem nada mais a fazer, então as crianças devem ir dormir.

Disse ao meu pai:

– Quando a minha energia não está pronta para dormir, você me força a dormir. E, de manhã, quando estou com sono, você me arrasta para fora da cama. Esta parece ser uma maneira estranha de me fazer sábio! E não vejo a ligação. Como é que vou me tornar sábio sendo forçado a dormir quando não estou com sono? Durante horas, fico deitado na cama, na escuridão...

tempo este que poderia ter sido utilizado de alguma forma, que poderia ter sido criativo, no entanto, você me força a dormir. Mas o sono não é algo que acontece quando se quer. Não se pode simplesmente fechar os olhos e dormir. O sono vem quando ele quer, não segue a sua ordem ou a minha ordem. Portanto, durante horas, estou desperdiçando o meu tempo.

– E depois, de manhã cedo, às 5 horas, quando estou realmente com sono, você me obriga a acordar e me arrasta para fora para uma caminhada matinal até a floresta. Estou sonolento e você me arrasta. E não vejo como tudo isso vai me fazer sábio. Por favor, explique isso para mim! E quantas pessoas se tornaram sábias através desse processo? Basta que me mostre algumas pessoas sábias, pois não vejo ninguém ao meu redor. E, em conversa com o meu avô, ele disse que isso tudo é tolice. De toda a família, aquele velho é o único homem sincero. Ele não se importa com que os outros vão dizer, mas me disse que isso tudo é tolice: "A sabedoria não vem em função de ir cedo para a cama. Fui cedo para a cama a minha vida inteira, durante setenta anos, e a sabedoria ainda não veio, e não acho que vá vir! Agora é hora da morte chegar, não da sabedoria. Portanto, não se iluda com esses provérbios."

Disse ao meu pai:

– Reflita profundamente sobre essa questão, mas, por favor, seja autêntico e verdadeiro. Dê-me esse tanto de liberdade: que eu possa ir dormir quando eu sentir que o sono está chegando, e que eu possa levantar quando eu sentir que é o momento, e que o sono não está mais lá.

Ele pensou durante um dia e, no dia seguinte, disse:

– Tudo bem, talvez você esteja certo. Você faz isso de acordo consigo mesmo. Ouça o seu corpo em vez de me ouvir.

Esse deve ser o princípio. As crianças devem ser ajudadas a ouvir seu corpo, a ouvir suas próprias necessidades. A função básica dos pais é vigiar as crianças para que não caiam em uma vala. A função da disciplina deles é negativa.

Lembrem-se da palavra "negativa"... nenhuma programação positiva, mas apenas uma vigilância negativa, pois crianças são crianças, e podem entrar em algo que pode prejudicá-las, debilitá-las. Portanto, os pais também não devem lhes dar ordens para não ir, e sim explicar-lhes os perigos. Não devem fazer com que a obediência se torne um hábito, deixe que as crianças escolham. Basta explicar a elas toda a situação. As crianças são muito receptivas e, se os pais as tratam com respeito, elas estão prontas para ouvir, e prontas para compreender. Então, deixe-as com sua própria compreensão. É uma questão de alguns poucos anos no início, mas logo terão sua inteligência estabelecida e a vigilância dos pais não será mais necessária. Logo elas vão ser capazes de viver por conta própria.

Posso entender o medo dos pais de que as crianças sigam uma direção que eles não queiram, mas este é o problema dos próprios pais! As crianças não nascem para satisfazer os gostos e desgostos dos pais. Elas têm que viver a vida delas, e os pais devem ficar contentes com o fato de elas viverem a própria vida, seja ela qual for.

Sempre que a pessoa segue o seu potencial, ela se torna a melhor. Toda vez que se desvia do seu potencial, ela permanece medíocre.

Toda a sociedade é formada por pessoas medíocres, pela simples razão de que ninguém é o que foi destinado a ser. Elas são alguma outra coisa, e o que quer que façam, não podem ser as melhores e também não podem sentir satisfação, não podem se contentar.

Portanto, o trabalho dos pais é muito delicado, além de precioso, pois a vida da criança depende disso. Não devem aplicar nenhum programa positivo. Ajude-a no que ela quer de toda forma possível.

Por exemplo, eu costumava subir em árvores. Ora, existem algumas árvores que são seguras para subir, os galhos são fortes, o tronco é resistente. É possível subir até mesmo até o topo e, ainda assim, não há necessidade de ter medo de que um galho se quebre. No entanto, existem algumas árvores que são muito frágeis. Como eu costumava subir nas árvores para pegar manga, ou *jamuns*, outra bela fruta na Índia, minha família ficava muito preocupada e sempre mandava alguém para me impedir.

– Em vez de me impedir, por favor, me explique quais árvores são perigosas, para que eu possa evitá-las, e quais não são perigosas, para que eu possa subi-las. Porém, se você tenta me impedir de subir, há um perigo: posso subir em uma árvore errada e a responsabilidade será sua. Não vou parar de subir em árvore, eu amo fazer isso – disse eu a meu pai.

É realmente uma das mais belas experiências estar no topo da árvore, sob o sol, com o vento forte, e toda a árvore dançando, uma experiência muito enriquecedora.

– Não vou parar. Seu trabalho é me dizer exatamente quais árvores eu não devo subir, uma vez que posso cair, posso ter fraturas, posso machucar meu corpo. Mas não me dê uma ordem vazia para parar de subir. Isso eu não vou fazer – disse eu a ele.

Assim, ele teve que vir comigo e andar pela cidade para me mostrar quais árvores eram perigosas. Depois fiz uma segunda pergunta a ele:

– Você conhece algum bom escalador na cidade que possa me ensinar até mesmo a subir em árvores perigosas?

– Engraçadinho! Agora isso está indo longe demais. Você argumentou, eu entendi... – disse ele.

– Vou seguir seu conselho porque me propus a isso. Mas as árvores que você diz que são perigosas são irresistíveis porque a *jamun* cresce nelas. É realmente deliciosa, e quando está madura, posso não ser capaz de resistir à tentação. Você é meu pai, é seu dever... você deve conhecer alguém que possa me ajudar. – argumentei.

– Se eu soubesse que ser pai seria tão difícil, nunca teria sido um, pelo menos de você! Sim, conheço um homem – respondeu ele.

E depois me apresentou a um homem que era um escalador excepcional, o melhor. Era um lenhador, e era tão velho que ninguém poderia acreditar que ele seria capaz de cortar lenha. Ele fazia somente trabalhos raros, que ninguém mais tinha preparo para fazer... cortava galhos de árvores grandes que estavam se expandindo sobre as casas. Ele era um especialista, e fazia isso sem danificar as raízes ou as casas. Primeiro, ele amarrava os galhos a outros galhos com cordas. Em seguida, cortava esses galhos e, depois, com as cordas, puxava os outros galhos para fora da casa e deixava que eles caíssem ao solo.

E ele era tão velho! Mas sempre que havia alguma situação como essa, quando nenhum outro lenhador estava preparado para tal, ele estava. Então meu pai disse a ele:

– Ensine-lhe alguma coisa, especialmente sobre árvores que são perigosas, que podem quebrar.

Galhos que podem quebrar... e eu já havia caído duas, três vezes. Carrego ainda as marcas nas pernas.

Aquele velho olhou para mim e disse:

– Ninguém jamais apareceu aqui, principalmente um pai trazendo um menino...! É uma coisa perigosa, mas se ele ama isso, eu adoraria ensiná-lo.

E me ensinou como executar a subida em árvores que eram perigosas. Mostrou-me todos os tipos de estratégias para me proteger: se quiser subir no alto da árvore, e não quiser cair no chão, então primeiro amarre-se com uma corda a um ponto na árvore em que sinta que é forte o suficiente e, depois, suba. Se cair, ficará pendurado na corda, mas não vai cair no chão. E isso realmente me ajudou. Desde então não caí!

A função do pai ou da mãe é grande, porque trazem um hóspede novo para o mundo que, embora não saiba nada, traz algum potencial. E, se o seu potencial não crescer, ele vai ser infeliz.

Nenhum pai gosta de pensar que seus filhos são infelizes, quer mais é que eles sejam felizes. Só que seu pensamento é errado. O pai acha que se os filhos se tornarem médicos, professores, engenheiros, cientistas, é que serão felizes. Ele não sabe! Os filhos só podem ser felizes se vierem a ser aquilo que lhes é predestinado. Eles só podem se tornar aquilo que for desenvolvido a partir da semente que carregam dentro de si.

Portanto, os pais devem ajudá-los de todas as maneiras possíveis para lhes dar liberdade e oportunidades. Normalmente, se a criança pede à mãe alguma coisa, a mãe, sem nem dar ouvidos ao que a criança está pedindo, simplesmente lhe diz não. O "não" é uma palavra autoritária, o "sim" não é. É por isso que, nem o pai nem a mãe, nem qualquer outra pessoa, quer dizer "sim", até mesmo para qualquer coisa comum.

A criança quer brincar do lado de fora da casa: "Não!" A criança quer sair para dançar na chuva: "Não! Você vai pegar um resfriado." Resfriado não é câncer, mas a criança que é impedida de dançar na chuva perde algo sensacional, algo realmente belo. Um resfriado vale a experiência, embora isso não signifique que ela necessariamente vá pegar um resfriado. Na verdade, quanto mais o pai protege o filho, mais o filho se torna vulnerável. Quanto mais permissão o pai dá ao filho, mais o filho se torna imune.

Os pais têm que aprender a dizer sim. Em 99% dos casos, quando geralmente dizem "não", não é por nenhuma outra razão que não simplesmente para mostrar autoridade. Nem todo mundo pode tornar-se presidente de uma nação e ter autoridade sobre milhões de pessoas. Mas qualquer pessoa pode vir a ser um marido, pode ter autoridade sobre a esposa; toda esposa pode tornar-se mãe, e ter autoridade sobre o filho; e toda criança pode ter um ursinho de pelúcia, e ter autoridade sobre o ursinho de pelúcia... chutá-lo de um canto ao outro, dar-lhe boas bofetadas, dar-lhe tapas que, na verdade, gostaria de dar na mãe ou no pai. E o pobre ursinho não tem ninguém abaixo dele.

Essa é uma sociedade autoritária.

O que estou dizendo é que, com a criação de filhos que têm liberdade, que ouvem o "sim" e raramente ouvem o "não", a sociedade autoritária tende a desaparecer. O ser humano terá uma sociedade mais humana.

Portanto, não se trata apenas das crianças. Essas crianças vão se tornar a sociedade de amanhã: a criança é o pai do homem.

Os ciclos de sete anos de vida

É preciso entender alguns aspectos importantes do crescimento. A vida muda em ciclos de sete anos, assim como a terra faz um movimento de rotação em seu eixo em 24 horas. No entanto, ninguém sabe por que não em 25 ou 23 horas. Isso não tem resposta, é simplesmente um fato.

Ao se compreender esses ciclos de sete anos, compreende-se bastante sobre o crescimento humano.

Os primeiros sete anos são os mais importantes, por causa da sedimentação da base da vida. É por isso que todas as religiões se preocupam em agarrar as crianças o mais rápido possível. Os judeus fazem a circuncisão da criança. Que absurdo! Mas eles estão fazendo uma marcação na criança, identificando-a como judia, o que é uma maneira primitiva de identificação. As pessoas ainda fazem isso no gado por aqui. Tenho visto marcas, todo proprietário grava seu gado, pois, do contrário, o gado pode se misturar. É uma coisa cruel. É preciso usar aço em brasa para gravar a pele encouraçada do gado. Isso queima a pele. E depois a vaca se torna de sua possessão, não se perde e não pode ser roubada.

O que é circuncisão? É a marcação do gado, mas esse gado é formado de judeus. Os hindus têm seus próprios métodos, todas as religiões têm seus próprios métodos. Mas será que é necessário que se saiba a que gado as pessoas pertencem, quem é o seu pastor? Jesus? Moisés? Mohammed? O homem não é seu próprio mestre.

Esses primeiros sete anos são os anos em que a criança é condicionada, assoberbada com todas as espécies de ideias que vão persegui-la sua vida inteira, que vão afastá-la de sua potencialidade, que vão corrompê-la, que nunca vão lhe permitir ver com clareza. Elas vão sempre vir como nuvens diante de seus olhos, vão fazer com que tudo fique confuso.

As coisas são claras, muito claras, e a existência é absolutamente clara, mas os olhos da criança têm camadas e mais camadas de poeira. E toda essa poeira foi acumulada nos primeiros sete anos de vida, quando a criança era tão inocente, tão confiante, que qualquer coisa que diziam, ela aceitava como verdade. E qualquer coisa que tenha ido para sua fundação será muito difícil de ser identificada por ela mais tarde: tornou-se praticamente parte de seu sangue, de seus ossos, de sua própria essência. A pessoa vai ter mil outras questões, mas nunca sobre as fundações básicas de sua crença.

A primeira expressão de amor para com a criança é deixar que seus sete anos iniciais sejam totalmente inocentes e sem condicionamento, deixá-la completamente selvagem, pagã durante este período. Até os 7 anos, se for possível deixar a criança inocente e sem ser corrompida pelas ideias dos outros, torna-se impossível afastá-la de seu potencial de crescimento. Os primeiros sete anos da criança são os mais vulneráveis. E elas estão nas mãos dos pais, dos professores, dos padres...

Aquele que tem uma criança deve protegê-la de si mesmo. Além disso, deve protegê-la dos outros que possam influenciá-la: pelo menos até os 7 anos, é preciso protegê-la. A criança é como uma plantinha fraca e delicada: basta um vento forte para destruí-la, e qualquer animal pode devorá-la. Coloca-se um cordão de proteção em torno dela, não para aprisioná-la, simplesmente para protegê-la. Quando a planta ficar maior, o cordão será removido.

É preciso proteger a criança de toda espécie de influência, para que ela possa ser ela mesma, e é apenas por sete anos, porque depois o primeiro ciclo estará completo. Aos 7 anos, a criança estará bem fundamentada, centrada, e forte o suficiente. As pessoas não sabem o quanto uma criança de 7 anos pode ser forte, porque nunca viram crianças que não fossem corrompidas. Veem apenas crianças corrompidas, que carregam os medos, a covardia dos pais, das mães, de seus familiares. Não são elas mesmas.

Se uma criança permanecer incorrupta por sete anos... As pessoas vão ficar surpresas de encontrar uma criança assim. Ela será tão afiada como uma espada. Seus olhos estarão claros, sua percepção será clara. E será possível perceber nela uma força tremenda, a qual não se consegue encontrar nem mesmo em um adulto de 70 anos, uma vez que as bases do adulto encontram-se instáveis. Na verdade, à medida que o prédio fica cada vez mais alto, mais instável se torna.

Aquele que é pai vai precisar muito ter esta coragem para não interferir. Vai precisar abrir portas de direções desconhecidas para a criança, para que ela possa explorar. Ela não sabe o que há dentro dela, ninguém sabe. Ela tem que tatear no escuro. Não faça com que ela tenha medo do escuro, não faça com que ela tema o fracasso, não faça com que ela tenha medo do desconhecido. Dê-lhe apoio. Quando ela seguir em direção a uma jornada desconhecida, os pais precisam encaminhá-la com todo o seu apoio, com todo o seu amor, com todas as suas bênçãos. Não devem deixar que seus medos afetem a criança.

Os pais podem ter medos, mas devem mantê-los para si. Não podem descarregar esses medos sobre a criança, pois fazê-lo será interferir.

Após sete anos, o próximo ciclo de sete anos, dos 7 aos 14, é uma nova adição à vida: a primeira agitação das energias sexuais da criança. Mas essas são apenas uma espécie de ensaio. Agora, quando a criança começa a desempenhar seus ensaios sexuais, é o momento em que os pais mais interferem, uma vez que eles próprios sofreram interferência. Tudo o que sabem é o que foi feito a eles, portanto, eles simplesmente continuam a fazer o mesmo com seus filhos. A sociedade não permite ensaio sexual, pelo menos não permite até agora na maioria dos países, com exceção dos países muitos avançados e, mesmo assim, apenas nas últimas duas, três décadas. Agora as crianças têm ensino misto (em que meninos e meninas estudam juntos). No entanto, em um país como a Índia, mesmo agora o ensino misto começa apenas no nível universitário. O menino e a menina de 7 anos não podem frequentar o mesmo internato. E esse é o momento em que eles devem poder brincar sem qualquer risco, sem causar problema para suas famílias. Sim, terá uma coloração sexual, mas é um ensaio, e não o espetáculo real. E, se os pais não lhes permitirem nem mesmo o ensaio e, depois, de repente um dia, as cortinas se abrem e a peça de teatro começa de verdade... Aquelas crianças não sabem o que está acontecendo, não têm sequer um *prompter* – pessoa fora do palco que lembra os atores de falas esquecidas – para lhes dizer o que fazer! Os pais terão arruinado a vida dos filhos.

Aqueles sete anos, o segundo ciclo da vida, são significativos como um ensaio. Meninos e meninas vão se encontrar, se misturar, se divertir, se conhecer. E isso vai ajudar a humanidade a eliminar quase 90% das perversões. Se as crianças de 7 a 14 anos tiverem permissão para conviverem entre si, para nadarem juntas, para ficarem peladas diante umas das outras, 90% das perversões e 90% da pornografia vão simplesmente desaparecer. Quem é que vai se incomodar com isso? Depois de um menino ter visto tantas meninas peladas, que interesse ele pode ter por revistas como a *Playboy*? Depois que uma menina viu tantos meninos pelados, não vejo a menor possibilidade de ela ter curiosidade em relação ao outro sexo, essa curiosidade vai simplesmente desaparecer. Eles vão crescer juntos naturalmente, e não como duas espécies diferentes de animais.

E é assim como as crianças crescem, como se fossem duas espécies de animais. Não pertencem à espécie humana, pois são mantidos separados. São criadas muitas barreiras entre elas, de modo que não possam ter qualquer ensaio da vida sexual que está para chegar.

O modo como as crianças são educadas está praticamente destruindo sua vida como um todo. Esses sete anos de ensaio sexual são absolutamente essenciais. Meninas e meninos devem conviver nas escolas, nos albergues, nas piscinas e nas camas. Devem fazer um ensaio para a vida que está para chegar, pois têm que estar preparados para isso. E não há perigo, não há problema em dar total liberdade às crianças em relação à sua crescente energia sexual e em não serem condenadas, reprimidas, que é o que está sendo feito no presente momento.

É um mundo muito estranho este em que as pessoas vivem no momento. O ser humano nasce do sexo, vai viver de sexo, os filhos vão nascer do sexo e, ainda assim, o sexo é o que existe de mais condenado, é um pecado? Todas as religiões continuam a colocar essa porcaria na mente de todos. As pessoas, no mundo inteiro, estão cheias de todo o podre que se possa imaginar, pela simples razão de que não tiveram permissão para crescer de uma forma natural. Não tiveram permissão de aceitarem a si mesmas. Todas elas viraram fantasmas. Não são pessoas autênticas de fato, são apenas sombras de alguém que poderiam ter sido. São somente sombras.

O segundo ciclo de sete anos é extremamente importante, porque vai preparar a pessoa para os próximos sete anos. Se tiver feito a lição de casa direito, se tiver lidado com sua energia sexual com o espírito de um esportista e, nesse momento, este é o único espírito que possui, não será uma pessoa pervertida. Nenhum tipo de coisa estranha virá à sua mente, pois ela convive naturalmente com o outro sexo, e o outro sexo convive com ela, não há impedimento, e ela não está fazendo nada de errado contra ninguém. Sua consciência está limpa, porque ninguém colocou nela ideias do que é certo e do que é errado: ela está simplesmente sendo o que ela é.

Assim, dos 14 aos 21 anos, o sexo amadurece. E isso é importante de se entender: se o ensaio foi bem, nos sete anos em que o sexo amadurece, algo estranho acontece, algo sobre o qual a pessoa pode nunca ter pensado antes em função de nunca ter tido oportunidade. Eu disse que o segundo ciclo de sete anos, dos 7 aos 14 anos, dá à pessoa uma ideia das preliminares. O terceiro ciclo de sete anos dá uma ideia do pós-sexo. As pessoas ainda convivem junto com meninas ou meninos, mas agora começa uma nova fase de seu ser: começam a se apaixonar. Ainda não é um interesse biológico. A pessoa não está interessada em gerar filhos, não está interessada em tornar-se marido ou esposa, não. Estes são os anos do jogo romântico. A pessoa está mais interessada em beleza, em amor, em poesia, em escultura, que são todas as diferentes fases do romantismo. E, a menos que a pessoa tenha alguma qualidade romântica, nunca vai conhecer o que é pós-sexo. O sexo está apenas no meio.

Quanto mais longas as preliminares, maior a probabilidade de se alcançar o clímax, melhor a abertura para o pós-sexo. E, a menos que o casal conheça o pós-sexo, nunca vai saber o que é o sexo em sua totalidade.

Agora existem sexólogos que ensinam as preliminares do sexo. A preliminar ensinada não é a coisa real, mas estão ensinando, pelo menos reconhecem que, sem preliminares, não se consegue atingir o clímax. No entanto, estão no prejuízo quando se trata do ensino do pós-sexo, pois, quando a pessoa atinge o clímax, não está mais interessada, uma vez que está acabada, o trabalho já foi feito. Para isso é preciso de uma mente romântica, uma mente poética, uma mente que saiba como ser agradecida, como ser grata. A pessoa, mulher ou homem, que levou a outra a tal clímax, precisa de alguma gratidão, o pós-sexo é a sua gratidão. E, se não houver o pós-sexo, simplesmente significa que o sexo está incompleto, e o sexo incompleto é a causa dos problemas pelos quais o ser humano passa.

O sexo pode se tornar orgásmico apenas quando o pós-sexo e as preliminares são completamente equilibrados. Somente com seu equilíbrio é que o clímax se transforma em orgasmo.

A palavra "orgasmo" tem de ser compreendida. Isso quer dizer que todo o seu ser, ou seja, o corpo, a mente, a alma, tudo, torna-se envolvido, organicamente envolvido. E, então, torna-se um momento de meditação. Na minha concepção, se o sexo não se tornar por fim um momento de meditação, a pessoa envolvida não terá conhecido o que é sexo. Terá apenas ouvido falar sobre isso, terá lido sobre isso, e as pessoas que escrevem sobre esse assunto não sabem nada sobre ele.

Li centenas de livros sobre sexologia escritos por pessoas que são tidas como grandes especialistas, e são especialistas, mas não sabem nada sobre o santuário mais íntimo no qual floresce a meditação.

Assim como as crianças nascem por meio do sexo normal, a meditação nasce por meio do sexo extraordinário. Os animais podem gerar filhos, não há nada de especial nisso. O homem é o único que pode produzir a experiência da meditação como o centro da sensação orgásmica. Isso é possível somente se os jovens de 14 aos 21 anos tiverem liberdade romântica.

O ciclo dos 21 aos 28 anos é o momento da estabilização. As pessoas podem escolher um parceiro. E elas têm capacidade de escolher agora. Através de toda a experiência do passado, de dois ciclos, podem escolher o parceiro certo. Não há ninguém mais que possa fazer isso por elas. É algo que se parece mais com uma intuição, e não com aritmética, astrologia, quiromancia, I-Ching... nenhuma dessas coisas vai ajudar. É uma questão de intuição: ao entrar em contato com muitas pessoas, de repente, algo clica, algo que nunca tinha clicado com ninguém mais. E clica com tanta certeza e de forma tão completa que não tem como ter dúvidas. Mesmo que tente duvidar, não consegue, pois a certeza é enorme. Com esse clique a pessoa sossega.

Em algum lugar entre 21 e 28 anos, se tudo correr bem da maneira como estou dizendo, sem a interferência dos outros, a pessoa se estabiliza. E o período mais agradável da vida vem dos 28 aos 35 anos, que é o mais alegre, e o de maior paz e harmonia, porque duas pessoas começam a se fundir e a se mesclar entre si.

O que realmente acho surpreendente sobre a sua infância é que você parece ter tido uma compreensão intrínseca de que a interpretação de seus pais em relação à realidade e a sua experiência da realidade eram duas coisas diferentes. Ficaria grato por seu comentário.

Toda criança compreende que ela vê o mundo de uma forma diferente da de seus pais. Quanto a isso, você está absolutamente certo. Seus valores são diferentes. Ela pode coletar conchas do mar na praia e os pais vão dizer: "Jogue-as fora. Para que perder seu tempo?" E para a criança elas são tão lindas. Ela pode ver a diferença, pode ver que seus valores são diferentes. Os pais estão correndo atrás de dinheiro e ela quer colecionar borboletas. Ela não consegue entender por que os pais estão tão interessados em dinheiro. O que vão fazer com isso? Os pais não conseguem enxergar o que a criança vai fazer com essas borboletas, ou essas flores.

Toda criança sabe disso, que há diferenças. A única questão é a seguinte: ela tem medo de afirmar que está certa. Até onde ela saiba, a criança deve ser deixada em paz. É só uma questão de um pouco de coragem, o que também não falta às crianças. Mas toda a sociedade é controlada de tal forma que, mesmo uma bela qualidade, como a coragem em uma criança, há de ser condenada.

Eu não estava disposto a me curvar, no templo, diante de uma estátua de pedra. E disse aos meus pais:

– Se quiserem, podem me forçar. Vocês têm mais força física do que eu. Sou pequeno, vocês podem me forçar, mas lembrem-se de que estão fazendo uma maldade. Não vai ser a minha oração, e vai destruir até mesmo a oração de vocês, pois vocês estão agindo com violência contra uma criança pequena que não pode resistir fisicamente.

Um dia, enquanto meus pais estavam orando no templo, subi no topo do templo, que era um local perigoso. Somente uma vez por ano, um pintor costumava escalá-lo, mas eu já tinha visto o pintor e o modo como ele conseguira subir. Ele colocara pregos na parte dos fundos como degraus. Usei aqueles pregos para escalar e sentei no topo do templo. Quando saíram, meus pais me viram sentado lá:

– O que você está fazendo aí? Em primeiro lugar, você quer cometer suicídio? – perguntaram eles.

– Não. Só quero deixá-los alerta de que, se me forçarem, posso fazer qualquer coisa que esteja ao meu alcance. Essa é a resposta, para que vocês se lembrem de que não podem me forçar a fazer nada – respondi.

– Fique tranquilo. Vamos arrumar alguém para trazê-lo para baixo – imploraram meus pais.

– Não se preocupem. Se eu consigo subir, posso descer – argumentei.

Eles não tinham ideia daqueles pregos. Eu tinha observado o pintor em particular, como ele lidava com isso, pois todo mundo o admirava. Esse pintor era realmente excelente. Ele estava pintando todos os templos.

Vim para baixo.

– Nunca forçaremos você a nada, mas não faça uma coisa dessas! Você poderia ter se matado – disseram eles.

– A responsabilidade teria sido de vocês – declarei.

Não é uma questão de a criança não ter inteligência. O fato é que ela não usa sua assertividade, porque esta é condenada por todos. Todos condenaram a minha família, por eu ter subido no topo do templo, o que significa que subi para além do deus deles e, por isso, acharam que foi um insulto ao seu deus.

Eles tiveram uma reunião com toda a família:

– Deixem-no em paz, ele é realmente perigoso – disseram os pais.

Essa foi a gota d'água! Depois disso, ficaram quietos, nunca mais me disseram para eu ir ao templo, e nunca mais fui. Aos poucos, aprenderam que eu não era perigoso, mas que não deveriam me encostar na parede.

Toda criança tem que ser assertiva, esta é a única coisa que importa. E o que há a perder? Mas as crianças são tão dependentes, e não vejo por que elas têm de ser assim. Meus pais me disseram muitas vezes:

– Vamos parar de dar comida a você.

– Façam isso. Posso começar a mendigar nessa cidade. Tenho que sobreviver, tenho que fazer alguma coisa. Podem parar de me dar comida, mas não podem me impedir de mendigar. Mendigar é um direito inato de todos – dizia eu.

Não há nenhuma diferença de inteligência, mas vejo diferenças de assertividade, uma vez que as crianças que são obedientes são homenageadas.

Um dia meu pai ordenou:

– Você tem que estar de volta em casa antes de 9 horas da noite.

– E se eu não vier, então? – perguntei.

– Então as portas não estarão abertas – respondeu ele.

– Pois então mantenha as suas portas fechadas. Não vou nem bater nas portas, e não vou chegar antes de 9 horas da noite. Vou sentar do lado de fora e contar para todo mundo! Quem quer esteja passando há de perguntar: "Por que você está sentado no escuro, nesta noite fria?" E vou lhes dizer: "Esta é a situação..." – comuniquei.

– Você vai criar problema para mim – exclamou o pai.

– Não estou criando esta situação. Você me deu essa ordem. Nunca pensei sobre isso, mas você diz: "9 horas da noite" é a hora limite, e eu não posso vir antes das 9 horas da noite. É simplesmente contra a minha inteligência. E não vou fazer nada, estarei simplesmente sentado do lado de fora. Se alguém perguntar: "Por que você está sentado aqui fora...?" E alguém há de perguntar. Se alguém está sentado na estrada, todo mundo que passa vai perguntar: "Por que você está sentado aqui no frio?" Daí então vou ter que explicar: "Esta é a situação..." – argumentei.

– Esqueça sobre essa hora limite. Você vem para casa na hora que quiser – disse ele.

– E não vou bater. As portas têm de ficar abertas. Por que as portas devem ficar fechadas? Só para me atormentar? Não há razão para fechar as portas – comuniquei.

Na minha parte da Índia, a cidade ficava sempre acordada até meia-noite, porque é tão quente que só depois da meia-noite começa a refrescar. Então, as pessoas ficam acordadas e o trabalho continua. O dia é tão quente que elas têm permissão para descansar durante o dia e trabalhar à noite.

– Não há razão para fechas as portas, quando se está sentado do lado de dentro e trabalhando. Deixe as portas abertas. Por que eu deveria bater? – perguntei.

– Tudo bem, as portas vão permanecer abertas. A culpa foi minha de dizer a você: "Venha para dentro antes das 9 horas da noite", mas foi porque todo mundo entra antes das 9 horas da noite – argumentou ele.

– Não sou todo mundo. Se for adequado para eles entrar antes das 9 horas, eles podem entrar. Se for adequado para mim, vou entrar. Mas não corte a minha liberdade, não destrua a minha individualidade. Só me deixe ser eu mesmo – concluí.

É só uma questão de afirmar-se contra aqueles que têm poder. Mas as pessoas têm poderes sutis que podem usar contra eles. Por exemplo, se eu disser: "Vou simplesmente me sentar na estrada", também estou usando o poder. Ao sentar no topo do templo, também estou usando o poder. Se podem me ameaçar, também posso ameaçá-los. Mas as crianças andam na linha apenas por respeito, por obediência, para estarem no caminho certo. E o caminho certo significa qualquer um que os pais mostrem a eles.

Você está certo, eu era um pouco diferente. Mas não acho que se trate de alguma superioridade, apenas um pouco de diferença. E, depois que aprendi a arte, refinei-a. Depois que soube como lutar com as pessoas que têm o poder, refinei-a e lidei com ela perfeitamente bem. Sempre encontrei algum caminho. E eles sempre ficavam surpresos, porque pensavam: "Agora ele não pode fazer nada contra isso", pois estavam sempre pensando racionalmente.

Não tenho nenhuma devoção à razão. Minha devoção é basicamente voltada para a liberdade. Por quais meios é alcançada, não importa. Todos os meios tornam-se bons se trouxerem a liberdade e a individualidade ao ser humano, e este não for escravizado. As crianças apenas não têm ideia. Pensam que seus pais estão fazendo tudo o que é bom para elas.

Sempre deixei claro para eles: "Não suspeito de suas intenções, e espero que vocês não suspeitem das minhas também. Mas há coisas sobre as quais discordamos. Vocês querem que eu concorde com vocês em tudo, independentemente de estarem certos ou errados? Vocês têm certeza absoluta de que estão corretos? Se estiverem absolutamente corretos, deem-me a liberdade de decidir por mim mesmo. Pelo menos terei o prazer de errar em função da minha própria decisão, e não vou fazer com que vocês se sintam culpados e responsáveis."

É preciso estar alerta sobre uma coisa: tudo o que os pais disserem, eles não podem fazer. Não podem prejudicar o filho, não podem matar o filho, podem apenas ameaçá-lo. Uma vez ciente de que eles podem apenas ameaçá-lo, as ameaças não fazem nenhuma diferença, pois o filho também pode ameaçá-los. E o filho pode ameaçar os pais de tal forma que eles terão de aceitar o seu direito de escolher o que quer fazer.

Portanto há diferenças, mas nada que seja especial ou superior. As crianças podem ser ensinadas, e todas elas podem fazer o mesmo, porque eu tentei isso também, mesmo na minha infância. Os alunos ficavam intrigados: eu atormentava os professores, eu atormentava o diretor e, ainda assim, eles não podiam fazer nada contra mim. E, se fizessem algo errado, estariam em apuros imediatamente. Começaram a me perguntar:

– Qual é o segredo?

– Não há nenhum segredo. É preciso ter muita certeza de que está certo e de que tem uma razão para apoiá-lo. Depois, quem estiver contra você vai ver. Se é um professor ou se é o diretor, não importa – expliquei.

Um dos meus professores foi com muita raiva ao escritório do diretor e me deu uma advertência de dez rúpias por mau comportamento. Fui atrás dele e, enquanto me aplicava a multa, fiquei de pé ao seu lado. Quando ele se afastou, com a mesma caneta eu o multei em vinte rúpias por seu mau comportamento.

– O que você está fazendo? Esse dispositivo de registro é para professores advertirem os alunos – disse ele.

– Onde isso está escrito? Neste registro, em lugar nenhum está escrito que apenas os professores podem penalizar os estudantes. Acho que esse registro é feito para advertir qualquer pessoa que se comporte mal. Se houver qualquer outro lugar onde está escrito que apenas os professores podem penalizar os alunos, eu gostaria de ver – indaguei.

Nesse meio tempo, o diretor entrou.

– Qual é o problema? – perguntou ele.

– Ele estragou o registro. Ele me deu uma advertência de vinte rúpias por mau comportamento – justificou o professor.

– Isso não está certo – disse o diretor.

– Você tem algum documento por escrito que diz que nenhum aluno pode dar uma advertência a um professor, mesmo que o professor esteja se comportando mal? – indaguei.

— Esta é uma questão difícil. Não temos nenhum documento, trata-se apenas de uma convenção que são os professores que punem — esclareceu o diretor.

— Ela tem que ser alterada. Quanto à punição, tudo bem, mas não deve ser unilateral. Vou pagar aquelas dez rúpias apenas se esse homem pagar vinte rúpias — declarei.

Considerando-se que o diretor não poderia lhe pedir as vinte rúpias, não poderia me pedir aquelas dez rúpias, e a multa ainda está lá, visitei a escola, ele me mostrou:

— Sua multa ainda está lá.

— Deixe-a lá para os outros alunos saberem — disse eu.

É preciso apenas encontrar um jeito...!

Portanto, deve haver alguma diferença, mas não é de superioridade. É apenas uma questão de usar a coragem, a inteligência, e arriscar. Qual é o perigo? O que essas pessoas poderiam ter destruído? No máximo, poderiam ter me reprovado na aula deles, o que tinham medo, pois significava que eu estaria de novo em suas aulas, no ano seguinte! Por isso, para mim foi muito favorável que eles quisessem se ver livres de mim o mais rápido possível. Esse era o único poder nas mãos do professor, reprovar um aluno.

Eu deixara claro para todos os professores: "Você pode me reprovar, não importa. Se eu passo de ano em dois anos ou três anos, não importa. Essa vida como um todo é tão inútil, mas tenho que passar minha vida em algum lugar. Posso passar a minha vida inteira na escola, mas vou fazer da sua vida um inferno, pois, depois que o medo da reprovação desaparece, posso fazer qualquer coisa." Desse modo, mesmo os professores que estavam contra mim, passaram a me dar notas melhores do que o necessário apenas para me ajudar a passar para o próximo ano, e assim deixei de ser um fardo para eles.

Se os pais realmente amarem os filhos, vão ajudá-los a ser corajosos, corajosos inclusive contra os próprios pais. E hão de ajudá-los a ser corajosos contra os professores, contra a sociedade, contra qualquer pessoa que vá destruir sua individualidade.

E é isso que eu quero dizer: a nova mente terá essas qualidades diferentes. As crianças nascem sob a nova mente e o novo homem não vai ser tratado do modo como os homens têm sido tratados ao longo dos séculos. Vão ser incentivados a serem eles mesmos, a serem assertivos, a respeitarem a si mesmos. E isso vai mudar toda a qualidade de vida. Vai tornar-se mais brilhante, viva e mais interessante.

A família é a unidade social básica há milhares de anos, embora você duvide de seu valor. O que você acha que pode substituí-la?

O homem superou a família. A utilidade familiar está acabada, já durou muito tempo. É uma das instituições mais antigas, de modo que apenas pessoas muito perceptivas conseguem ver que ela já está morta. Levará algum tempo para que os outros reconheçam o fato de que a instituição família está morta.

A família fez o seu trabalho. Não é mais relevante no novo contexto das coisas, da mesma forma que não é mais relevante para a nova humanidade que já está nascendo.

A família foi boa e ruim. Por um lado, ajudou, uma vez que o homem sobreviveu por meio dela. Por outro, foi prejudicial, porque corrompeu a mente humana. Mas não havia nenhuma alternativa no passado, não havia nenhuma forma de escolher qualquer outra coisa. Era um mal necessário. Isso não precisa ser assim no futuro. O futuro pode ter estilos alternativos.

Penso que no futuro não haverá um estilo fixo, haverá muitos estilos alternativos. Se algumas pessoas ainda escolherem ter uma família, devem ter essa liberdade. Será uma porcentagem muito pequena. Há famílias na terra, muito raras, não mais do que 1%, que são realmente belas, que são realmente benéficas, nas quais acontece o crescimento, não há autoridade, nenhuma viagem de poder, nenhuma possessividade, em que as crianças não são destruídas, em que a esposa não tenta destruir o marido e o marido não tenta destruir a esposa, há amor e liberdade, as pessoas se reúnem apenas por alegria e não por outros motivos, e não há política. Sim, esse tipo de família existiu na face da terra e ainda existe. Para essas pessoas, não há necessidade de mudar. No futuro, elas podem continuar a viver em famílias.

No entanto, para a grande maioria, a família é uma coisa desagradável. Pode perguntar aos psicanalistas e eles vão dizer que todos os tipos de doença mental surgem a partir da família. Todos os tipos de psicoses, de neuroses surgem na família. A família cria um ser humano completamente doente.

Não há necessidade, pois deve ser possível adotar estilos alternativos. Para mim, um estilo alternativo é a comuna, e é a melhor. A comuna são pessoas que vivem em uma família fluida. As crianças pertencem à comuna, ou seja, pertencem a todos. Não há nenhuma propriedade pessoal, nenhum ego pessoal. Um homem vive com uma mulher, porque gostam de viver juntos, porque valorizam isso, porque apreciam isso. No momento em que sentirem que esse amor não está mais acontecendo, não continuarão agarrados um ao outro. Dizem adeus com toda gratidão, com toda amizade. E passam a viver com outras pessoas. O único problema no passado era o que fazer com as crianças. Em uma comuna, as crianças podem pertencer à comuna, e isso será muito melhor. Elas terão mais oportunidades de crescer com muito mais tipos de pessoas. Caso contrário, a criança cresce com os pais e, durante anos, a mãe e o pai são para ela suas únicas duas imagens de seres humanos. É natural que ela comece a imitá-los. As crianças passam a ser imitadoras de seus pais e mães, e perpetuam o mesmo tipo de doença no mundo, assim como seus pais fizeram. Tornam-se cópias. Isso é muito destrutivo. E não há nenhuma maneira de as crianças fazerem alguma outra coisa, pois elas não têm qualquer outra fonte de informação.

Ao se ter uma centena de pessoas que vivem em conjunto em uma comuna, haverá muitos membros do sexo masculino e muitos membros do sexo feminino, portanto, as crianças não precisam ficar presas e obcecadas com um padrão de vida. Ela pode aprender com o pai, com as tias e os tios, e com todos os homens e mulheres da comunidade. A criança terá uma alma maior.

As famílias esmagam as pessoas e lhes dão almas muito diminutas. Na comunidade, a criança terá uma alma maior, terá mais possibilidades e seu ser será muito mais enriquecido. O menino conhecerá muitas mulheres, portanto, não terá uma única ideia de mulher. É muito destrutivo ter apenas uma única ideia de mulher, porque ao longo de toda sua vida, ele vai sempre procurar sua mãe. Basta observar sempre que os homens se apaixonam por uma mulher! Há toda a probabilidade de que eles encontrem alguém que seja similar à sua mãe, e isso pode ser exatamente o que eles deveriam ter evitado.

Toda criança fica com raiva da mãe. A mãe tem que proibir muitas coisas, a mãe tem que dizer não, e isso não pode ser evitado. Mesmo uma boa mãe às vezes tem que dizer não, restringir e negar. A criança fica furiosa, sente raiva. Ela odeia a mãe e também a ama, pois ela é a sua sobrevivência, sua fonte de vida e de energia. Assim, ela odeia e ama a mãe ao mesmo tempo, e isso se torna a regra. O homem vai amar uma mulher e vai odiar a mesma mulher, e não tem nenhum outro tipo de escolha. Ele estará sempre em busca da mãe, inconscientemente. E isso acontece com as mulheres também, elas estão à procura do pai. Passam a vida toda em busca do pai como marido. Ora, o pai não é a única pessoa no mundo, o mundo é muito mais rico. E, na verdade, a mulher que conseguir encontrar o pai não será feliz. Pode ser feliz com a pessoa amada, com um amante, mas não com seu pai. O homem que conseguir encontrar a mãe não será feliz com ela. Ele já a conhece, não há nada mais a ser explorado. Isso já é familiar, e a familiaridade gera o desprezo. Ele deve procurar algo novo, mas não tem nenhuma imagem.

Em uma comuna, a criança terá uma alma mais rica. Cada criança vai conhecer muitas mulheres e muitos homens, e não vai ficar viciada em uma ou duas pessoas.

A família cria uma obsessão em você, e a obsessão é contra a humanidade. Se o pai briga com alguém e o filho vê que ele está errado, não importa, pois o filho tem de estar com o pai e do seu lado. Tal como as pessoas dizem: "Certo ou errado, o meu país é o meu país!", assim os filhos dizem: "Meu pai é meu pai, certo ou errado. Minha mãe é minha mãe, tenho de estar do lado dela." Do contrário será uma traição.

Isso ensina a criança a ser injusta. O filho consegue perceber que a mãe está errada na briga com o vizinho, e que o vizinho está certo, mas o filho tem que ficar a favor da mãe. É um aprendizado de uma vida injusta.

Em uma comuna as pessoas não ficarão apegadas demais a uma única família, pois não haverá nenhuma família à qual se apegar. As pessoas serão mais livres, menos obcecadas, e serão mais justas. Além disso, terão amor proveniente de muitas fontes, e vão sentir que a vida é baseada no amor. A família ensina às pessoas uma espécie de conflito com a sociedade, com outras famílias. A família exige monopólio, pede que fiquem a favor dela e contra todos os outros. As pessoas têm de estar a serviço da família. Têm de lutar pelo nome e pela reputação da família. A família lhes ensina ambição, conflito, agressão. Em uma comuna, as pessoas serão menos agressivas, ficarão mais à vontade com o mundo, porque terão conhecido muitas pessoas.

É isso que vou criar aqui: uma comuna na qual todos serão amigos. Até mesmo maridos e esposas não devem ser mais do que amigos. Seu casamento deve ser somente um acordo entre os dois, de que decidiram estar juntos porque são felizes juntos. No momento em que até mesmo um deles decida que a infelicidade está se estabelecendo, eles se separam. Não há necessidade de qualquer divórcio. Como não há casamento, não há divórcio. Vive-se espontaneamente.

Quando o ser humano vive de forma infeliz, aos poucos se acostuma à infelicidade. Nunca, por um único momento que seja, alguém deve tolerar qualquer sofrimento. Pode ter sido bom viver com um homem, no passado, além de prazeroso, mas se não é mais prazeroso, então a mulher precisa sair dessa relação. Não há necessidade de ficar com raiva e ser destrutivo, nem de ficar ressentido, uma vez que nada pode ser feito em relação ao amor. O amor é como uma brisa. Simplesmente chega, se está presente, está presente. Depois vai embora e, quando se foi, se foi. O amor é um mistério, não se pode manipulá-lo. O amor não deve ser manipulado, o amor não deve ser legalizado, o amor não deve ser forçado, por nenhuma razão, de jeito nenhum.

Em uma comuna, as pessoas vão viver juntas apenas pelo puro prazer de estarem juntas, e por nenhuma outra razão. E, quando o prazer tiver desaparecido, elas se separam. Talvez possa parecer triste, mas elas precisam se separar. Talvez a nostalgia do passado ainda perdure na mente, mas elas têm que se separar. Elas devem isso umas às outras, ou seja, não devem viver infelizes, senão a infelicidade se torna um hábito. Elas se separam com o coração apertado, mas sem nenhum ressentimento. Depois vão buscar outros parceiros.

No futuro, não haverá casamento nem divórcio como no passado. A vida será mais fluida, mais confiável. Haverá mais confiança nos mistérios da vida do que na clareza da lei, mais confiança na vida em si do que em qualquer coisa, tal como no tribunal, na polícia, no padre, na igreja. E as crianças devem pertencer a todos e, portanto, não devem carregar os emblemas de sua família. As crianças pertencerão à comuna, e é a comuna que cuidará delas.

Esse vai ser o passo mais revolucionário na história humana, para que as pessoas passem a viver em comuna e comecem a ser verdadeiras, honestas, confiantes, e descartem a lei cada vez mais.

Em uma família, o amor desaparece, mais cedo ou mais tarde. Talvez nunca tenha existido amor desde o início. Pode ter sido casamento arranjado – por outros motivos, por dinheiro, poder, prestígio. Pode não ter existido nenhum amor desde o início. Os filhos nascem de um matrimônio que mais parece um beco sem saída. São crianças que nascem sem amor e, desde o princípio, tornam-se desamparadas. Esse estado de não amor no lar as torna apáticas, sem amor para oferecer. Elas aprendem sua primeira lição de vida a partir de seus pais e, quando os pais não são amorosos e vivem num ambiente onde há ciúmes, brigas e raiva constante, tudo o que as crianças veem é a cara feia de seus pais. A única esperança dos filhos é destruída. Não podem acreditar que o amor vá acontecer em sua vida, se não aconteceu na vida de seus pais. Além disso, eles veem outros pais e outras famílias também. As crianças são muito perceptivas, e sempre olham tudo ao redor e observam. Quando percebem que não existe a possibilidade de amor, começam a achar que o amor existe somente em poesia, que existe somente para poetas, visionários, e que não existe de verdade na vida. E, uma vez aprendido que o amor é apenas poesia, então o amor nunca vai acontecer, porque a criança fechou-se para ele.

Ver o amor acontecer é a única maneira de deixá-lo acontecer mais tarde em sua própria vida. Se o filho vê o pai e a mãe em profundo amor, com grande afeto, preocupando-se um com o outro, com compaixão mútua, com respeito um pelo outro, então viu o amor acontecer. Surge a esperança. Uma semente cai em seu coração e começa a crescer. Ele sabe que vai acontecer com ele também.

Se a criança não viu, como é que pode acreditar que vai acontecer com ela? Se não aconteceu com seus pais, como é que pode acontecer com o filho? Na verdade, ele vai fazer de tudo para evitar que aconteça com ele, senão vai parecer que traiu os pais. Esta é a minha observação em relação às pessoas: as mulheres dizem no fundo do inconsciente: "Olha, mãe, estou sofrendo tanto quanto você sofreu." Os meninos dizem para si mesmos, depois: "Pai, não se preocupe, minha vida é tão infeliz quanto a sua. Não fui além de você, não te traí. Continuo a mesma pessoa infeliz que você foi. Carrego a corrente, a tradição. Sou seu representante, pai, não te traí. Olha, estou fazendo a mesma coisa que você costumava fazer com a minha mãe, estou fazendo isso com a mãe dos meus filhos. E o que você costumava fazer comigo, estou fazendo com meus filhos. Estou educando-os da mesma forma que você me educou."

Cada geração passa suas neuroses para as novas pessoas que vêm para a terra. E a sociedade persiste com toda essa loucura, todo esse sofrimento.

Não, agora é necessária uma abordagem diferente. O homem amadureceu e a família é algo do passado, ela realmente não tem futuro. A comuna vai ser a alternativa que pode substituir a família, e vai ser bem mais benéfica.

No entanto, somente pessoas meditativas podem estar juntas em uma comuna. Só se pode estar junto quando se sabe como celebrar a vida; só se pode estar com o outro e ser amoroso quando se conhece esse espaço que chamo de meditação.

O velho absurdo de se monopolizar o amor tem que ser abandonado, para daí então ser possível viver em uma comuna. Se a pessoa continua a carregar seus velhos conceitos de monopólio, ou seja, de que sua mulher não deve segurar na mão de outra pessoa e o marido não deve rir com mais ninguém, se carrega esses conceitos absurdos em sua mente, então não pode fazer parte de uma comuna.

Se o marido está rindo com outra pessoa, é bom, o marido está rindo! Rir é sempre bom, e com quem isso acontece não importa. Rir é bom, rir tem um grande valor. Se a esposa está de mãos dadas com alguém, é bom, significa que o calor está fluindo. O fluxo de calor é bom, é valioso, e com quem isso está acontecendo é irrelevante. E se isso está acontecendo à esposa, e com muitas pessoas, vai acontecer com o marido também. Se isso parou de acontecer com qualquer outra pessoa, então vai parar também com o marido, com a esposa. O velho conceito como um todo é tão estúpido!

É como se, quando o marido sai, a esposa diz a ele: "Não respire em nenhum outro lugar. Quando chegar em casa, pode respirar tanto quanto quiser, mas somente quando estiver comigo é que você pode respirar. Fora, prenda sua respiração, torne-se um yogi. Não quero que você respire em mais nenhum lugar." Agora isso parece estúpido. Mas, então, por que o amor não deve ser como a respiração? O amor é a respiração.

A respiração é a vida do corpo e o amor é a vida da alma. É muito mais importante do que respirar. Ora, quando o marido sai, a mulher faz questão de que ele não ria com ninguém mais, pelo menos não com outras mulheres. Ele não deve ser amoroso com mais ninguém. Portanto, durante 23 horas ele vive sem amor e, depois, por uma hora, quando está com a esposa na cama, ele finge amar. A mulher matou o amor dele, a ponto de o amor não fluir mais. Se por 23 horas ele tem de permanecer um yogi, prendendo seu amor, com medo, será que ele pode relaxar, de repente, por uma hora? É impossível. Isso destrói o homem, isso destrói a mulher e, daí, ambos ficam irritados, entediados. Então a esposa começa a achar que "ele não a ama" e foi ela que criou a coisa toda. Depois ele começa a achar que a esposa não o ama, e não está mais tão feliz quanto costumava ser antes.

Quando duas pessoas se encontram na praia, ou em um jardim, quando estão em um encontro, nada está definido e tudo é fluido, e ambas estão felizes. Por quê? Porque elas são livres. O pássaro voando é uma coisa, e o mesmo pássaro em uma gaiola é outra coisa. Elas estão felizes porque são livres.

As pessoas não podem ser felizes sem liberdade, e a antiga estrutura familiar destruiu a liberdade. E, ao destruir a liberdade, destruiu a felicidade, destruiu o amor. Foi uma espécie de medida de sobrevivência. Sim, de alguma forma protegeu o corpo, mas destruiu a alma. Agora não há necessidade disso. É preciso proteger a alma também. É muito mais essencial e muito mais importante.

Não há futuro para a família, não no sentido que foi entendido até agora. Não há um futuro para um amor e para os relacionamentos amorosos. "Marido" e "esposa" vão se tornar nomes feios e palavrões.

E, sempre que se monopoliza a mulher ou o homem, naturalmente se monopoliza as crianças também. Concordo totalmente com Thomas Gordon. Ele diz: "Acho que todos os pais são potenciais exploradores de criança, pois o modo básico de criação dos filhos é por meio do poder e da autoridade. Acho que é destrutivo quando muitos pais têm a concepção de que: 'É meu filho, posso fazer o que quiser com meu filho.'"

É violento, é destrutivo ter a concepção de que: "É meu filho e eu posso fazer com ele qualquer coisa que eu queira." Uma criança não é um objeto, não é uma cadeira, não é um carro. O pai não pode fazer tudo o que quiser com a criança. Ela vem por intermédio do pai, mas não lhe pertence. A criança pertence à existência, o pai é, no máximo, alguém que deve zelar por ela, e não ser possessivo.

Mas toda a ideia de família é de posse: possuir propriedade, possuir a mulher, possuir o homem, possuir os filhos, e a possessividade é um veneno. É por isso que sou contra a família. Porém, não estou dizendo que aqueles que estão realmente felizes em suas famílias, ou seja, harmoniosos, vivos e amorosos, tenham que destruí-las. Não, não há necessidade. A família deles já é uma comuna, uma pequena comuna.

É claro que uma comuna maior será muito melhor, com mais possibilidades, mais pessoas. Pessoas diferentes trazem músicas diferentes, pessoas diferentes trazem estilos diferentes de vida, pessoas diferentes trazem sopros diferentes, brisas diferentes, pessoas diferentes trazem raios diferentes de luz, e as crianças devem ser regadas com o máximo de estilos diferentes de vida possível, para que possam escolher, para que possam ter a liberdade de escolha.

E devem ficar tão enriquecidas ao conhecerem tantas mulheres, tantos homens, que não vão ficar obcecadas pelo rosto da mãe ou pelo estilo do pai. E, depois, serão capazes de amar muito mais mulheres, muito mais homens. A vida vai ser mais uma aventura.

A vida pode se tornar um paraíso aqui e agora. As barreiras têm de ser removidas. A família é uma das grandes barreiras.

Conselho aos pais

Estou preocupado com a minha filha de 6 anos. Ela diz que é feliz, mas sinto que ela não é feliz, e acho que não consigo fazê-la feliz.

Você parece estar muito preocupado. Muita preocupação pode ser perigoso. A ideia de fazer alguém feliz nunca prospera. É contra as leis da natureza. Quando uma pessoa quer fazer alguém feliz, deixa-a infeliz, pois a felicidade não é algo que possa ser dado por outra pessoa. No máximo, pode-se criar a situação em que a felicidade possa florescer ou não. Mais do que isso não pode ser feito.

Parece que você está muito preocupado em fazer sua filha feliz e, o fato de não conseguir, deixa-o infeliz. E, quando você estiver infeliz, ela estará infeliz. É muito fácil fazer alguém infeliz. A infelicidade é muito contagiosa, é como uma doença. Se uma pessoa estiver infeliz, todos aqueles que estão ligados a ela, que têm relação com ela, especialmente as crianças, vão ficar infelizes. As crianças são mais sensíveis, mais frágeis.

A pessoa pode não dizer que é infeliz, mas isso não faz muita diferença, pois as crianças são muito intuitivas, ainda não perderam sua intuição. Elas ainda têm algo mais profundo do que o intelecto, que sente coisas imediatamente. O intelecto exige tempo e sempre oscila, nunca pode estar certo. Mesmo que alguém pense sobre uma pessoa que está infeliz, nunca consegue ter absoluta certeza se realmente ela está infeliz ou se está apenas fingindo, pois talvez este seja apenas um hábito ou talvez seu rosto seja assim. O intelecto nunca pode chegar a uma conclusão que seja absoluta.

Mas a intuição é absoluta, incondicional, pois simplesmente diz qual é o problema. As crianças são intuitivas e se relacionam de uma forma telepática muito sutil. Elas não olham como os adultos olham, elas sentem de forma imediata. Às vezes acontece de a mãe conseguir apenas sentir algo um pouco mais tarde, e a criança ter sentido antes da própria mãe. A mãe pode estar infeliz, mas ela ainda não está ciente disso. Ainda está para chegar à sua consciência a partir do inconsciente, enquanto que, para a criança, do inconsciente para ela, existe uma passagem direta.

Para chegar ao consciente, terá que passar muitas camadas de condicionamento, muitas camadas de experiência, de intelecto, isso e aquilo, além de passar por muita censura. Essas censuras vão alterar a mensagem, interpretá-la de modos diferentes, colori-la e, quando alcançar a mente consciente, pode ser algo absolutamente diferente do que era na realidade. Mas uma criança tem acesso imediato.

Até uma determinada idade, as crianças permanecem muito enraizadas aos pais e sabem o que está acontecendo.

Apenas relaxe um pouco. Deixe-a conviver com outras crianças, deixe-a brincar, e não fale sobre felicidade e infelicidade.

Em vez disso, seja você feliz. Ao vê-lo feliz, sua filha se sentirá feliz. A felicidade não é algo que se tenha que procurar diretamente, pois é uma consequência. As crianças ficam muito confusas quando lhes perguntam: "Você é feliz?" Na verdade, elas não sabem como responder a isso, e minha impressão é de que elas estão certas! Quando se pergunta a uma criança: "Você é feliz?", ela simplesmente dá de ombros... porque o que você quer dizer?

A criança é feliz somente quando não está ciente disso. Ninguém pode ser feliz quando tem consciência disso. A felicidade é algo muito sutil que acontece apenas quando se está completamente perdido em alguma outra coisa.

A criança está brincando e está feliz, porque não tem consciência de si mesma nesses momentos, ela se entrega! A felicidade existe quando a pessoa se entrega. Quando ela volta, a felicidade desaparece.

A dançarina é feliz quando a dança está em andamento e ela própria se entrega. O cantor é feliz quando a música está lá de forma tão avassaladora que ele não está mais. O pintor é feliz quando está pintando. A criança é feliz quando está brincando, talvez um jogo tolo, ou coletando conchas na praia, sem significado algum, mas está completamente absorvida.

Já observaram uma criança pegando conchas ou pedras? Apenas observem como fica absorta... apenas vejam como ela fica profundamente envolvida, como fica completamente entregue. E essa é a qualidade do êxtase, a qualidade da admiração, a qualidade de toda experiência religiosa. Todas as crianças são religiosas e todas as crianças são felizes, a não ser que os pais as façam infelizes.

Mas a felicidade não é para se buscar diretamente. Faça alguma outra coisa e a felicidade vai surgir como uma sombra, pois é uma consequência e não um resultado.

Embora eu perceba o que meus pais fizeram comigo, continuo a fazer a mesma coisa com minha filha. Tantas vezes as minhas próprias necessidades ficam no caminho das necessidades dela. Parece que não consigo ajudá-la de modo algum.

Uma coisa a ser entendida é que, normalmente, tudo que tenha sido feito pelos pais torna-se um padrão arraigado. Tudo o que a mãe fez à filha que agora é mãe, é a única maneira de saber como lidar com o próprio filho. Portanto, é natural, e não há nada com que se preocupar, mas é bom que tenha se tornado consciente disso.

Não tente compensar de forma exagerada, que é o que acho que está tentando fazer. Ora, você acha que você não é suficiente, que não está dando amor suficiente, cuidado suficiente, mas tudo o que pode dar, você pode dar! Como é que pode dar mais? Faça o seu máximo e, se não puder fazer mais, não fique deprimida em relação a isso, pois, do contrário, sua depressão vai prejudicar a criança.

No entanto, fique atenta, só isso. E, quando começar a fazer uso de algum método antigo, relaxe, e não faça uso dele!

Você deve ter algum ideal agora. Sua mãe não fez aquela coisa de forma idealista, mas você tem o ideal e tem que levar isso à criança... e todo idealismo é perigoso. Portanto, seja realista. Não crie uma ficção.

Você deve estar vivendo em uma ficção. Nunca viva com um "deveria". Viva com o "é", que é tudo o que existe. Tudo o que é, é.

Basta ser você mesma. Aceite-se! Esses "deveria isso, deveria aquilo" são todos condenatórios. Esse é o modo como as pessoas vão de um extremo ao outro.

A geração mais velha costumava pensar, ou melhor, as mães costumavam pensar que estavam fazendo grandes sacrifícios por seus filhos. Estavam sempre expondo que faziam isso e aquilo. Isso era prejudicial, porque o amor não deveria ser uma obrigação e não deveria se falar a respeito. A mãe ama porque se sente feliz. Ela não está fazendo nada para a criança, está fazendo algo porque ama fazer isso. A criança não tem obrigações para com a mãe, não tem nada a lhe reembolsar. A mulher adora ser mãe e deve ser grata à criança. Porém, as mulheres da geração mais velha não eram gratas à criança. Estavam sempre na esperança de que a criança viria a ser grata e, quando descobriam que a criança não demonstrava gratidão, ficavam frustradas.

Agora as mulheres foram para o outro extremo.

Apenas seja natural, pois essas posições extremistas não são boas. Antigamente, as crianças costumavam ter medo dos pais, agora, os pais têm medo das crianças, mas o medo permanece! A roda se moveu, mas o medo é o mesmo, e um relacionamento só pode existir quando não há medo. O amor é possível somente quando não há medo.

E mais uma coisa: a relação entre a criança e a mãe é tão grande que nunca pode ser perfeita, é impossível. Algum problema sempre há de estar lá. Basta alterar um problema para que surja outro, pois é inerente ao próprio relacionamento. Simplesmente ame a criança, e deixe tudo o mais para a existência. A mãe é um ser humano com todos os defeitos e limitações de um ser humano, e o que é que ela pode fazer?

A criança a escolheu para ser sua mãe. Portanto, a responsabilidade não é apenas da mãe. A criança também é responsável. Há tantas mulheres prontas para acolher. Ela escolheu você em particular, portanto não é só você que é responsável, a criança também é responsável. Ora, basta ser natural e ser feliz! Dance com a criança, ame a criança, abrace a criança. Não transmita nenhum ideal. Não dê ouvidos aos especialistas, pois são as pessoas mais perversas do mundo. Ouça apenas o próprio coração. Se tiver vontade de abraçar, abrace. Às vezes, se sentir vontade de dar bronca na criança, dê. E não se preocupe com o fato de alguns grandes psicanalistas dizerem que não se pode admoestar a criança. Quem são eles para saber mais do que as mães? De onde eles obtêm a autoridade?

Às vezes é bom ficar com raiva. A criança tem de aprender que sua mãe é um ser humano e que também pode ficar com raiva. E, se a mãe está irritada, a criança também se sente livre para ficar irritada. Se a mãe nunca se irrita, a criança se sente culpada. Como ficar com raiva com uma mãe que é sempre tão doce?

As mães tentam ser tão doces que todo o seu sabor se perde, pois elas ficam como a sacarina, elas criam um diabetes artificial. Não seja apenas doce, seja às vezes amarga, às vezes doce, conforme a mudança de humor. E deixe que a criança saiba que a mãe tem seus próprios humores e temperamentos, que ela é um ser humano assim como a criança.

Fico sempre muito irritada com meu filho de 9 anos desde que minha filha nasceu. Não tenho muito amor por ele.

É preciso fazer o seguinte: sempre que sentir raiva dele, vá para o quarto e, em vez de ficar brava com ele, jogue sua raiva em um travesseiro, bata no travesseiro, morda o travesseiro. Tente fazer isso algumas vezes e vai ficar surpresa: vai mudar o seu relacionamento com a criança. Não é realmente uma questão de amar ou não amar. Se a mãe não tiver amor pelo filho, então é ainda mais essencial que não fique com raiva. Se tiver amor por ele, então a raiva pode ser tolerada, porque é compensada com amor. Mas se não o ama, então a sua raiva é simplesmente imperdoável. Será que você me entende?

Se alguém ama, daí sim, a raiva também pode ser aceita, porque será compensada por isso: a mãe vai amar mais a criança depois que a raiva passar, e não haverá nenhum problema e a criança vai compreender. Mas se não ama a criança e fica irritada, é realmente imperdoável.

Tudo o que precisa é a expressão da raiva. Ela se acumula dentro da mãe e o filho se torna apenas uma desculpa: a mãe não encontra mais ninguém lá em quem jogar sua raiva. As crianças geralmente tornam-se bodes expiatórios porque são indefesos. A mãe pode ter ficado irritada com o marido, mas ele não é indefeso. Ela pode ter ficado irritada com o pai dela, mas ele não é indefeso. Toda essa raiva se acumulou, e agora está canalizada para a criança indefesa.

Portanto, durante um mês, deve ter como hábito: sempre que se sentir irritada com seu filho, deixe-o ali, vá para outro quarto, bata no travesseiro, jogue o travesseiro, morda o travesseiro. Em cinco minutos, vai sentir que a raiva se foi e, depois da raiva, vai sentir muita compaixão pela criança. Assim, basta um mês de tentativa para se tornar um hábito muito simples. Durante um mês vai ser um esforço, porque esse hábito vai dizer: "Fique irritada com a criança", e a mente vai dizer "É tolice, loucura descarregar a raiva no travesseiro". Depois de ver a beleza disso, e que ninguém está ferido, que a raiva está liberada e que, pelo contrário, a mãe sente compaixão pela criança, vai surgir o amor.

Além disso, a sua compreensão não é precisa quando diz que não tem amor pelo filho. Se não ama o filho, não deve ter tanta raiva também, pois são sentimentos que caminham juntos.

A raiva não é nada além do amor que está de cabeça para baixo, do amor que azedou, só isso. Tem que ser colocado na posição certa para se tornar amor. Portanto, a raiva e o ódio não são realmente opostos do amor. O real oposto do amor é a apatia, a indiferença. Aquela mãe que não ama o filho vai lhe ser indiferente. Quem se importa? E a minha impressão é de que não tem nada a ver com o filho, e sim com seu marido, com seu pai, com sua mãe.

Pense nessa criança: está sofrendo com a raiva sem motivo da mãe. Ele não pode se dar ao luxo de ficar com raiva da mãe agora, porque sabe que será derrotado, que sofrerá mais ainda. Ele continuará a suprimir a raiva, e essa raiva, um dia ou outro, será jogada em alguém. Se conseguir encontrar uma mulher, ele vai torturá-la. Mas, se a mulher for poderosa, como as mulheres sempre são, então ele não vai ser capaz de torturar a esposa, logo, vai torturar o filho. Vai ter que procurar alguma desculpa, em algum lugar, para jogar sua raiva. Se não puder descarregá-la no filho, na esposa, então será nos funcionários, no escritório e, se for patrão, torturará alguém que esteja logo abaixo dele. E isso não terá justificativa, porque, na verdade, ele queria torturar a própria mãe, mas isso ele não poderia fazer. É assim que as coisas acontecem.

É assim que a raiva passa, o ódio passa, o ciúme passa de geração em geração. Todos os tipos de venenos se acumulam, e uma geração os repassa como herança para outra geração. É por isso que a humanidade fica cada vez mais sobrecarregada diariamente. A mãe não deve fazer isso com o filho, pois vai estragar a vida dele. E ele propriamente não fez nada de errado.

Experimente apenas por um mês e vai ficar surpresa: esse um mês vai mudar todo esse comportamento.

Meu marido e eu entramos em conflito em relação à educação do nosso filho. Ele quer ser mais rigoroso, enquanto eu quero ser mais amorosa.

Então deixe-o fazer ao modo dele e você continue fazendo do seu modo, não tem nenhum problema. A criança precisa de ambos, porque é assim que a vida é: se a criança só recebe amor, ela sofrerá, por outro lado, se ela só é tratada com rigidez, ela sofrerá também. A criança precisa de ambos. Essa é a função da mãe e do pai: a mãe deve continuar a dar amor, para que a criança saiba que o amor é possível, e o pai pode permanecer rígido, para que a criança saiba que a vida não é tão fácil. É como a vida é!

Há espinhos e há rosas, e a criança tem que estar preparada para ambos. O mundo não vai ser uma mãe, o mundo vai ser uma luta dura. Portanto, se a mãe apenas lhe der amor, a criança não vai ter nenhuma censura. Quando a vida estiver lá, na realidade, a criança vai simplesmente entrar em colapso, pois ela vai esperar pela mãe, e a mãe não está lá, e a vida não se importa com ela. Então a criança será grata ao pai, pois a vida vai colocá-la da porta para fora muitas vezes, vai gritar com ela e, então, ela saberá que pode lidar com isso também, uma vez que foi preparada para tal.

A criança tem que estar preparada tanto para a suavidade quanto para a rigidez, tanto yin quanto yang. Qualquer que seja a situação, ela será capaz de responder. Se por um lado, a vida for dura, a criança pode ser dura também; se por outro, a vida for amorosa, ela pode ser amorosa também e, assim, a criança não terá nenhuma fixação. Porém, se a sua formação for dada somente pelo pai, a criança terá fixação. Ela será uma pessoa difícil, um alemão perfeito, mas nunca será capaz de amar e nunca terá capacidade de aceitar o amor, porque não sabe o que é o amor. Vai ser um soldado, vai estar pronto para lutar, para matar ou ser morto. Essa será sua única lógica, pois não conhecerá nada além. Isso também é perigoso. Foi o que aconteceu com a nação alemã, foi o que ajudou Adolf Hitler. Duas guerras mundiais demonstraram que as mães alemãs não foram tão amorosas quanto deveriam, e que os pais alemães foram disciplinadores em demasia. É por isso que o mundo todo sofreu por causa da Alemanha.

Portanto, se for deixada somente com o pai, a criança vai se tornar vítima de qualquer Adolf Hitler algum dia, o que é perigoso. Por outro lado, se for deixada só com a mãe, a criança vai se tornar indiana demais, de modo que, onde quer haja uma briga, ela vai simplesmente fugir, vai se render. Antes mesmo de lutar, ela vai se render! Ela será uma escrava. De ambas as maneias, a criança vai ficar presa, com fixação, e uma pessoa com real vitalidade não tem fixação. Ela é fluida: ela pode se movimentar e ser rígida quando as circunstâncias exigem que ela seja dura como o aço e, quando as circunstâncias exigem que ela seja como uma rosa, delicada e vulnerável, ela pode tornar-se suave.

Toda essa vastidão deve estar disponível para a conscientização da criança, de modo que ela possa transitar com facilidade. Então, ambos os modos são bons.

Quais são as minhas responsabilidades como pai? Vou me separar da minha esposa e decidimos que os três meninos vão morar comigo, enquanto a menina vai morar com a mãe.

Muito terá de ser feito porque, quando a mãe não está presente, as responsabilidades de pai ficam maiores. Você vai ter que ser pai e mãe. Mas de certa forma, pode ser um grande desafio e um crescimento para você.

Quando se é apenas pai, não há um envolvimento do seu âmago mais íntimo, apenas a periferia. O pai é um elemento periférico. É instituído, não é natural. Os pais existem apenas na sociedade humana, e foram criados pela sociedade. Não há nenhum instinto natural, trata-se apenas de um condicionamento. Quando uma mulher se torna mãe, algo extremamente importante aconteceu com ela. Mas nada demais acontece com o homem que se torna pai.

Para uma mulher é praticamente um novo nascimento. Não é só a criança que nasce, a mãe também nasce. A mãe dá à luz a criança, e a criança dá à luz a mãe. Quando uma mulher dá à luz um filho, é vida. Quando ela olha nos olhos da criança, ela olha para seu próprio ser. Quando a criança começa a crescer, ela cresce com a criança.

Então, até agora você foi apenas pai. Foi um dever, mas não envolveu nada demais. Agora você vai ser ambos. Vai ter que ser ambos, pai e mãe também. E, se puder ser uma mãe para seus filhos, não se sinta incomodado com as responsabilidades, pois elas serão cumpridas. Basta começar a pensar sobre como ser uma mãe. Torne-se mais feminino, mais receptivo... Você vai ter que se tornar cada vez menos um pai, e cada vez mais uma mãe. Este vai ser um grande desafio e uma grande transformação para você.

Se puder usar a oportunidade, pode-se praticamente alcançar um grande satori – termo japonês budista para "iluminação", "compreensão". Por meio deste, o seu interior chegará a uma reconciliação. A reconciliação estará dentro de você, ou seja, o homem e a mulher dentro de você, o yin e o yang dentro de você chegarão a um encontro, a uma cristalização. E aos poucos, você vai perder a noção de quem você é, se homem ou mulher, pois será mais maternal e, ainda assim, será pai. Esta pode se tornar uma situação alquímica.

Todo o meu esforço é sempre dar uma visão às pessoas, em qualquer situação em que elas se encontrem, que possa vir a ser um ponto de crescimento. Portanto, apenas experimente olhar para seus filhos como se você fosse a mãe. Se não puder fazer isso durante 24horas, faça então pelo menos por algumas horas e, depois, apodere-se do papel do homem. E isso é totalmente diferente. Quando se é pai, há de querer dominar as crianças, há de querer fazer com que elas gostem de você. Quando se é mãe, há de querer lhes dar liberdade para serem elas mesmas.

É possível ter uma espécie de programa em mente, como por exemplo, quando o sol se põe desempenhará o papel de mãe, do pôr do sol até o nascer do sol. De dia pode ser desempenhado o papel de pai, enquanto à noite pode ser desempenhado o papel de mãe. A mãe é mais parecida com a noite. Ela envolve, encobre, domina, sem nem mesmo tocar nas pessoas. Quando a escuridão as cerca, não podem sequer tocá-la. Ela está presente, mas é praticamente como se não estivesse. Sua própria presença ocorre através da ausência.

Portanto, quando for a mãe, torne-se o mais ausente possível. Não tente provar nada. Apenas sirva de ajuda em caso de necessidade, e também de forma bem indireta. Não pense em termos de responsabilidade. Pense em crescimento interior. Pensar em termos de responsabilidade, de dever, vai levá-lo a um estado de ansiedade, a perder uma grande chance. E terá dado um passo errado.

Com a responsabilidade, as pessoas se sentem sobrecarregadas. Com o dever, as pessoas se sentem na obrigação de fazer isso. O dever é uma palavra suja. O amor, não o dever. As pessoas gostam e as pessoas amam.

E desfrute de toda a situação que aconteceu. Depois, um dia, você poderá ser grato à sua esposa por ter partido e permitido que você tenha se tornado mãe, pois, de outro modo, isso não teria sido possível. E, não apenas nesse caso, mas em toda situação na vida, é preciso sempre tentar encontrar uma maneira de usá-la para o crescimento, e de tornar-se mais si mesmo através disso.

Medite profundamente, pois vai torná-lo forte o suficiente para enfrentar essa situação e crescer a partir dela.

Meu marido e eu queremos nos separar, mas estamos preocupados com a nossa filha.

Ela vai entender, porque, para ela, o pai vai permanecer disponível, não há nenhum problema quanto a isso. Tantas crianças... E as crianças são muito compreensivas. Sua filha vai ficar infeliz se a mãe estiver infeliz. Mas se ela vê que a mãe está feliz, dentro de alguns dias ela vai perceber que toda a situação é perfeitamente normal, e que não há nada de errado. A mãe acha que está infeliz por causa da filha, e a filha, por sua vez, vai ficar infeliz por causa da mãe, uma vez que permanece em uma relação muito solidária com ela. Se vir que a mãe está feliz, vai esquecer tudo isso. Não é um caso de amor da mãe, e ela não escolheu outra criança, não adotou outra criança.

Não há nenhum problema, o problema é com você, a mãe. No fundo, você gostaria de vê-la infeliz, de modo que você pudesse criar mais sofrimento para o seu marido: "Veja o que você fez para a criança. Você fez isso comigo e também fez isso com a criança, e está se sentindo tão alegre. Está curtindo? Vamos envenenar sua alegria."

Nunca se deve envenenar a alegria de alguém, pois a pessoa, ao envenenar a alegria de outra, estará envenenando o próprio bem-estar. O que quer que a pessoa faça para os outros será feito a ela.

Basta experimentar a minha receita: liberte-se, vá dançar e diga à sua filha: "É tão bom, ele é livre, eu sou livre e isso é perfeitamente normal."

O que entendo sobre as crianças é que elas são muito compreensivas. Elas são envolvidas na briga dos pais desnecessariamente, são puxadas para a briga. A mãe quer puxá-las, o pai quer puxá-las, e a vida dela torna-se um sofrimento. Aos poucos, a criança torna-se um político: dirá uma coisa para o pai e outra coisa para a mãe. Com a mãe, ela estará a favor da mãe, do seu lado, enquanto que, com o pai, ela estará a favor do pai. Tem que adotar essa política porque está entre essas duas pessoas. Portanto, os pais não devem criar isso. A separação não é nada. Sua filha há de entender, pois as crianças superam rápido.

Tenho problemas com meu filho de 2 anos porque ele é muito apegado a mim.

Não deve afastá-lo neste momento, senão ele será negativo para o resto da vida. Nunca se deve afastar uma criança. Ame-a o máximo que puder. Vai surgir um momento em que ele próprio vai começar a se afastar de você. Daí então não o segure. São coisas naturais da vida... assim como quando a fruta fica madura e cai da árvore automaticamente. Quando a gravidez completa nove meses, a criança sai do útero automaticamente. E a mesma coisa vai acontecer quando ele crescer e começar a conviver com outras crianças. Até que um dia ele vai encontrar uma esposa e esquecerá completamente da mãe.

Portanto, não se preocupe! Deve apenas amá-lo. E, se puder amá-lo, ele não apenas será incapaz de esquecê-la, como ainda será capaz de desculpá-la. Neste momento, deixe que ele se apegue a você. Ele precisa do seu calor, do seu amor.

Não o empurre, senão ele vai parar de crescer. Quando empurrada pela mãe, a criança se sente rejeitada. Nunca a rejeite, basta consentir sua presença. É perfeitamente natural. Ela é tão indefesa, é por isso que ela se apega, não tem nada a ver com fixação. Quando estiver madura, forte o suficiente, ela vai começar a se afastar. Daí então não tente forçá-la a não se afastar. Apenas consinta.

A minha filha faz perguntas sobre a morte. Ela quer saber para onde as coisas vão quando morrem.

Isso é muito bom... Todas as crianças têm interesse na morte, é uma das curiosidades naturais. No entanto, em vez de lhes responder, já que todas as respostas serão falsas, nunca responda. Os pais devem apenas dizer que não sabem, que todos vamos morrer e que daí então é que vamos ver. E devem definir que esse seja um entendimento tácito sobre todas essas coisas para as quais os pais não sabem as respostas.

Quando uma criança pergunta sobre qualquer coisa que os pais não sabem, estes devem aceitar a própria ignorância. Os pais sempre acham que aceitar que não sabem será prejudicial, e que suas imagens vão ficar denegridas perante a criança, mas na verdade o caso é exatamente o oposto. Mais cedo ou mais tarde, a criança vai descobrir que os pais nunca souberam, e mesmo assim responderam, e responderam como se soubessem. No dia em que isso for descoberto, a criança vai achar que os pais a enganaram e, então, todo o respeito desaparecerá. Cedo ou tarde, a criança está sujeita a descobrir que os pais são tão ignorantes quanto qualquer outra pessoa, tão impotentes quanto qualquer outra pessoa, e que tateiam no escuro tanto quanto qualquer outra pessoa, mas que eles fingiram, e essa pretensão é muito destrutiva. Portanto, sempre que houver alguma coisa que os pais não saibam, devem dizer: "Eu não sei, mas vou pesquisar e procurar saber."

E a morte é uma daquelas coisas sobre as quais nada pode ser dito, exceto uma coisa: a de que vamos voltar para casa, para o mesmo lugar de onde viemos. Também não sabemos. Viemos de alguma fonte desconhecida e voltamos para essa fonte desconhecida. A morte é a conclusão do ciclo, mas ambos os extremos, o início e o fim, estão encobertos em mistério. É como se um pássaro entrasse em uma sala pela janela, batesse as asas por alguns segundos e escapasse por outra janela. Só se tem consciência quando o pássaro está dentro da sala. Não se sabe de onde ele vem, não se sabe para onde ele foi. Tudo o que se sabe é sobre aquele pouco tempo, aquele intervalo em que o pássaro esteve dentro da sala.

Esse é o estado de tudo na vida. Vemos uma criança nascer, e o pássaro entrar, mas de onde ninguém sabe. E depois, um dia, uma pessoa está morta, e o pássaro voou. A vida está exatamente entre o nascimento e a morte... uma pequena passagem.

Faça com que a criança fique ciente do mistério. Em vez de lhe dar a resposta, é melhor deixá-la ciente do mistério de tudo ao redor, para que ela comece a sentir mais reverência, mais admiração. Em vez de lhe dar uma resposta direta, é melhor criar um diálogo argumentativo. Ajude a criança a ser mais curiosa, ajude-a a fazer mais perguntas. Em vez de dar a resposta, faça a criança fazer mais perguntas. Se o coração da criança torna-se mais interrogador, é o suficiente, pois é tudo o que os pais podem fazer por ela. A criança depois irá buscar suas próprias respostas. O ser humano esquece de que a vida continua desconhecida, continua sendo um "x". Ele vive a vida e, no entanto, esta permanece desconhecida. O homem progrediu em conhecimento, sabe-se cada vez mais todos os dias, milhares de artigos científicos são adicionados à sabedoria humana, milhares de livros são publicados. Mas, ainda assim, a base continua a mesma. Perante a base, o ser humano é humilde e impotente.

Portanto, ajude-a a sentir o mistério cada vez mais.

Eu me preocupo com meu filho de 6 anos. Ele está fazendo uma série de coisas de que não gosto, como brigar, implorar e mentir.

Não se preocupe, ele não vai precisar de terapia em grupo mais tarde! Isso é muito bom. Esse é o momento em que as crianças devem brigar, gritar e dizer mentiras, que é o que vai criar a sua autenticidade. Essas atitudes vão desaparecer. No entanto, se forem reprimidas, vão permanecer. Elas só permanecem porque são reprimidas, pois, do contrário, depois que essa fase passa, essas atitudes vão embora.

Todo mundo parece infantil porque a infância não foi permitida em sua totalidade. Portanto, mesmo um homem de 40 ou 50 anos, ou mesmo de 70 anos, pode fazer birra. Basta que algo pequeno o aborreça para que ele tenha atitudes muito infantis. Ele é incapaz de suportar um pequeno choque ou alguma tristeza que seja. Não lhe foi permitido viver sua infância, e essa infância não vivida persiste.

É preciso sempre lembrar, como regra básica: o que foi vivido está terminado, o que permanece não vivido persiste e quer ser vivido. Há coisas que são boas na infância. As mesmas coisas serão muito perigosas depois que a infância se for. Por exemplo, o fato de a criança berrar pode ser compreendido, o fato de gritar pode ser compreendido, mas quando o adulto de 40 ou 50 anos grita e berra fica difícil compreender e, depois, ele próprio sente-se envergonhado.

É por isso que tantos grupos de terapia estão crescendo no mundo. Eles são necessários, especialmente por causa do cristianismo. O cristianismo ensina a repressão, são dois mil anos de repressão e ideias de dignidade cristã. Portanto, ninguém tem permissão... Essas coisas permanecem de forma profunda no interior de cada um, à espera do momento em que surge alguma oportunidade para então explodirem e, se não surge nenhuma oportunidade, a pessoa segue em busca de alguma. Ela pode ficar bêbada e, então, vai fazer algo. E as pessoas a perdoam, dizem que ela está bêbada. Ela também pode dizer: "Estava bêbado, me desculpe."

As pessoas vão para a guerra, as pessoas vão assistir a filmes de assassinato. Qual é o prazer de ver um filme de assassinato? Qual é o prazer de ler uma história de detetive? É um prazer por vias indiretas: aquilo que não consegue realizar, a pessoa faz por meio de outras coisas, de forma indireta. Ela se identifica com o assassino ou com a pessoa assassinada, e se emociona. Por que é que as pessoas vão ver tourada? Por que é que as pessoas lutam com animais e saem para caçar? Parece ser tão cruel e desnecessário. Mas há uma necessidade, alguma coisa quer ser expressa, e é preciso encontrar alguma maneira.

Nunca viram, em jogo de futebol, como começa uma briga? As duas partes e os amigos de ambas as partes começam a brigar e vira um caos. Em um simples jogo de futebol! É tão estúpido, mas acontece. Trata-se da infância deles que não foi vivida.

Dê permissão ao seu filho, não tenha medo. O medo da mãe vem da própria repressão, e não por causa do filho. A mãe foi reprimida, nunca teve permissão para fazer essas coisas, mas o filho tem a permissão. No fundo, você deve estar sentindo um pouco de ciúme, e o medo é de que algo possa dar errado. Ensinaram-lhe que essas coisas são erradas.

Apenas dê-lhe permissão. Com isso, ele vai crescer e vai amadurecer para além da infância. Quando tornar-se maduro, vai realmente ter maturidade. Ele nunca vai precisar de nada como terapia em grupo, gestáltica, psicodrama. Ele viveu tudo isso por si mesmo e, quando se pode realmente viver, isso acontece de forma mais profunda. A terapia em grupo é uma situação criada, não é natural, e é apenas um substituto, um substituto pobre.

Meu filho tem algumas características de que eu não gosto.

Se os pais, às vezes, encontrarem algo no filho de que não gostem, devem olhar para si mesmos. Vão encontrá-lo lá, e isso se reflete na criança. A criança é apenas uma resposta sensível. A criança está lá apenas assimilando os atos dos pais, repetindo o que os pais fazem, imitando-os. Portanto, se aparecer algo de errado na criança, em vez de corrigi-la, devem corrigir a si mesmos. Vão se surpreender como a criança abandona o erro automaticamente. O filho não só depende da mãe para o alimento físico, depende dela em todos os sentidos, ou seja, também para o alimento espiritual. Portanto, se os pais ficam em silêncio, a criança vai segui-los e aprender inconscientemente, da mesma forma que, se os pais se tornam meditativos, a criança vai se tornar meditativa.

Sempre que os pais se queixam de seus filhos, não estão cientes do que estão fazendo, pois a minha visão é a de que, se algo está errado com a criança, deve ter vindo dos pais. É quase sempre assim: 99% disso vem dos pais e, quanto menor a criança, maior é o percentual. Quando a criança fica um pouco maior e começa a conviver em sociedade, então é claro que ela aprende dos outros também, mas, em última análise, praticamente 90% vem dos pais. Assim, os pais devem "ser" de acordo com o que querem que a criança se torne. Os pais devem ser tranquilos, piedosos, amorosos, alegres, e vão se surpreender como, apenas por agirem dessa forma, a criança começa a absorver essas qualidades. E vai ser a melhor coisa para a criança, se ela conseguir absorver o silêncio.

Meu filho é uma criança muito bonita e rica, mas sinto que ele exige muita energia de mim e precisa de muita atenção. Estou em um conflito entre sentir-me culpada e me sacrificar. É possível ter um equilíbrio?

Sim, é possível. Apenas uma coisa precisa ser entendida. Se os pais derem permissão às crianças, elas podem se tornar muito autoritárias, e podem realmente explorá-los. Isso é prejudicial para os pais e não é bom para as crianças também, pois, ao permitirem ser explorados por elas, e terem que dar atenção e amor além de seus limites – e começarem a sentir que isso é demais –, de alguma forma estarão se vingando. Mais tarde, o filho vai crescer em um mundo que não vai se importar com ele, e ele vai sempre esperar o mesmo das outras pessoas também. Suas expectativas vão ser exageradas e vão lhe causar frustrações. Ele então condenará os pais, o que também é lógico, e vai dizer: "Meu pai me destruiu."

Dê amor, mas não se permita ser dominado. A distinção é sutil, mas tem que ser entendida. Dê amor, quando tiver vontade de dar. Quando não tiver vontade de dar, não se sinta incomodado, pois os pais não estão aqui apenas para satisfazer os desejos do filho. E estarão dando a ele um mau exemplo, pois ele vai fazer o mesmo com seus filhos.

E é bom sempre lembrar que o sacrifício não é bom, porque os pais nunca serão capazes de perdoar o filho.

No entanto, ele não pode ser responsabilizado. Ele não está atento, não é muito consciente. Os pais são mais conscientes. Sua responsabilidade é maior. Devem dar amor, mas não devem se deixar dominar. E os filhos são muito perceptivos.

Uma vez eu estava na casa de um amigo, e o casal saiu e me disse que o filho pequeno deles estava lá, portanto, eu teria que tomar conta dele. Então eu disse: "Deixe-o brincar." Ele caiu da escada e se machucou. Olhou para mim e eu me sentei como um buda. Então ele olhou para mim, observou de perto e depois pensou: chorar ou verter lágrimas não vai fazer sentido, porque esse homem parece praticamente uma estátua. Ele começou a brincar novamente.

Meia hora mais tarde, quando os pais voltaram, ele começou a chorar. Então eu lhes disse:

– Isso é ilógico, porque agora não há problema. Se houvesse dor ou alguma ferida, meia hora já se passou, você deveria ter chorado antes.

– Pra quê? Eu bem que sabia que você não iria ficar preocupado. Eu tive que esperar! – disse o menino.

As crianças são muito práticas.

Assim, a partir desse momento, fiquem um pouco atentos a isso. Durante dez dias, não deixem que ele force vocês. Ele vai entender.

☙

As crianças podem ser muito manipuladoras. Elas aprendem estratégias erradas e, depois, vão repetir essas estratégias por toda a vida: com a esposa, com o marido, com os filhos. Uma vez que os pais permitam que elas os manipulem, da próxima vez vão manipular mais ainda. Elas sabem que os pais estão sob seu poder. E todo mundo quer desfrutar do poder, todo mundo quer ser o chefe.

Elas podem choramingar, podem chorar. Deixem-nas chorar, elas precisam ser deixadas sozinhas. E vão aprender algo com isso: o respeito pela liberdade dos outros.

A mãe é também uma mulher, um indivíduo. A maternidade não é tudo, é somente uma parte da mulher. É por isso que muitas mulheres no mundo, especialmente no Ocidente, passaram a ter medo de ser mães. A mulher não tem mais liberdade. Ela se acaba depois da maternidade, fica presa e tão sobrecarregada pelos problemas das crianças, que não consegue ter o seu próprio espaço. E as crianças querem possuir, a possessividade é inata. O ser humano traz essa doença desde o nascimento: o possuir, o agarrar, o segurar e o apegar-se.

Muitas mulheres têm medo de se tornarem mães. Essa não é a maneira de resolver o problema. A maneira de resolver o problema é perceber que a maternidade é parte da mulher. Não é sinônimo de mulher, uma vez que ela permanece um indivíduo. Portanto, o fato de ser esposa é apenas uma parte da mulher. Não é sinônimo de mulher, uma vez que ela permanece um indivíduo. E a individualidade não deve ser sacrificada por qualquer coisa, qualquer que seja, nem pela maternidade, pela condição de ser esposa ou marido, pela paternidade; a individualidade não deve ser sacrificada, porque há grandes implicações nisso.

A maternidade não é um trabalho de 24 horas. A mãe deve dizer aos filhos: "Quando estou desempenhando o papel de mãe, estou desempenhando o papel de mãe, quando estou fazendo alguma outra coisa, estou fazendo alguma outra coisa. E não quero que essas coisas se sobreponham." Assim, ela ajudará as crianças a se tornarem fortes e a compreenderem sua mãe. E, na vida delas, quando forem adultas, vão se sentir gratas à mãe, e a mãe por sua vez nunca vai sentir raiva. É preciso começar a trabalhar nessa linha, aos poucos. Embora as crianças sejam frágeis, são muito fortes também. E elas vão insistir, porque conhecem a mãe, que tem se rendido a elas, e é por isso que não vão ceder facilmente. No entanto, de duas a três semanas, as crianças vão compreender que essa mulher mudou, que essa mulher não é mais a mesma.

Estou preocupada com o fato de o meu filho não comer, o que pode estar causando bronquite, e com o modo como ele se relaciona com as outras crianças.

Qual é o caminho? Acho que o problema é mais seu do que dele! Você parece estar preocupada demais com seu filho. Às vezes, até mesmo isso pode criar tensão na mente dele. Tome todos os cuidados em relação ao filho, mas entenda que a preocupação não é cuidado. A preocupação é muito destrutiva. É destrutiva para a mãe, é destrutiva para o filho, porque, se ele achar que a mãe está preocupada demais com ele, vai começar a se sentir culpado. Isso pode lhe causar bronquite, asma. Pode ser que ele comece a comer menos, pode ser que ele comece a punir a si mesmo.

Nenhuma preocupação é ruim, mas preocupação demasiada também. Os extremos são sempre ruins, é bom estar no meio. Você está superprotegendo o seu filho. Você pode fazer com que ele se sinta praticamente sufocado, daí a bronquite e a asma. A asma pode começar se a pessoa sente que está sendo sufocada... e é isso o que você está criando.

Sua intenção não é ruim, mas o que está fazendo não é bom. Apenas o deixe por conta própria. Ame-o, mas deixe-o livre. Ele tem a própria vida. Basta dar a ele mais liberdade e a asma vai desaparecer. Permita que ele tenha seu próprio estilo de vida, não tente guiá-lo demais. Tudo o que os pais podem fazer é amar e dar liberdade, e o amor dá liberdade. Somente então será amor.

Portanto, remova a sua preocupação, remova as suas inquietações. Essa pode ser uma maneira de evitar a si mesma. A mãe se torna preocupada com o filho, para que possa evitar as próprias inquietações. Isso passa a ser uma boa desculpa, torna-se uma racionalização. A mãe pode escapar de seu próprio caos interior, ao tornar-se preocupada com o filho. Isso é o que milhões de pessoas estão fazendo. As crianças tornam-se bodes expiatórios. Os pais podem jogar todos os seus problemas em cima dos filhos.

Se a pessoa é deixada sozinha, se não há ninguém com quem se preocupar, então a pessoa vai ter que enfrentar esses problemas, pois eles têm que ser transcendidos.

E se ela, lá no fundo, faz algum investimento na doença do filho, faz com que ele se sinta incomodado... Isso é um investimento, porque, se ele estiver perfeitamente saudável, então o que ela vai fazer? Ela vai ser jogada de volta para si mesma. Então, no fundo, em algum lugar no inconsciente, a mãe gostaria que o filho permanecesse do mesmo jeito em que se encontra. E ele vai perceber isso, pois as crianças são muito intuitivas. Ele vai sentir isso e vai satisfazer o desejo da mãe. O que mais pode fazer? Ele vai satisfazer o desejo inconsciente dela e vai mantê-la envolvida, mas a vida dele vai ser prejudicada. E a mãe vai perder a oportunidade de enfrentar a si própria.

A minha sensação é de que você tem algum problema profundo a ser resolvido, que tem a ver com o seu amor. Portanto, em vez de despejar tudo em cima do seu filho, arrume um namorado, um amigo.

Muitas vezes a mãe tende a ficar ao redor da criança. Ela é capaz de dizer: "O que eu posso fazer? Não tenho tempo para ter qualquer tipo de relacionamento, não posso me dar ao luxo." Não, a mãe tem que levar sua própria vida, para que possa deixar o filho um pouco sozinho. Tem que respeitá-lo como um adulto. Toda criança tem de ser respeitada como sendo do mesmo plano.

Por isso, em primeiro lugar, dê-lhe liberdade. Não o sufoque. É isso o que a asma dele está dizendo a você, é uma mensagem. E não o force a comer, senão ele vai rejeitar a comida. Não há necessidade! A criança sabe quando está com fome. Quando estiver com fome, seu filho vai comer. Se não estiver com fome não há necessidade de comer. E é uma coisa tão natural que nenhuma criança vai ficar com fome. Se algum dia ele perder uma refeição, não se preocupe, isso é perfeitamente aceitável. De vez em quando é bom ter um feriado. Deixe que ele perca uma refeição. Quando a fome de verdade vier, ele virá correndo! Muitas mães forçam a criança a comer e destroem muitas coisas ao fazerem isso. Uma vez destruído o apetite natural da criança, aos poucos ela se torna completamente absorta, e não sabe quando está com fome e quando não está. Nenhum animal morre de fome. Quando o animal tem fome, ele come; quando não tem, não come. Nenhuma mãe toma conta de seus filhotes, ninguém os guia. E as crianças são animais, animais puros.

Apenas deixe-o! E, dentro de um mês, ele vai começar a comer à sua própria maneira. Deixe que ele coma o que quer que ele goste. A mãe deve guardar os seus planos e o seu conhecimento de como uma criança tem de ser criada para si e, quaisquer guias que tenha, deve queimá-los! Isso porque, no Ocidente, as pessoas têm guias. Lá, elas leem livros e tentam seguir o que pessoas experientes, especialistas, dizem que deve ser feito. Não há necessidade de jeito nenhum, a natureza é suficiente! E dê a ele liberdade: deixe-o se movimentar, deixe-o fazer coisas à sua própria maneira. Dentro de três meses, os seus problemas vão desaparecer.

Mas a mãe tem que lidar com seus próprios problemas! Quando uma mãe fica preocupada demais com a criança, significa que ela está tentando se encontrar na criança, ou tanto na criança quanto no marido. Isso é perigoso! Ela deve começar a procurar um amigo. Isso vai desviar sua atenção do filho e vai salvá-lo!

Sinto que o meu filho jovem é muito forte e eu não me sinto nada forte. Não sei o que fazer em determinadas situações.

Deixe que ele seja forte! Por que você deveria se preocupara com a força dele? Isso é bom. Ele tem que ser forte e a mãe tem que ser delicada. Ele tem que ser forte, só assim ele pode se transformar em um indivíduo. Se ele for delicado e a mãe for forte, ele estará liquidado. Isso é o que acontece com muitas pessoas: a mãe é muito forte e os filhos são meigos, ou a mãe não permite que eles sejam fortes. Depois eles ficam pendurados na mãe a vida inteira. Mesmo que sejam idosos e a mãe já esteja morta e enterrada, eles ainda seguram na barra da saia dela, pois, no fundo, eles ainda dependem dela psicologicamente. Isso se torna um problema patológico. Depois, o homem pode começar a olhar para a esposa como se ela fosse sua mãe. Ele não pode viver sem uma mãe, precisa de alguém que desempenhe o papel de mãe para ele.

Foi devido a essa tendência que os seios tornaram-se tão importantes. Os artistas seguem pintando seios, os escultores seguem esculpindo-os, os poetas escrevem sobre eles. Parece realmente ser uma grande obsessão. Basicamente, trata-se apenas de uma indicação de que essas pessoas ainda anseiam pela mãe, uma vez que o seio representa a figura materna. Se as crianças estiverem livres da mãe, o seio vai desaparecer da poesia, dos filmes e da pintura. Os seios vão passar a ter proporções certas, e vão ser uma parte natural do corpo. Atualmente, parece que não é a mulher que possui os seios, mas os seios que possuem a mulher, ou seja, a mulher parece ser um elemento secundário. Este é um estado patológico.

As crianças têm de ser muito fortes, portanto, a mãe tem que ajudar os filhos a serem fortes. Vai ser difícil para a mãe lidar com isso, porque quanto mais forte ele for, mais problema criará. Por outro lado, se ele é fraco, não há nenhum problema. Mas é preciso ser forte na vida, pois a vida gera problema, a vida é arriscada, a vida é um desafio. Se o filho for tolo e tonto e não tiver energia, ele vai sentar em um canto e não vai provocar nenhum inconveniente à mãe, mas isso significa que ele não está vivo. Por outro lado, se estiver vivo, vai criar muitos problemas para a mãe. Ora, a mãe tem que enfrentar os problemas. Isso é o que significa ser mãe: enfrentar esses problemas. E, ao enfrentá-los, a mãe também vai crescer; ao dar ao filho liberdade e força, ela também vai crescer. Mãe e filho crescem juntos

Estou preocupada com o fato de eu gritar com a minha filha. Ela às vezes me deixa nervosa e então grito com ela para que pare.

Não, não se preocupe com o fato de gritar de jeito nenhum. É natural. É preciso que se lembre de apenas uma coisa: equilibre isso com o amor.

Há momentos em que é preciso gritar, e as crianças entendem isso, porque elas próprias gritam. Essa é realmente a língua delas. Se a mãe sente que está fervendo por dentro e não grita, a criança se sente incomodada com o que está acontecendo, porque está além da sua compreensão. Ela consegue sentir isso... A própria vibração da mãe está gritando, embora ela aparentemente não esteja gritando e, pelo contrário, esteja até mesmo sorrindo e sob controle. A criança se sente incomodada muito mais por isso, porque sente que a mãe a está enganando, e as crianças nunca perdoam serem enganadas.

Elas estão sempre preparadas para aceitar a verdade. As crianças são muito empíricas, muito pés no chão.

Portanto, grite quando sentir vontade. A única coisa a ser lembrada é que deve equilibrar esses momentos com o amor. Por isso, ame loucamente também. Quando estiver gritando com as crianças, tem que amá-las também, exatamente da mesma maneira louca. Abrace-as, dance com elas. Elas vão entender que sua mãe é selvagem, e sabem que ela as ama e que, portanto, ela tem o direito de gritar também. Se a mãe apenas grita e não ama as crianças com intensidade e paixão, então há um problema. Logo, o problema não surge em função do grito. Surge se a mãe não equilibrá-lo com o amor.

Quando uma criança aparece depois de ter feito algo errado, ela vem pronta para ser derrotada, para ser punida. Se a mãe não a admoestar, as expectativas da criança não serão satisfeitas, e ela ficará frustrada. Não há nada de errado em castigar uma criança com severidade, mas deve ser com firmeza.

Por exemplo, uma criança fez algo e a mãe refreou sua raiva. Se a mãe tivesse punido a criança, mostrando sua exasperação, tudo teria sido feito de maneira mais viva ou acalorada, mas a mãe reprimiu esse sentimento. Mais tarde, seis horas depois, a criança esqueceu completamente e, embora não esteja fazendo nada de errado, a mãe não consegue esquecer. A mãe reprimiu a situação e agora a coisa toda ficou fria. Encontrou então uma desculpa: "Você não fez sua lição de casa!" Agora está frio e ela está se vingando. Ela tem que fazer algo, pois, caso contrário não será capaz de se livrar disso. Portanto, deve encontrar alguma desculpa racional. Gritar era muito irracional, mas natural. Ela encontrará alguma desculpa pouco natural, mas racional, como, por exemplo, que a criança não fez a lição de casa ou que suas roupas estão sujas ou que não tomou banho hoje. Agora a mãe está com raiva, mas sua raiva é fria. Ela pode se livrar disso, o que também será desagradável.

É como comer comida fria, leva mais tempo para digerir, e fica pesada no estômago.

A criança não consegue compreender. Então a mãe deve ser quente. Não deve dar ouvidos ao que os psicólogos falam a respeito, pois 50% disso é praticamente lixo. Eles destruíram muitas coisas belas no mundo. Agora as mães e os pais leem seus manuais sobre como se comportar com seus filhos. Que besteira! As pessoas simplesmente sabem... ao ser mãe, a mulher sabe como se comportar. Não há necessidade de aprender com ninguém. Basta ser natural.

Nenhum gato vai e consulta qualquer manual sobre como pegar ratos. Ele simplesmente pula e captura os ratos. Ele é um gato – já é o suficiente! Não é preciso nenhum certificado, não é necessário nenhum conselheiro. A mãe é uma mãe – é isso! Seu instinto materno vai tomar conta. Se a mãe for natural, a natureza vai dar o equilíbrio.

Às vezes, cante e dance também, pois tem uma criança tão bela. Às vezes, abrace-a, traga-a para perto. Deixe que ela sinta seu corpo e sinta o corpo dela. Ela é parte do seu corpo. Ela precisa de seu calor. Às vezes, pegue sua mão e corra em volta da casa... vão nadar. Às vezes, leve-a para o chuveiro e fiquem ambas peladas sob o chuveiro, e depois ela vai entender perfeitamente bem que a mãe é natural, e que qualquer coisa que ela faça está correto.

Meus filhos tornaram-se indisciplinados, incontroláveis. O que devo fazer?

Simplesmente deixe-os em paz!

Apenas relaxe. E, ao verem que você relaxou completamente, e que não está nem um pouco preocupada com o que eles estão fazendo, eles ficarão calmos e compreenderão a si mesmos. A melhor maneira de controlar as crianças é essa – se a mãe conseguir tornar-se um pouco caótica, as crianças vão se controlar. Pule, dance e cante, e elas vão começar a pensar: "O que aconteceu com a nossa mãe? Ela está louca ou algo assim?" E vão começar a pensar: "Se os vizinhos souberem, o que vão pensar?" Elas vão começar a controlar a mãe e tentar silenciá-la!

A melhor maneira de controlar as crianças é a seguinte: faça tudo o que quiser fazer e deixe-as fazerem tudo o que elas quiserem fazer. A mãe há de se surpreender. Até mesmo as crianças pequenas, que é o que sempre acontece, ao verem que ninguém está olhando por elas e que elas ainda têm que cuidar da mãe, vão ficar tranquilas e disciplinadas. Elas passam a desempenhar o papel dos pais. Deixe que elas venham até mim para dizer: "Está ficando muito difícil. Como devemos controlar nossa mãe?"

Não se preocupem! Eles são apenas hippies e nada mais.

Como é possível fazer com que nossa filha não fique tão séria?

Ensine-a a rir mais e mais. E, quando brincar com ela, mantenha a atmosfera de riso ao seu redor. Se puder evitar a seriedade, estará cumprindo o seu dever. A seriedade esmaga as crianças. Com certeza, as pessoas mais velhas são mais sérias e as crianças são mais risonhas, mas aos poucos, elas começam a imitar os mais velhos, começam a sentir como se o riso fosse algo errado. As pessoas mais velhas criam uma impressão na mente de que, ser sério, manter a calma, ficar em silêncio, é algo bom, virtuoso. Isso está errado, pois, depois que a criança perde o contato com o riso, é muito difícil voltar a ter contato com ele. São necessárias tantas terapias e, mesmo assim, é difícil ter sua infância de volta. São necessárias tantas religiões.

Na verdade, não há necessidade de qualquer religião no mundo. Se as crianças tiverem permissão para dar risada, divertir-se, ter espontaneidade, não é necessária nenhuma religião, não há necessidade de nenhuma igreja. As pessoas serão religiosas sem nenhuma religião, e as pessoas serão religiosas sem nenhuma igreja. A vida toda delas será adoração, pois o riso é uma oração.

No momento em que a criança deixa de se divertir, a morte se estabelece e, próximo aos 3 anos de idade, a criança começa a morrer. É por isso que, mesmo na velhice, as pessoas se lembram que havia paraíso na infância, que a infância era o céu. Aquela sensação de que algo foi perdido continua, da mesma forma que o jardim do Éden foi perdido e Adão foi expulso.

Portanto, sempre que tiverem um filho, as pessoas terão um jardim do Éden ao seu redor. Não devem forçar a criança a tornar-se séria. Em vez disso, os pais é que devem perder a seriedade quando estiverem com o filho. Devem dar risadas e tornar-se criança. Se puderem agir dessa forma, ela vai se transformar em uma linda pessoa.

Deve-se dizer às crianças todos os fatos da vida, independentemente da idade?

Isso sempre foi um problema ao longo dos séculos: o que dizer às crianças e o que não dizer. No passado, a estratégia era não falar sobre os fatos da vida, evitá-los o máximo possível, porque as pessoas tinham muito medo dos fatos da vida.

A própria expressão "fatos da vida" é um eufemismo, pois ela simplesmente esconde uma coisa simples. Foi para não dizer nada sobre sexo, e até mesmo para evitar a palavra "sexo", que se criou essa metáfora: "fatos da vida". Que fatos da vida? Isso é só para não dizer nada sobre sexo.

Todo o passado da humanidade viveu essa decepção, mas as crianças descobrem mais cedo ou mais tarde. E, na verdade, elas descobrem mais cedo do que mais tarde, e de uma maneira muito errada. Como nenhuma das pessoas adequadas nunca está pronta para lhes contar, elas têm de fazer o seu trabalho por conta própria. Elas coletam informações, tornam-se *voyers*, e os pais são os responsáveis por reduzi-las a *voyers*. Elas coletam de todas as fontes erradas, de pessoas feias. Elas vão carregar aquelas noções erradas durante a vida toda, e os pais são a causa disso. Toda a vida sexual delas pode ser afetada por aquelas informações erradas que reuniram.

Atualmente, há tanta predominância de informações erradas sobre sexo, no mundo, quanto possível. Ainda neste século, as pessoas vivem em plena ignorância sobre sexo, mesmo as pessoas que todos acham que deveriam saber mais. Nem mesmo os médicos sabem realmente o que é sexo, nem sobre sua complexidade. Deveriam saber, mas até eles vivem de forma muito supersticiosa, também sabem das coisas a partir do mercado. Em nenhuma faculdade o sexo é ensinado como um assunto em separado. Trata-se de um assunto tão vasto e poderoso e, no entanto, nada é ensinado sobre isso. Sim, a fisiologia do sexo é conhecida pelo médico, mas a fisiologia não é tudo, uma vez que há a psicologia, a espiritualidade. Há uma psicologia do sexo e há uma espiritualidade do sexo, e a fisiologia é apenas superficial. Foi feita muita pesquisa e, neste século, sabemos mais do que nunca, mas o conhecimento não se tornou predominante.

As pessoas têm medo porque seus pais tiveram medo, e esse medo tornou-se contagioso. É preciso que os pais falem às suas crianças sobre isso, os pais devem isso a elas. E eles têm que ser verdadeiros.

— Mãe, nós obtemos a nossa comida de Deus?

— Sim. Obtemos, Bárbara.

— E na época do Natal, o Papai Noel traz todos os nossos presentes?

— Isso mesmo.

— E no meu aniversário, a fada madrinha traz presentes?

– Hmm...
– E foi a cegonha que trouxe o irmãozinho?
– É verdade.
– Então por que diabos o papai fica vagueando por aqui?

É melhor ser sincero! Mas não estou dizendo para pular em cima das crianças e começar a falar as verdades independentemente de elas quererem ou não. É o que está acontecendo atualmente, ou seja, o outro extremo, porque os psicólogos seguem dizendo que a verdade tem de ser dita. As pessoas estão dizendo a verdade independentemente de as crianças indagarem sobre isso ou não. Isso também é errado. Espere! Se a criança indagar, seja sincero; se ela não indagar, ela não está interessada ainda.

Na mesa do jantar, o homem quase engasgou quando o filho de 8 anos perguntou:

– Papai, de onde eu vim?
– Bem, acho que chegou a hora de você e eu termos uma conversa de homem para homem. Depois do jantar, vou lhe contar sobre os pássaros e as abelhas – respondeu o pai, com rubor na face.
– Que pássaros e abelhas? O pequeno Frankie do quarteirão de baixo me disse que é de Chicago. Tudo o que quero saber é de onde eu vim! – disse o garoto.

Portanto, espere um pouco. Eles mesmos vão perguntar, e os pais não precisam ter tanta pressa. E não tente de forma alguma enganar as crianças. Pode ser perigoso.

Adolescentes

Por que a nova geração é um problema tão grande para os pais?

Porque a nova geração é mais inteligente. A inteligência traz problemas. E é natural que a nova geração deva ser mais inteligente. É assim que ocorre a evolução. Cada nova geração é mais inteligente do que a anterior. Os filhos vão ser mais inteligentes que os pais, e os filhos dos filhos vão ser mais inteligentes do que os filhos propriamente. É uma força, uma reunião de forças. O leitor está em pé sobre os ombros dos Budas – todo o passado é dele. Por exemplo, no meu ser, Buda é uma parte, Jesus é uma parte, Abraão é uma parte, Krishna é uma parte, Maomé é uma parte... no sentido de que Buda era mais pobre do que eu, Jesus era mais pobre do que eu. E alguma pessoa iluminada no futuro vai ser mais rica do que eu, porque eu serei parte de seu ser, mas ele não vai ser parte do meu ser. A evolução prossegue reunindo forças.

Toda criança deve ser mais inteligente do que os pais, mas isso traz problemas, porque isso é o que ofende os pais. Os pais gostariam de fingir que sabem tudo. No passado, era fácil fingir porque não havia outra maneira de transmitir conhecimento para os filhos, a não ser por comunicação oral a partir dos pais. Por exemplo, o filho de um carpinteiro aprendia tudo o que ele jamais aprenderia se não fosse pelo pai. O pai não era apenas pai, mas também professor. E o filho sempre o respeitava e tinha admiração por ele, pelo fato de ele saber muito, afinal o pai conhecia tudo sobre todos os tipos de árvores e madeira e isso e aquilo, e o filho não sabia nada. O filho tinha um respeito enorme.

Costumava-se respeitar a idade: quanto mais velho era um homem, antigamente, mais sábio era considerado, por causa de suas experiências. Mas atualmente foram inventados melhores meios de comunicação. O pai não é mais o professor, e a profissão de professor é uma profissão totalmente diferente. A criança vai à escola, mas o pai também frequentou a escola trinta ou quarenta anos antes. Nesses trinta, quarenta anos houve uma explosão do conhecimento. A criança vai aprender algo sobre o qual o pai não tem conhecimento e, quando chegar em casa, como vai poder sentir alguma admiração pelo pai? Afinal, a criança sabe mais do que o pai, e está mais atualizada do que ele. O pai parece estar ultrapassado.

Esse é o problema, e vai ser assim cada vez mais, pois as expectativas dos pais são antigas; ainda querem que o filho os respeitem como os filhos respeitavam os pais no passado, mas toda essa situação mudou. Os pais vão ter que aprender algo novo agora: começar a respeitar a criança. Atualmente, o novo tem que ser respeitado mais do que o velho. É preciso começar a aprender com a criança, pois ela sabe mais e melhor do que os pais. Quando o filho vem para casa da universidade, com certeza ele tem mais conhecimento do que os pais.

Essa foi a minha experiência na universidade. Um dos meus professores de filosofia costumava falar muita besteira, e a razão era que ele havia frequentado a escola trinta anos antes.

Naqueles dias, quando ele era aluno, Hegel e Bradley eram as figuras mais importantes no mundo da filosofia. Agora ninguém se importa com Hegel e Bradley. Wittgenstein e G. E. Moore tomaram o lugar deles, outros filósofos tomaram o lugar deles.

Esse professor não fazia ideia do que dizia Wittgenstein ou G. E. Moore. Ele estava tão ultrapassado que tive que dizer a ele:

– Você está tão velho, tão inútil, que, ou deve começar a ler o que acontece hoje na filosofia ou deve parar de lecionar!

Ele ficou com raiva, naturalmente, e fui expulso da universidade. Escreveu uma carta ao vice-reitor, em que dizia: "Ou eu continuo a lecionar ou esse aluno permanece na universidade, mas nós dois não podemos permanecer juntos. Ele é problemático."

O professor não estava pronto para ler Wittgenstein. Na verdade, eu posso entender o problema dele: mesmo se tivesse lido, ele não teria entendido. Wittgenstein é um mundo totalmente diferente de Hegel. E ele costumava falar sobre Hume e Berkeley... que são nomes podres, que não têm mais qualquer importância, já fazem parte da história, parte das notas de rodapé.

Esse é o problema. A idade em si não pode hoje ser motivo de respeito. A inteligência, a consciência, elas devem ser respeitadas. E, se os pais respeitam seus filhos, os filhos vão respeitar os pais. Mas somente se os pais respeitarem os filhos é que eles vão respeitá-los. O modo antigo era aquele em que os pais humilhavam as crianças, insultavam-nas de todas as maneiras possíveis, e elas tinham que respeitá-los. Esse não é mais o caso nos dias de hoje.

A esposa do pastor, ao fazer compras, notou uma placa no açougueiro que dizia: "*Dam ham* à venda" – "*Dam*" em inglês, acrescentado de "n", resulta em "*Damn*", que significa maldito. Ligeiramente surpresa com o tal nome, ela confrontou o açougueiro sobre o uso do palavrão, mas tranquilizou-se quando ele explicou que aquela era a nova raça de suínos desenvolvida por Hoover Dam, daí o nome "Dam Ham". Ela decidiu levar um pouco para casa e preparou-o para servir à família naquela noite.

Quando o marido chegou em casa, ela estava cozinhando e ele perguntou:

– O que tem para o jantar?

– *Dam ham* – respondeu ela.

O pastor, que nunca ouvira aquele tipo de linguagem em sua casa, começou a censurá-la, mas, depois que ela explicou, ele ficou um pouco envergonhado por ter duvidado da esposa.

Naquela noite, quando se sentaram à mesa para jantar com o filho de 6 anos, o pastor fez os agradecimentos e, em seguida, pediu:

– Passe o *dam ham*, por favor.

O garotinho olhou para cima, com os olhos esbugalhados, e disse:

– Agora você está falando, pai. Passa a porra das batatas também!

– Nunca dormi com um homem antes de ter dormido com seu pai – declarou a mãe severa à filha rebelde. – Você vai ser capaz de dizer a mesma coisa para a sua filha?

– Sim – responde a garota –, mas não com essa cara de tédio!

– Basta olhar para mim! – declara o velho Rubenstein. – Não fumo, não bebo nem persigo mulheres, e amanhã vou comemorar meus 80 anos.

– Você vai? – perguntou o filho com curiosidade. – Como?

Como os adolescentes podem criar um vínculo com seus pais?

Em primeiro lugar, os adolescentes devem ser honestos e verdadeiros, qualquer que seja a consequência. Devem contar aos pais o sentimento deles, qualquer que seja, não de forma arrogante, mas com humildade. Não devem esconder nada dos pais. É isso que está deixando uma lacuna entre eles: os pais escondem muitas coisas dos filhos, os filhos escondem muitas coisas dos pais, e a lacuna fica cada vez maior.

Um dia fui até meu pai e disse a ele:

– Quero começar a fumar.

– O quê? – respondeu ele.

– Você tem que me dar dinheiro para isso, porque não quero roubar. Se você não me der, vou roubar, mas a responsabilidade será sua. Se você não permitir que eu fume, vou fumar, mas vou fumar escondido. Você vai fazer com que eu seja um ladrão, você vai fazer com que eu esconda coisas e a não ser honesto e aberto. Vejo tantas pessoas fumando que eu quero provar. Quero os melhores cigarros disponíveis, e vou fumar o primeiro cigarro na sua frente. – declarei a ele.

– Estranho, mas o seu argumento está certo. Se eu impedi-lo, você vai roubar. Se eu impedi-lo, você ainda vai fumar. Portanto, o fato de eu o impedir vai criar atitudes mais criminosas em você. Isso me dói. Não quero que você comece a fumar – disse ele.

– Não é essa a questão. O desejo surgiu em mim, ao ver as pessoas fumando. Quero verificar se vale a pena. Se valer a pena, então terá que me abastecer de cigarros. Se não valer a pena, vou parar. Mas não quero fazer nada até você recusar, quando então toda a responsabilidade será sua, porque eu não quero me sentir culpado – expliquei a ele.

Ele teve que comprar os melhores cigarros encontrados na cidade, com relutância.

– O que você está fazendo? Isso não se faz – disseram meus tios e meu avô para o meu pai.

Eles foram duros em relação a isso.

– Eu sei que isso não se faz, mas vocês não o conhecem tão bem quanto eu. Ele fará exatamente o que está dizendo, e eu respeito sua sinceridade, sua honestidade. Ele colocou seu plano de forma muito clara para mim: "Não me force e não me impeça, porque isso vai me fazer sentir culpado" – explicou meu pai.

Fumei o cigarro, tossi, lágrimas vieram aos meus olhos. Não pude nem mesmo terminar um cigarro, e o descartei. Disse ao meu pai:

– Acabou. Não precisa se preocupar agora. Mas quero que você entenda que vou lhe contar sobre qualquer coisa que eu sinta, para que não haja necessidade de esconder nada de você. E, se eu esconder até mesmo do meu pai, depois com quem é que vou me relacionar? Não, não quero criar nenhuma lacuna entre você e eu.

Ao ver que eu havia largado o cigarro, lágrimas vieram aos seus olhos.

– Todo mundo era contra, mas a sua sinceridade me obrigou a trazer os cigarros. Na Índia, talvez nenhum pai jamais tenha oferecido cigarros ao filho, isso é inédito. Os pais nem mesmo fumam em frente aos filhos, para que a própria ideia de fumar não surja – disse ele.

Os adolescentes estão em uma situação muito difícil. Eles estão mudando, estão deixando a infância para trás e se tornando jovens. A cada dia, novas dimensões de vida se abrem para eles. Eles estão em uma transformação, precisam de grande ajuda de seus pais. Mas, neste exato momento, a situação é que eles nunca se encontram com os pais. Todos vivem na mesma casa mas não se falam, porque não conseguem entender a linguagem do outro, não conseguem compreender os pontos de vista uns dos outros. Encontram-se apenas quando o menino ou a menina precisa de dinheiro, do contrário não há encontro. A lacuna fica cada vez maior, e ninguém pode imaginar o quanto eles se tornaram estranhos. É uma verdadeira calamidade.

Os adolescentes devem ser encorajados a dizer tudo a seus pais sem qualquer medo. Isso vai ajudar não apenas as crianças, mas também os pais.

A verdade tem uma beleza própria, assim como a honestidade tem sua própria beleza. Quando os adolescentes se aproximam de seus pais com honestidade, verdade, sinceridade, e abrem seus corações, acionam algo nos pais que também faz com que abram seus corações, porque eles também estão sobrecarregados com muitas coisas que querem dizer, mas não podem. A sociedade proíbe, a religião proíbe, a tradição proíbe. Mas se os pais veem os adolescentes totalmente receptivos e sinceros, isso também vai ajudá-los a serem receptivos e sinceros. E a tão discutida diferença de gerações pode simplesmente ser descartada, pode evaporar por livre e espontânea vontade.

O problema mais incômodo é em relação ao sexo. As crianças devem ser capazes de dizer exatamente o que se passa em suas mentes, e devem saber que não há necessidade de esconder nada, porque o que quer que se passe em suas mentes é natural.

Devem pedir o conselho dos pais. O que pode ser feito? Elas estão em um estado incômodo, e precisam de ajuda. E a quem eles podem recorrer, senão aos pais?

Se havia qualquer problema, eu simplesmente dizia aos meus pais. E esta é a minha sugestão: os adolescentes não devem esconder nada dos pais, dos professores... eles devem ser absolutamente sinceros e, então, a lacuna evaporará. E é preciso que a lacuna evapore, pois, que espécie de sociedade é essa? Há um vácuo entre pais e filhos, há um vácuo entre marido e mulher, há um vácuo entre professores e alunos. Há apenas lacunas e mais lacunas por toda a parte.

Todo mundo está rodeado por todo tipo de lacuna, como se toda comunicação estivesse avariada. Isso não é uma sociedade, não é uma comuna, pois não há comunicação. Ninguém pode dizer o que é certo, todo mundo está reprimido. Todos reprimem seus desejos, estão com raiva, e se sentem solitários, frustrados. Criou-se uma geração neurastênica, criaram-se filosofias da insignificância. E a razão para tudo isso é que as crianças perderam o contato com os pais. As crianças podem fazer um grande trabalho, e elas têm a coragem para isso. Talvez os pais não tenham capacidade de fazer isso, porque são condicionados demais. Como os adolescentes são jovens e frescos, basta ensiná-los a serem sinceros com os pais.

Fiz um acordo com meu pai.

– Quero fazer um acordo – expus a ele.

– Sobre o quê? – perguntou.

– O acordo é que, se eu disser a verdade, você tem que me recompensar, não me punir. Pois, se me punir, então da próxima vez, não vou dizer a verdade – expliquei a ele.

E é assim que vem acontecendo no mundo todo: a verdade é punida, e é por isso que a pessoas param de falar a verdade. E depois começam a mentir, uma vez que a mentira é recompensada.

Então eu disse a ele:

– Você pode decidir. Se quiser que eu minta, posso mentir... se é isso que pretende recompensar. No entanto, se estiver pronto para recompensar a verdade, então vou dizer a verdade, mas você não pode me punir por isso.

– Aceito o acordo – concluiu.

É um método simples. Se não puder se expor para o próprio pai e para a própria mãe... neste mundo, todo mundo é muito mais estranho do que os pais. O pai e a mãe também são estranhos, mas são os estranhos mais próximos, os estranhos mais íntimos. Os jovens devem se expor aos pais para que não exista nenhuma lacuna entre eles. Isso ajudará os pais também a serem sinceros com os filhos. É bom lembrar que a sinceridade, a honestidade e a verdade inspiram na outra pessoa também as mesmas qualidades.

Nessa idade jovem, há muita timidez e insegurança em relação à tomada de decisões. Os pais muitas vezes não são úteis. Como desenvolver a força interior?

Toda timidez está relacionada ao sexo. Uma vez que com o passar do tempo os filhos estejam completamente livres para ter relações sexuais, os pais vão ver uma grande mudança. Os filhos não serão mais tímidos e, pela primeira vez, vão tornar-se decididos, sem qualquer treinamento para adquirir o poder de decisão, em função de uma grande carga biológica ter sido removida deles e de uma grande tensão psicológica ter se dissipado.

Não vejo nenhuma necessidade de ensinar os filhos a serem decididos. Tudo o que é preciso é dar-lhes liberdade até onde o amor permitir. Agora que métodos anticoncepcionais estão disponíveis, não há o temor de qualquer jovem ficar grávida. E é simples, trata-se de um jogo, de uma brincadeira. Isso vai despertar tamanho entusiasmo nos jovens, que não se imaginaria que estivesse ligado à sexualidade deles.

As pessoas ficam nervosas com o sexo se são reprimidas e, se elas têm a sexualidade reprimida, ficam hesitantes em relação a tudo. Não sabem o que é certo e o que é errado, o que fazer e o que não fazer, porque não têm permissão para tomar uma decisão em relação a uma coisa muito básica, e que é fundamental porque diz respeito à vida em si.

O meu entendimento é que, uma vez dada liberdade às crianças em relação ao sexo, e se o sexo for aceito como algo normal, o que é, elas vão sair com um grande poder de decisão sobre outras coisas, pois pela primeira vez não serão reprimidas. É a repressão que cria todos os tipos de problema, timidez, indecisão... porque, no fundo, elas lutam continuamente com a própria natureza.

Quando não há nenhuma luta interior e nenhuma divisão interna, ou seja, elas são um indivíduo sólido, é possível ver diante de si um tipo totalmente novo de criança, com força, determinação e sem timidez.

Assim, essa questão pode ser resolvida se a primeira questão for resolvida sem nenhum problema.

Os adolescentes têm um forte desejo de pertencer a um grupo, para qualquer coisa. O que essa necessidade reflete?

É apenas porque eles não pertencem mais à família e, no entanto, são muito jovens e também têm medo de ficarem sozinhos no mundo. Se não houvesse essa lacuna entre eles e seus pais, não haveria nenhuma necessidade de quaisquer desses grupos. Ainda há lugares no Oriente onde não se vê acontecer esse tipo de manifestação: hippies, punks ou skinheads. Não se vê acontecer esse tipo de coisa, pela simples razão de que essas crianças pertencem à família. Elas têm raízes na família, não estão sozinhas, e não existe essa lacuna como existe no Ocidente.

É essa lacuna que cria todo o problema. Então os adolescentes querem pertencer a *qualquer* grupo porque têm medo de ficar sozinhos. Eles são muito jovens, muito vulneráveis, por isso começam a pertencer a qualquer grupo que esteja disponível nas proximidades. E qualquer um pode explorá-los. Podem ser forçados a cometer crimes, e eles *estão* cometendo crimes, podem ser forçados a usar drogas, a vender drogas, e eles *estão* fazendo isso. Pessoas ardilosas podem controlar esses grupos e explorar os jovens, tudo em função da necessidade deles de pertencer. Para isso também é preciso, em primeiro lugar, que a lacuna seja eliminada.

Em segundo lugar, é preciso criar alguns outros grupos. Em toda a história, houve muitos. Por exemplo, havia pessoas que pertenciam à escola de Sócrates, jovens em busca da verdade. Todos em Atenas que tinham alguma inteligência sofreram a influência de Sócrates. E ele não estava sozinho: por todo o Oriente havia muitos sofistas, cujo objetivo era ensinar as pessoas a argumentarem. Milhares de jovens pertenciam àquelas escolas sofistas somente para aprender argumentação, argumentação muito refinada.

Na Índia tivemos muitas escolas, isso é, diferentes filósofos que propunham diferentes filosofias, e os jovens tinham interesse. As pessoas idosas já tinham sossegado, enquanto os jovens pertenciam às gerações em movimento. Ninguém os impedia, podiam se dirigir a qualquer professor. Podiam mudar seus professores, podiam aprender muito, e de pensadores originais. Não era como nas universidades maçantes e paradas de hoje, onde só se encontram professores que são papagaios e que não têm nada de original.

Cada pensador original era uma universidade em si mesmo, e milhares de discípulos ao seu redor aprendiam sobre tudo na vida a partir de um determinado ângulo, e não apenas aprendiam como também viviam, experimentavam antes de se estabelecer na vida. Assim, em vez de se tornarem skinheads, eles ficavam com Nagarjuna, ou com Bashō, ou com Chuang

Tzu, ou com Pitágoras, ou com Heráclito, ou com Epícuro. E isso era algo belo.

Os jovens têm vindo a mim, e surge uma grande família em todo o mundo. Há uma certa sensação de pertencer, de modo muito solto, assim ninguém se sente em regime de escravidão. Todos são livres e, no entanto, cada um sente algum tipo de sincronicidade com milhares de pessoas.

Posso mudar todos aqueles terroristas, todos aqueles skinheads sem nenhuma dificuldade. Mudei muitos hippies, e agora já nem se pode reconhecê-los. Até mesmo eles podem ter esquecido da primeira vez que vieram a mim...

É preciso ter mais filósofos em todo o mundo, professores que perambulem pelo mundo, para que os jovens possam pertencer a eles e aprender alguma coisa, e viver alguma coisa.

Os adolescentes frequentemente têm fantasias e sonhos em relação ao seu futuro. Como eles podem ser mais realistas?

Eles não precisam ser realistas. Há um tempo para a fantasia, para os sonhos, e é bom que os adolescentes tenham fantasias e sonhos, em vez de torná-los realistas. Torná-los realistas significa que os pais estão destruindo a juventude dos filhos e tornando-os adultos antes do tempo.

Não, esses sonhos e fantasias fazem parte do crescimento, e desaparecerão sozinhos. A própria vida vai tornar os adolescentes realistas, portanto, antes de começar a vida, é preciso deixá-los desfrutar de seus sonhos, uma vez que na vida há somente pesadelos, somente miséria e sofrimentos. Eles vão se tornar muito realistas, mas sempre hão de lembrar daqueles dias de sonhos e fantasias como os mais lindos. O que a realidade pode proporcionar no lugar de sonhos e fantasias?

A menos que os pais estejam preparados para que os adolescentes passem a meditar... isso não vai torná-los realistas, vai torná-los utópicos. E isso fará com que eles tenham muito mais dificuldade de se ajustar na sociedade podre do que os sonhos e as fantasias.

Esses sonhos e fantasias não podem fazer nenhum mal. Fazem parte da vida, e é assim que a juventude sempre sonhou, sempre fantasiou.

Os pais devem deixar que eles sonhem e fantasiem, afinal, eles não os estão prejudicando. E logo estarão sobrecarregados com deveres, empregos, filhos, esposas. Antes disso, eles têm um pouco de tempo. Deixem que eles usem esse tempo em fantasia, não há nenhum mal nisso.

Em minha opinião, meu sentimento é que a experiência dos tempos de sonhos vai ajudá-los a lembrar que a vida pode ser diferente, que não precisa ser infeliz, que não precisa ser um sofrimento. A vida não é necessariamente um tormento.

Eles viveram de forma maravilhosa, embora aqueles fossem apenas sonhos. Há a possibilidade de se ter uma transformação consciente, em que o adolescente possa vivenciar experiências muito mais lindas do que qualquer sonho possa lhe proporcionar. Mas o sabor dos sonhos é bom, vai mantê-lo alerta quanto ao fato de que o sofrimento não é tudo. Algo mais é possível.

A juventude é tempo de sonho e esperança e, quando o adolescente está perdido no chamado mundo real, esses momentos vão lembrá-lo: "Existe algum modo de realmente encontrar um estado de ser, de paz, serenidade, silêncio e alegria?"

Portanto, acho que não há nenhuma necessidade de mudar isso.

Pode, por favor, falar sobre juventude e esportes, que hoje têm um forte impacto sobre a vida dos jovens?

O esporte é uma atividade totalmente adequada, e os adolescentes devem ser encorajados a participarem não apenas como observadores de outras pessoas jogando, mas também como praticantes. O que tem acontecido é que milhares de pessoas apenas assistem, enquanto poucas pessoas, e os profissionais, é que praticam. Essa não é uma situação boa. Todo adolescente deve ser um praticante, porque vai lhe proporcionar saúde física, vai lhe dar certa agilidade, vai lhe dar uma determinada inteligência, e é perfeitamente jovial.

Porém, ser apenas um observador, e ainda do tipo que fica em frente à televisão, não é adequado. Cinco ou seis horas colado na cadeira em frente a uma televisão assistindo a outros jogando futebol, ou outro esporte, não é correto. Não proporciona nenhum crescimento. Pelo contrário, faz com que fique de fora de tudo, que nunca seja um participante, quando na verdade é muito necessário que seja um participante, que esteja envolvido, comprometido.

É bom de vez em quando ver especialistas jogando, para aprender, e somente para aprender, porém, fora isso, todo mundo deve estar frequentando ginásios de esportes. Não vejo qual é o problema. Os jovens devem praticar esportes, e mesmo as pessoas idosas, se puderem encontrar tempo, devem praticar. Mesmo aquelas que já se aposentaram, e que queiram viver um pouco mais, devem praticar. É possível encontrar esportes para todas as faixas etárias, de modo que todas as pessoas, durante toda a vida, podem ser praticantes, de acordo com a idade, de acordo com sua resistência física.

E a vida deve ser um esporte.

O esporte tem uma coisa muito bonita que eu gostaria que todos lembrassem: ele ensina que não importa ser derrotado ou vitorioso. O que importa é jogar bem, jogar com plenitude, jogar com intensidade, dar o máximo de si sem reservas. É o espírito esportivo. Os outros podem ser vitoriosos, não há qualquer inveja, e os derrotados podem congratular os vitoriosos, além de comemorar a vitória deles. Tudo o que é necessário é que a pessoa dê tudo de si sem reservas e que coloque em jogo toda sua energia.

O ser humano deve ter espírito esportivo por toda a vida.

Portanto, não há nada de errado em os adolescentes terem interesse em esportes. A pessoa que fez a pergunta parece querer que eles estejam na escola aprendendo geografia, história e todo tipo de absurdo que não tem utilidade na vida. O esporte é muito mais significante, muito mais saudável, muito mais animado.

Muitos jovens optam por parecerem feios. Vestem-se como punks ou skinheads, raspam parte do cabelo e tingem o restante com cores extravagantes. Têm preferência também por usar roupas esfarrapadas. Pode, por favor, comentar sobre esse estranho fenômeno?

Não é estranho de jeito nenhum. É uma resposta ao mundo dos adultos. Os jovens estão entediados com o estilo de vida dos adultos. Estão simplesmente mostrando seu ressentimento. Estão mostrando que os adultos não têm levado a sociedade em direção à verdade, à tranquilidade, à piedade, que têm sim levado a sociedade em direção à morte. Os punks e os skinheads são simplesmente lembretes de que os adultos falharam. A civilização ocidental chegou ao fim. É natural que a juventude seja sempre mais vulnerável ao que está por vir, pois os jovens são mais perceptivos. Eles podem ver que a morte está para chegar, e que todos os cientistas, políticos, igrejas, estão preparando um grande cemitério para toda a humanidade. Com o modo extravagante de se vestir, as roupas esfarrapadas, o corte de cabelo pela metade, eles estão simplesmente indicando que ainda há tempo de abandonar o comportamento que os adultos têm seguido até agora.

Nada como isso jamais aconteceu no Oriente, pela simples razão de que o Oriente tem buscado algo maior do que o homem. A genialidade oriental vem tentando alcançar as estrelas, enquanto a genialidade ocidental está simplesmente se preparando para a morte.

Esses punks e esses skinheads estão apenas tentando dizer algo para os adultos, representam apenas um símbolo. E sabem que o adulto está surdo e que não vai dar ouvidos. Algo drástico tem que ser feito para que os adultos comecem a pensar sobre: "O que deu errado? Por que nossos filhos se comportam dessa forma?"

O que as pessoas querem? Elas estão se preparando para uma guerra nuclear, estão se preparando para a morte de toda a vida na Terra. Esses punks e skinheads não são fenômenos estranhos: os *adultos* são fenômenos estranhos! Eles estão simplesmente revoltados contra os adultos. E vai ser bom mudar o caminho que o Ocidente tem seguido até agora, o caminho do materialismo. Não sou contra o materialismo, mas o materialismo sozinho só pode conduzir à morte, porque a matéria está morta. Sou absolutamente a favor do materialismo, desde que atenda às necessidades espirituais. Se o materialismo for um servidor e não um controlador, então é bastante satisfatório. Pode fazer milagres para ajudar a humanidade, para elevá-la em conscientização, em satisfação, para elevar o homem para além da humanidade.

As pessoas provam que Charles Darwin estava errado – porque os macacos eram mais inteligentes do que elas. Pelo menos eles foram além de si mesmos e criaram a humanidade. O que os homens criaram? Os homens precisam ir além de si mesmos e criar budas, pois só assim Charles Darwin estará certo e a teoria da evolução será verdadeira.

O homem está simplesmente preso, e os jovens estão apenas mostrando isso a ele. Os jovens têm de ser ultrajantes, pois os adultos não vão dar ouvidos à lógica, à razão, à inteligência.

Esses adolescentes têm toda a minha simpatia, e gostaria de conhecê-los. Vou ter uma afinidade imediata com eles, porque posso compreender seu sofrimento, sua angústia. Talvez sejam os salvadores dos adultos. Ninguém deve rir deles, os adultos é que devem rir de si mesmos. São seus filhos, vocês os produziram, e é por isso que vocês devem assumir a responsabilidade.

O pai é conhecido pelos filhos, assim como a árvore é conhecida pelos seus frutos. Se as frutas passaram a ser venenosas, então as pessoas vão condenar as frutas ou condenar a árvore? O pai é a árvore, e aqueles adolescentes que parecem insanos são os frutos. De alguma forma o pai é responsável. Eles têm um ponto de interrogação no pai. Os pais devem pensar sobre eles com simpatia.

Meu próprio entendimento é que o Ocidente chegou ao fim. A menos que um movimento enorme de espiritualidade se espalhe por todo o mundo ocidental, não há maneira de salvá-lo. E é isso que estou tentando fazer. Os meus sannyasins – pessoas que renunciam à riqueza – também são jovens e, se não fossem sannyasins, talvez tivessem sido punks ou skinheads. Mas eles encontraram um modo de viver em níveis mais elevados do ser. Eles também passam por revoltas, mas a revolta deles é a não reação, a revolta deles é a revolução. Eles tentam viver a vida em paz, amor, silêncio e luz.

Os sannyasins escolheram um novo modo de vida.

A menos que se compreenda que o Ocidente tem uma necessidade urgente de um novo modo de vida, haverá reações cada vez mais ultrajantes em torno dos homens, e eles próprios serão responsáveis por isso.

A geração jovem está usando todos os tipos de coisas para se tornarem felizes, para fazer com que a vida valha a pena. Você pode falar sobre a capacidade natural do ser humano de estar em êxtase?

O êxtase é uma linguagem que o homem esqueceu completamente. Foi forçado a esquecê-lo, foi obrigado a esquecê-lo. A sociedade é contra, a civilização é contra. A sociedade tem um investimento enorme no sofrimento. Ela depende do sofrimento, alimenta-se do sofrimento, sobrevive com o sofrimento. A sociedade não é para seres humanos. A sociedade está usando os seres humanos como um meio para ela mesma. A sociedade tornou-se mais importante do que a humanidade. A cultura, a civilização, a igreja, todas se tornaram mais importantes. Elas estavam destinadas ao homem, mas agora não são mais para o homem. Elas praticamente inverteram todo o processo e, agora, o homem existe para elas.

Toda criança nasce em êxtase. O êxtase é natural. Não é algo que acontece apenas aos grandes sábios. É algo que todo mundo traz consigo para o mundo, todos vêm com ele. É o mais profundo centro da vida, faz parte de estar vivo. A vida é êxtase. Toda criança o traz para o mundo, mas então a sociedade salta em cima da criança, começa a destruir a possibilidade de êxtase, começa a transformá-la em uma criança infeliz, começa a condicioná-la.

A sociedade é neurótica, e não pode permitir a presença de pessoas em êxtase, uma vez que são perigosas para ela. Tente entender o mecanismo, daí as coisas serão mais fáceis.

Não se pode controlar um homem em êxtase, é impossível. Só se pode controlar um homem em sofrimento. Um homem em êxtase tende a ser livre. Êxtase é liberdade. Não se pode destruí-lo tão facilmente, não se pode persuadi-lo a viver em uma prisão. Ele gostaria de dançar sob as estrelas e de andar com o vento, e falar com o sol e a lua. Precisará da vastidão, do infinito, da imensidão, da enormidade. Não pode ser seduzido para viver em uma cela escura. Não se pode fazer dele um escravo. Ele vai viver sua própria vida e fará suas coisas. Isso é muito difícil para a sociedade. Se houver muitas pessoas em êxtase, a sociedade vai sentir que está desmoronando, e que sua estrutura não vai aguentar mais.

Portanto, desde a infância, a criança não tem permissão para experimentar a liberdade, pois, ao saber o que é a liberdade, não fará concessões, não se comprometerá. Ela será firme. Depois que a criança conhece o sabor da liberdade, nunca vai se tornar parte de nenhuma sociedade, de nenhuma igreja, de nenhum clube, de nenhum partido político. Permanecerá um indivíduo, permanecerá livre e criará pulsações de liberdade ao seu redor. Seu próprio ser vai se tornar uma porta para a liberdade.

O que é êxtase? Algo a ser alcançado? Não. Algo a ser conquistado? Não. Algo em que a pessoa tem que se tornar? Não. Êxtase é ser, tornar-se é sofrimento. Se a pessoa quer se *tornar* algo, vai ser infeliz. Tornar-se é a própria causa do sofrimento. Aquele que quiser estar em êxtase, este é o momento, aqui e agora, neste exato momento. Olhem para mim. Neste exato momento, e ninguém está bloqueando o caminho, as pessoas podem ser felizes. A felicidade é tão óbvia e tão fácil. É da sua natureza. As pessoas já a carregam. Basta dar-lhes uma oportunidade de florescer, de desabrochar.

Lembre-se que o êxtase não é da cabeça. O êxtase é do coração. O êxtase não é do pensamento, é do sentimento. E as pessoas têm sido privadas de sentimento, têm sido cortadas de sentimento. Não sabem o que é sentimento. Mesmo quando uma pessoa diz "eu sinto", apenas acha que sente. Quando diz: "Estou me sentindo feliz", basta que observe, analise, para descobrir que apenas *acha* que está se sentindo feliz. Até mesmo o ato de sentir tem de passar pelo pensamento, tem de passar pela censura do ato de pensar e, apenas quando o pensamento o aprova é que ele é permitido. Se o pensamento não o aprova, o sentimento é jogado no inconsciente, para o porão do ser, e esquecido.

É preciso ser mais do coração e menos da cabeça. A cabeça é apenas uma parte, enquanto o coração é o ser por inteiro. O coração é a vitalidade do ser. Assim, sempre que o ser humano é completo em qualquer coisa, é porque funciona a partir do coração. Por outro lado, sempre que é parcial em qualquer coisa, é porque funciona a partir da cabeça.

Sempre que está totalmente em alguma coisa, o ser humano está em êxtase. Êxtase é do coração, é do todo.

Por que as pessoas usam drogas?

As drogas são tão antigas quanto a própria humanidade e, certamente, preenchem algo de imenso valor. Sou contra as drogas, mas o fato de eu ser contra as drogas é pela mesma razão:

há milhares de anos as pessoas são viciadas em drogas. Pode parecer muito estranho. As drogas são capazes de proporcionar à pessoa uma experiência alucinatória além da realidade mundana. Essa é a experiência que está sendo buscada por meio da meditação.

A meditação traz a pessoa para a experiência real, e a droga lhe dá apenas um momento de alucinação, uma experiência onírica, mas muito similar. Meditar é difícil. A droga é barata, mas a atração pelas drogas é espiritual.

O homem não está satisfeito com sua existência mundana. Quer conhecer algo mais. Quer ser algo mais. Apenas a vida normal parece tão comum, tão inexpressiva, que, se isso é tudo, então o suicídio parece ser a única maneira de sair dela. Ela não proporciona nenhum êxtase, nenhuma alegria. Pelo contrário segue acumulando cada vez mais sofrimento, ansiedade, doença, velhice e, por fim, a morte.

Essa é a razão de as drogas atraírem o homem desde o princípio. Elas pelo menos dão um alívio temporário. Apenas algumas pessoas experimentaram a meditação. Mediante orientação adequada, seja médica, seja de meditação, as drogas podem ser de enorme ajuda. Digo que sou contra as drogas, porque, se as pessoas ficam viciadas, hão de ser as mais destrutivas para a viagem de cada um em direção ao eu. Depois, encantam-se pelas alucinações. E sou contra também pelo fato de ser barato, de não ser preciso nenhum esforço, basta continuar a tomar doses cada vez maiores...

Faz milhares de anos que as pessoas usam drogas. Os moralistas, os religiosos, os governos tentam, sem sucesso, proibir. E não vejo como eles poderão um dia vir a conseguir. A única maneira de conseguir é através da minha sugestão. Em vez de proibir as drogas, é preciso deixar que os cientistas encontrem drogas melhores, que proporcionem experiências mais profundas e mais psicodélicas, mais coloridas, de maior êxtase, mas sem quaisquer efeitos colaterais e sem qualquer vício. E estas devem estar disponíveis nas universidades, nas faculdades, nos hospitais, onde quer que algum tipo de orientação seja possível, e que a pessoa não seja proibida, que tenha total liberdade de usar qualquer coisa que queira. E que se possa usar sua experiência para ajudá-la a crescer em direção a algum processo autêntico, de modo que ela comece a experimentar algo muito maior do que qualquer droga é capaz de proporcionar.

Somente depois é que a pessoa pode comparar e perceber que a primeira experiência foi apenas um sonho, e que esta experiência é uma realidade. "Com a primeira experiência, eu estava apenas enganando a mim mesmo por meio da química, e não estava me ajudando em meu crescimento espiritual. Estava, na verdade, impedindo o crescimento, mantendo-me viciado e retardado." A segunda experiência continua a crescer e, agora, a pessoa começa a reunir coragem para explorar mais, pois antes nunca tinha se dado conta de que essas experiências eram possíveis, que essas experiências não eram apenas ficção.

Portanto, essa paranoia em relação às drogas não é útil para a humanidade. É possível tornar as drogas ilegais, mas isso não proporciona nenhuma mudança. Na verdade, elas se tornam mais atrativas, mais excitantes. Principalmente para os jovens, as drogas se tornam um desafio.

Fico espantado às vezes. Será que o homem não vai um dia aprender sequer o ABC da psicologia humana? Continua a acontecer a mesma estupidez de proibição que Deus impôs a Adão e Eva. "Não coma a fruta dessa árvore." Mas isso se torna um convite, isso se torna um desafio.

Milhares de anos se passaram, no entanto, as figuras de autoridade ainda se encontram no mesmo estado de espírito: "não usem drogas, caso contrário, prisão por cinco anos, sete anos". E ninguém se preocupa que drogas estejam disponíveis nas prisões. Só que é preciso pagar um preço um pouco mais alto. E as pessoas que saem da cadeia não estão curadas. Elas voltam novamente, porque a droga lhes dá algo que a sociedade não lhes dá. Elas estão preparadas para destruir sua saúde, seu corpo, sua vida toda se torna uma bagunça, mas apesar disso a droga lhes dá algo que a sociedade não lhes dá.

Então, em vez de impedi-las, deve-se criar uma sociedade que proporcione algo melhor. A vida oferecida pela sociedade não lhes dá nada. A sociedade chupa o sangue das pessoas e o que elas ganham em troca? Nenhuma alegria, apenas ansiedade em cima de ansiedade. Ou, às vezes, o álcool as relaxa por algumas horas, assim como cantar uma música ou dançar um pouco, ou brigar no bar. Porém, por algumas horas, elas são transportadas da vida mundana. A própria atração comprova que a sociedade está errada, e não que o álcool está errado.

A sociedade deve ajudar as pessoas a dançarem, a cantarem, a se alegrarem, a amarem.

Sou contra as drogas, porque podem tornar-se um vício e impedir o crescimento espiritual das pessoas. A pessoa começa a achar que alcançou o que estava procurando, mas suas mãos estão vazias. Ela está apenas sonhando.

Por outro lado, tenho uma mente muito científica. Eu gostaria que as drogas pudessem ser utilizadas, que não fossem proibidas, porém usadas mediante orientação adequada como um trampolim para a meditação.

Os governos devem prestar mais atenção à melhoria das drogas em vez de impedir as pessoas. Se drogas aperfeiçoadas estiverem disponíveis, então outras drogas já estarão fora do mercado. Não há nenhuma necessidade de se proibir nada no mundo. Basta produzir algo melhor, mais barato, dentro da legalidade. Depois, por que é que alguém vai se importar com a maconha, o haxixe, a heroína? Não há razão para tal. Algo melhor está disponível na farmácia, sem prescrição. Até mesmo no hospital, é possível que as pessoas façam reservas para si mesmas, para que os médicos possam cuidar delas, enquanto estão em fase de experiência da droga. Os praticantes de meditação podem ajudá-las a compreender o que lhes aconteceu. E isso é facilmente possível por meio da meditação.

Apenas uma ou duas sessões de orientação com uma pessoa serão o suficiente. A pessoa pode ser conduzida à meditação. E, uma vez conduzida à meditação, as drogas não terão importância alguma.

Todos os esforços dos cientistas e do governo devem ser no sentido de entender que, se uma determinada coisa foi tão atraente durante a história de existência do homem, e nenhum governo nunca conseguiu proibi-la, então deve haver uma determinada necessidade que esta satisfaça. A menos que esta necessidade seja satisfeita de alguma outra forma, as drogas hão de permanecer no mundo.

Elas são destrutivas. E, quanto mais os governos são contra elas, mais destrutivas elas são, porque ninguém quer fazer nenhum aperfeiçoamento delas, ninguém sequer tem permissão para dizer o que estou dizendo. Mas eu posso dizer, porque sou contra as drogas. No entanto, não significa que os jovens não virão a usá-las. É até possível que sejam usadas como um meio; elas não são um fim em si.

Se houver esperança de um futuro livre de drogas, se as pessoas se tornarem naturalmente meditativas... E isso é possível. Se uma criança descobre que seu pai medita, que sua mãe medita, que todo mundo medita, ela vai começar a ficar curiosa. Ela também vai querer meditar. E essa é a idade em que a meditação é muito simples, porque a criança ainda não está corrompida pela sociedade. A criança ainda é inocente. E, se todo mundo em torno dela está fazendo algo e desfrutando em fazê-lo, ela não pode ficar para trás. Ela vai sentar com as outras pessoas com os olhos fechados. Primeiro, elas vão rir da criança, por acharem que é impossível crianças meditarem. Mas é porque não entendem. É mais possível para as crianças do que para os denominados adultos.

Basta a atmosfera da meditação nas escolas, nas faculdades, nas universidades, onde quer que a pessoa vá, vai encontrar a atmosfera que nutre seu próprio estado meditativo. Adoraria ver um mundo em que nenhuma droga é necessária. Mas não por meio de proibições, e sim da criação de algo melhor, algo real. As drogas serão derrotadas dessa forma, sem nenhuma dificuldade. No entanto, esses governos idiotas continuam a dar importância às drogas e a destruir a juventude em todo o mundo.

Os momentos mais preciosos da vida são desperdiçados em alucinações e, quando as pessoas perceberem o que fizeram consigo mesmo, talvez seja muito tarde. Não poderão voltar ao estado normal. O corpo se acostumou a carregar determinadas químicas. Depois, mesmo involuntariamente, elas têm que continuar a se injetar com todos os tipos de venenos. Ou, se alguém nunca usou drogas pesadas, e retorna à vida sem drogas, passa a achar a vida muito sem graça, mais maçante do que as pessoas que não se drogam acham, porque ele viu algo lindo. Sempre há uma comparação. Ele fez amor sob o impacto de uma droga e sentiu-se no topo do mundo. Agora faz amor e acha que isso não passa de um tipo de espirro. É uma sensação boa, a pessoa espirra e a sensação é boa, mas não é algo imprescindível. Ninguém há de dizer: "Estou vivendo aqui para espirrar."

Todo o meu esforço é trazer algo maior do que as drogas podem trazer, e que seja o fator decisivo. Se algo puder acontecer por meio da meditação, que dê às pessoas um vislumbre melhor, sem nenhum custo... As pessoas não estão pagando por isso com sua saúde, com sua química, com a destruição de seu corpo e de outras coisas. Não é preciso pagar nada para obtê-la, e isso acontece! As pessoas são seus próprios mestres, não são dependentes de nada para obtê-la. Podem usufruir disso a qualquer momento que queiram. Depois de conhecer a chave, é possível destrancar a porta sempre que quiser. Algo maior, superior, deve ser colocado à sua disposição.

No mundo inteiro esse tem sido o problema ao longo dos séculos: as pessoas tentam ajudar as outras a saírem de suas "viagens", mas quase sempre fracassam, uma vez que não se consegue fornecer nada melhor. As pessoas também querem sair da droga, porque é uma escravidão e entendem que estão criando uma escravidão sutil que vai ficar cada vez maior, até o dia em que ficarão cercadas por muralhas, como as muralhas da China, e vai ser difícil sair delas. Por seu próprio esforço, a pessoa cria uma muralha tão grande, que depois fica difícil destruir, e ela acaba sendo presa dentro dela. Toda sua vida vai se tornar uma espécie de doença.

E é cruel. Se a pessoa usa uma droga, enquanto estiver sob o seu efeito, tudo parece bom. Depois, sem o seu efeito, tudo parece tão sem graça, tão sem sentido, que a droga parece ser a única possibilidade, repetidas vezes. Daí então, a quantidade de droga tem de ser aumentada e, aos poucos, a pessoa se perde. As drogas são tão poderosas que destroem a própria química do cérebro. O cérebro é muito delicado, não pode viver sob coerções tão violentas. Esses nervos muito pequenos e sutis começam a ficar danificados. Em seguida, a pessoa perde a agilidade, a inteligência, fica lenta, torna-se insensível. E, então, a droga permanece como única possibilidade, como o único sentido a ser obtido.

Entretanto, apenas dizer essas coisas não ajuda. Somente dizer que isso é ruim e que é um pecado não ajuda e, na verdade, só piora o problema! A pessoa já está em sofrimento e, agora, lhe trazem um outro problema, ou seja, que isso é pecado, de modo que ela passa a se sentir culpada também. A droga foi o bastante para destruí-la, e agora a culpa a destruirá mais ainda. Foi acrescentado mais veneno ao problema. E a pessoa passa a se sentir imoral, criminosa, e todas estas são atitudes erradas.

A pessoa precisa de ajuda, a pessoa precisa de compaixão, a pessoa precisa de amor. Talvez tenha perdido o amor e, por isso, tenha tomado essa direção. Talvez a sociedade não tenha proporcionado o que era necessário, os pais não tenham dado o que era necessário. Por isso tornou-se confusa. A pessoa precisa de toda a atenção, amor, carinho, mas mesmo isso não vai ajudá-la, a menos que a ela venha a conhecer e sentir algo que seja maior e superior do que aquilo que qualquer droga possa proporcionar.

Por que temos medo e às vezes até ficamos ressentidos de assumirmos a responsabilidade por nós mesmos?

É porque desde a infância a pessoa é ensinada a não ser responsável. Ela foi ensinada a ser dependente. Foi ensinada a ser responsabilidade de seu pai, de sua mãe, da família, da pátria, e de toda espécie de bobagem. Porém, não lhe foi dito que tinha que ser responsável por si mesma, que não havia ninguém para assumir sua responsabilidade.

Pelo contrário, seus pais estavam assumindo a sua responsabilidade, sua família estava assumindo a sua responsabilidade. O padre estava assumindo a sua responsabilidade pelo crescimento espiritual. A pessoa devia apenas seguir todas essas pessoas e fazer o que elas diziam. Quando cresce e deixa de ser criança, surge um grande medo, pois ela tem que assumir a responsabilidade e não foi treinada para isso.

As pessoas vão confessar seus pecados ao padre... que tipo de estupidez estão fazendo? Primeiro, achar que cometeram pecado. Segundo, sentir-se culpadas por tê-lo cometido. Terceiro, ir ao padre para confessar o pecado, para que possa orar a Deus para perdoá-lo? Uma coisa simples se tornou tão complexa, tão desnecessariamente longa e tortuosa. O que quer que tenham feito, o fizeram porque *quiseram*, é por isso que o fizeram. E quem está lá para decidir o que é pecado e o que não é? Não há critério em lugar algum, não há balança para pesar o pecado cometido. Um quilo, dois quilos, três quilos? Quanto mede um pecado cometido? Um metro, dois metros, três metros? Qual foi esse pecado e quem é esse padre com quem as pessoas vão se confessar?

Ensino as pessoas a não transferir a responsabilidade a ninguém: ao pai, à mãe, ao país, à religião, ao programa de partido. Não devem passar a sua responsabilidade a ninguém. As pessoas não são responsáveis. Devem ser somente responsáveis por si mesmas. Devem fazer o que quer que sintam vontade de fazer: se for errado, a punição virá de imediato! Se for certo, a recompensa virá imediatamente, instantaneamente. Não há outro caminho.

Dessa forma, as pessoas começam a descobrir o que está errado e o que está certo, por conta própria. Assim, vão desenvolver uma nova sensibilidade, e começar a ver com uma nova visão. Num instante, vão saber o que é errado, uma vez que, no passado, cometeram muitas vezes esse erro e sempre sofreram como consequência. Da mesma forma, vão saber o que é certo, porque, sempre que fizeram o certo, a existência lhes cobriu de grandes bênçãos. Causa e efeito andam juntos, não são separados por anos e vidas.

A pessoa é responsável. Se quiser desfrutar de um determinado ato, embora traga sofrimento, então que o faça. É bom porque a pessoa gosta disso. O sofrimento não é grande o suficiente para impedi-la de obter o prazer que o ato traz. No entanto, cabe única e exclusivamente a ela decidir. Se o sofrimento é muito grande e o ato não traz nada, nenhuma alegria, e a isso se segue uma longa angústia, então cabe a ela decidir. Se é uma idiota completa, o que se pode fazer?

Isso é o que eu quero dizer com ser responsável por si mesmo. Não há ninguém em quem se possa despejar a própria responsabilidade, mas as pessoas sempre buscam despejá-la em alguém, mesmo em um coitado como eu. Embora diga constantemente às pessoas que não sou responsável por nada nem por ninguém, de alguma forma, no fundo, as pessoas continuam com a ilusão de que eu devo estar brincando.

Não estou brincando. "Ele é o nosso mestre", podem estar pensando, "como ele pode dizer que não é responsável?" Mas as pessoas não entendem. Ao despejarem a responsabilidade em mim, vão permanecer imaturas, infantis. Nunca vão crescer. A única maneira de crescer é aceitar tudo o que é bom, tudo o que é ruim, a alegria, a tristeza. As pessoas são responsáveis por tudo que lhes acontece. Isso lhes dá uma grande liberdade.

As pessoas devem se alegrar com essa liberdade. Devem alegrar-se com essa grande compreensão de que elas são responsáveis por tudo em suas vidas. Isso vai fazer com que elas sejam o que chamo de indivíduo.

Educação

O que é aprendizagem?

Aprendizagem não é conhecimento. A aprendizagem passou a ser muito identificada como conhecimento, mas é exatamente o oposto de conhecimento. Quanto mais conhecimento tem a pessoa, menos ela é capaz de aprender. Por isso as crianças são mais capazes de aprender do que os adultos. E, se os adultos também quiserem permanecer como aprendizes, eles têm que passar a esquecer tudo o que aprenderam. Eles têm que deixar se extinguir tudo o que para eles se tornou conhecimento. Quando a pessoa acumula conhecimento, seu interior fica muito pesado com o passado. Acumula-se lixo demais.

O aprendizado acontece apenas quando há espaço. A criança tem esse espaço, inocência. A beleza da criança é que ela funciona a partir do estado de não saber. Este é o segredo fundamental da aprendizagem: funcionar a partir do estado de não saber. Preste atenção, veja, observe, mas nunca forme uma conclusão. Ao já ter chegado a uma conclusão, deixa de aprender. Se já sabe, o que há para aprender?

A pessoa nunca deve raciocinar a partir da resposta pronta à qual tenha chegado por meio das escrituras, das universidades, dos professores, dos pais, ou talvez de sua própria experiência. Tudo o que conhece tem de ser descartado em favor do aprendizado. Daí então ela vai continuar a crescer, e não vai haver fim para o crescimento. Assim, a pessoa permanece como criança, inocente, cheia de admiração e reverência até o fim. Mesmo quando estiver para morrer, continuará a aprender. Aprende a vida, aprende a morte. E a pessoa que aprende a vida e aprende a morte ultrapassa ambos, move-se para o transcendental.

Aprendizagem é receptividade, aprendizagem é vulnerabilidade. Aprendizagem é franqueza, caráter aberto.

O homem nasce como uma semente. Ele nasce como uma potencialidade, e não como uma realidade. E isso é muito especial, isso é extraordinário, porque em toda a existência somente o ser humano nasce como uma potencialidade; todos os outros animais nascem reais. O cachorro nasce como um cachorro, e vai permanecer o mesmo a vida toda. O leão nasce como um leão. O homem não nasce como um ser humano, o homem nasce somente como uma semente: ele pode florescer ou não. O homem tem um futuro, enquanto nenhum outro animal tem um futuro. Todos os animais nascem instintivamente perfeitos. O homem é o único animal imperfeito, e é por isso que é possível o crescimento, a evolução.

A educação é a ponte entre a potencialidade e a realidade. A educação é para ajudar as pessoas a se transformarem naquilo em que elas são em forma de semente quando nascem. E é isso que estou fazendo aqui, este é um lugar de educação. O que é feito nas escolas, faculdades e universidades comuns não é educação. Elas apenas preparam as pessoas para conseguir um bom emprego, um bom salário, mas não é a verdadeira educação. Não lhes dão vida. Talvez possam proporcionar um melhor padrão de vida, mas o melhor padrão de vida não é um melhor padrão de viver, eles não são sinônimos.

A denominada educação adotada no mundo prepara as pessoas para ganhar o pão. E Jesus diz: "O homem não pode viver só de pão." E é isso que as universidades têm feito: preparam os alunos para ganhar o pão de uma forma melhor, de uma maneira mais fácil, de um modo mais confortável, com menos esforço, com menos dificuldade. É uma espécie muito primitiva de educação, pois não prepara o ser humano para a vida.

É por isso que se vê tantos robôs andando por aí. São perfeitos como balconistas, chefes de estação ferroviária, diretores administrativos. São perfeitos, habilidosos, mas se analisá-los profundamente, são apenas mendigos e nada mais. Nem sequer provaram um pouco da vida. Não sabem o que é a vida, o que é o amor, o que é a luz. Não conheceram nada sobre piedade, não experimentaram nada da existência, não sabem cantar, dançar e comemorar. Não conhecem a gramática da vida, e são completamente estúpidos. Sim, eles ganham, ganham mais do que os outros, são muito habilidosos e sobem cada vez mais alto na escada do sucesso, mas no fundo permanecem vazios, pobres.

A educação serve para dar riqueza interior às pessoas. Não é apenas para deixá-las mais informadas, o que é uma ideia primitiva de educação. Chamo-a de primitiva porque está enraizada na ideia de que "se eu não for bem-educado, não serei capaz de sobreviver". Chamo-a de primitiva porque, no fundo, é uma ideia violenta, uma vez que ensina as pessoas a competirem, e as torna ambiciosas. Não é nada além de uma preparação para um mundo competitivo e cruel, onde todo mundo é inimigo de todo mundo.

Por isso o mundo tornou-se um hospício. O amor não pode acontecer. Como o amor pode acontecer em um mundo tão competitivo, ambicioso e violento, onde todo mundo vive em desacordo? Isso é muito primitivo, uma vez que é baseado no medo de que "se eu não for bem-educado, bem-protegido, altamente informado, posso não ser capaz de sobreviver na luta da vida". Considera a vida apenas como uma luta.

Minha visão da educação é que a vida não deve ser considerada como uma luta pela sobrevivência, e sim como uma celebração. A vida não deve ser apenas competição, a vida deve ser alegria também. Cantar e dançar e poesia e música e pintura, e tudo o que está disponível no mundo... a educação deve preparar a pessoa a entrar em sintonia com isso, com as árvores, com os pássaros, com o céu, com o sol e a lua.

E a educação deve prepará-la para ser ela mesma. Neste momento, a educação a prepara para ser uma pessoa que imita, ensina-a a ser igual aos outros. Isso é *des*educação. A educação correta vai ensiná-la como ser ela mesma, de forma autêntica. Cada pessoa é única. Não há ninguém igual a ninguém, nunca houve, nunca haverá. Trata-se de um grande respeito proporcionado pela existência ao ser humano. Essa é a sua glória, o fato de ser único. Não deve se tornar imitativo, não deve se tornar cópia.

Mas isso é o que a chamada educação continua a fazer: faz cópias, destrói o rosto original das pessoas. A palavra "educação" tem dois significados, e ambos são belos. Um deles é muito conhecido, embora não seja praticado de jeito nenhum: extrair algo das pessoas. "Educação" significa extrair aquilo que está dentro das pessoas, para fazer com que seu potencial seja real, assim como se extrai água de um poço.

Porém, esse tipo de educação não é praticado. Pelo contrário, coisas estão sendo incutidas nas pessoas, e não extraídas delas. Geografia, história, ciência e matemática são incutidas de forma contínua nas pessoas. Elas se tornam papagaios. São tratadas como computadores, ou seja, as pessoas são alimentadas da mesma forma que os computadores são alimentados. As instituições educacionais são lugares nos quais as informações são amontoadas na cabeça das pessoas.

A verdadeira educação será trazer para fora o que está escondido em cada uma das pessoas, isto é, o que a existência colocou nelas como um tesouro, descobrir e revelar isso, e tornar a pessoa luminosa.

Um outro significado da palavra, muito mais profundo: "educação" vem da palavra *educare*, que significa levar a pessoa da escuridão para a luz. Trata-se de um significado muito importante: levar a pessoa da escuridão para a luz. O homem vive na escuridão, na inconsciência, e é capaz de se tornar cheio de luz. A chama está lá, mas tem que ser provocada. A consciência está lá, mas tem que ser despertada. O homem recebeu tudo, trouxe isso com ele, mas toda a ideia de que se tornou um ser humano apenas por ter um corpo humano está errada, e essa ideia tem sido a causa do enorme prejuízo ao longo dos séculos.

O homem nasce apenas como uma oportunidade, com uma chance. E muito poucas pessoas atingem: um Jesus, um Buda, um Maomé, um Bahaudin. Muito poucas pessoas, raras e distantes entre si, realmente tornam-se humanas, que é o que acontece quando ficam repletas de luz, sem nenhuma escuridão, sem nenhuma inconsciência remanescente em lugar algum na alma, quando tudo é luz, quando as pessoas são apenas consciência. Então a vida é uma bênção.

A educação serve para trazer o homem da escuridão para a luz. Isso é o que estou fazendo aqui. Estou ensinando o ser humano a ser ele mesmo. Estou lhe ensinando a ser destemido, estou lhe ensinando a não ceder à pressão social, estou lhe ensinando a não ser um conformista. Estou lhe ensinando a não ansiar pelo conforto e pela conveniência, porque, se fizer isso, a sociedade vai lhe dar conforto e conveniência, mas a um custo. E o custo é alto: pode obter a conveniência, mas perde a própria consciência. Obtém conforto, mas perde o controle da própria alma. Pode ter respeitabilidade, mas deixa de ser verdadeiro consigo mesmo, e passa a ser um pseudo ser humano. E assim trai a existência e a si mesmo.

Mas a sociedade quer que o homem traia a si mesmo. A sociedade quer usá-lo como uma máquina, a sociedade quer que ele seja obediente. A sociedade não precisa da sua inteligência, porque um ser inteligente vai se comportar de uma maneira inteligente, e pode haver momentos em que ele diga: "Não, não posso fazer isso."

Por exemplo, se a pessoa é realmente inteligente e consciente, não pode fazer parte de um exército, é impossível. Para fazer parte de qualquer exército é preciso ter falta de inteligência como requisito básico. É por isso que no exército eles conseguem destruir a inteligência das pessoas em todos os sentidos. São necessários vários anos para destruir a inteligência das pessoas, e chamam a isso de "treinamento". Ordens estúpidas têm de ser seguidas: direita volver, esquerda volver, marchar para frente, marchar para trás, isso e aquilo, repetidas vezes, todos os dias, de manhã à noite. Aos poucos, a pessoa se torna um robô, e começa a funcionar como uma máquina.

Ouvi dizer que uma mulher foi a um psicanalista e disse: "Estou muito preocupada, não consigo dormir. Meu marido é coronel do exército. Sempre que chega em casa nos feriados é um pesadelo para mim. Sempre que dorme sobre o lado direito, ele ronca, e ronca tão alto que não sou só eu que fico perturbada, até mesmo os vizinhos se sentem incomodados. Pode me sugerir alguma coisa? O que devo fazer?"

O psicanalista pensou sobre isso e, depois, disse: "Faça uma coisa. Hoje à noite, tente isso, talvez funcione" e deu a ela uma receita, que funcionou. E a receita era simples, ele disse a ela:

"Quando ele começar a roncar, somente diga a ele: 'vire para a esquerda.'"

Ela não conseguia acreditar, mas quando adotou a receita, funcionou, mesmo durante o sono do marido. Ele roncava somente deitado sobre o lado direito e, quando ela disse em seu ouvido, devagar, não muito alto, suavemente: "Vire para a esquerda", ele saiu do velho hábito e virou para a esquerda. O ronco parou, mesmo durante o sono.

Todo treinamento no exército é para destruir a consciência do homem, para transformá-lo em uma máquina automática. Depois pode ir e matar. Caso contrário, se ainda carregar um pouco de inteligência, vai ver que a outra pessoa que ele vai matar é inocente, e que não fez nada para ele e para ninguém. Além disso, ele deve ter uma esposa em casa que está esperando que ele volte, ele pode ter crianças pequenas que vão virar mendigos, ele pode ter uma mãe idosa ou um pai idoso, ele pode enlouquecer. "Por que estou matando esse homem? Porque o oficial ordena: 'Comecem a matar. Fogo!'"

Uma pessoa inteligente não vai ser capaz de disparar. Uma pessoa inteligente pode escolher morrer em vez de matar pessoas inocentes. A guerra começou porque algum político tolo quis se envolver em uma guerra, porque algum político quis ter algum poder, por causa de algumas declarações estúpidas dos políticos. Ele não vai matar!

Isso é o que eu chamo de educação: tornar as pessoas mais inteligentes. E é isso que estou fazendo aqui. Se esse fogo se alastra, essa velha sociedade podre não consegue sobreviver. Ela sobrevive no inconsciente das pessoas, vive no inconsciente das pessoas.

A educação que existe até agora não é verdadeira. Não serve para a humanidade, pelo contrário, serve para interesses escusos. Serviu no passado. O professor é um agente do passado. Ele funciona como um mediador para ensinar crenças antigas, dar orientações, falar sobre hipóteses à próxima geração, ou seja, para contaminar, poluir a nova consciência que surge no horizonte.

E, por causa da educação, a evolução do homem tem sido por acaso, em zigue-zague. Mas até agora não tinha outra maneira, porque havia uma coisa no passado: o conhecimento crescia de forma tão lenta que foi praticamente o mesmo durante séculos. Assim, o professor era muito eficiente em fazer o seu trabalho. Tudo o que se sabia era praticamente estático, não crescia. Mas agora há uma explosão de conhecimento. As coisas estão mudando tão rápido que todo o sistema de educação tornou-se ultrapassado, antiquado. É preciso descartá-lo e adotar um sistema de educação totalmente novo. Só agora é possível. Até o presente momento não era possível.

É preciso entender o que quero dizer com a explosão do conhecimento. Imagine o mostrador de um relógio marcando sessenta minutos. Esses sessenta minutos representam três mil anos da história humana, ou a cada minuto, cinquenta anos, ou a cada segundo, aproximadamente um ano. Nesta escala não houve mudanças significativas na mídia até cerca de nove minutos atrás. Naquela época, surgiu a imprensa. Cerca de três minutos atrás, o telégrafo, a fotografia e a locomotiva. Há dois minutos, o telefone, a prensa rotativa, o cinema, o automóvel, o avião e o rádio. Há um minuto, a imagem que fala. A televisão apareceu nos últimos dez segundos, o computador nos últimos cinco, e os satélites de comunicação no último segundo. O feixe de laser apareceu apenas há uma fração de segundo.

Isso é o que algumas pessoas chamam de explosão do conhecimento. A mudança não é nova, o que é novo é o grau da mudança. E isso faz toda a diferença, porque, a uma determinada altura, as mudanças quantitativas passaram a ser mudanças qualitativas.

Ao aquecer a água, até 99,9ºC ela ainda é água, talvez quente, mas ainda é água. É necessário apenas 0,1ºC a mais para que a água comece a evaporar, e ocorra uma mudança qualitativa. Apenas alguns segundos antes, a água era visível, e agora está invisível. Apenas alguns segundos antes, a água estava fluindo para baixo, e agora está elevando-se para cima. Ela transcendeu a força da gravidade, não está mais sob a lei da gravidade.

Lembrem-se, a uma determinada altura, a mudança quantitativa torna-se qualitativa. E foi o que aconteceu. A mudança não é nova, não é novidade, a mudança sempre aconteceu. Mas a taxa de mudança é completamente nova, nunca aconteceu assim antes. A diferença entre uma dose fatal e uma dose terapêutica de estricnina é só uma questão de grau, que é o que Norbert Wiener, matemático norte-americano conhecido como o fundador da cibernética, diz. O veneno pode servir como medicamento em uma dose menor, mas o mesmo medicamento será fatal quando tomado em uma dose maior. A um determinado grau, ele deixa de ser remédio para se tornar veneno.

A mudança é tão grande que o professor não consegue mais prestar seus serviços no estilo do passado, a educação não pode mais servir no modo adotado no passado. O modo passado era ajudar as pessoas a memorizarem. A educação até agora não foi baseada na inteligência, e sim apenas na memória, na lembrança. A geração passada transferia todo o seu conhecimento para a nova geração, e era de se supor que a nova geração memorizasse esse conhecimento. Assim, as pessoas que tinham boa memória eram consideradas inteligentes. Não é bem assim. Existiram gênios com memórias praticamente nulas. Albert Einstein não tinha uma boa memória. Existiram pessoas com memórias milagrosas, mas que não tinham nenhuma inteligência.

A memória é o dispositivo mecânico da mente. A inteligência é a consciência. A inteligência faz parte do espírito, a memória faz parte do cérebro. A memória pertence ao corpo, enquanto a inteligência pertence ao indivíduo.

A inteligência tem que ser ensinada agora, uma vez que a mudança está acontecendo tão rápido que a memória não vai dar conta. No momento em que se memoriza alguma coisa, esta já está desatualizada. E é isso que está acontecendo: a educação está falhando, as universidades estão falhando, porque continuam a persistir no modo antigo. As instituições de ensino aprenderam um truque e fazem isso há três mil anos, e o problema agora é que aprenderam de forma tão arraigada que não sabem o que mais podem fazer.

Hoje, dar apenas informações antigas para as crianças, o que não vai torná-las capazes de viver no futuro, além de dificultar seu crescimento, é perigoso. Agora elas precisam de inteligência para conviver com a rápida mudança que esta acontecendo. Há apenas cem anos, havia milhares de pessoas que nunca tinham saído sequer de suas cidades, ou nunca tinham saído a mais de 80 quilômetros de distância de suas cidades. Milhões viviam no mesmo lugar para sempre, desde o nascimento até a morte. Agora tudo está mudando. Nos Estados Unidos, a pessoa comum vive apenas três anos em um lugar, e esse é o limite de tempo para o casamento também, três anos. Então, a pessoa começa a mudar de cidade, de emprego, de esposa, de marido. É um mundo totalmente novo este em que as pessoas estão vivendo. E a educação, por sua vez, simplesmente transforma as pessoas em enciclopédias ambulantes, mas desatualizadas.

A diferença não é nova, o que é novo é o grau de mudança. No mostrador do relógio, cerca de três minutos atrás, desenvolveu-se uma diferença qualitativa no caráter da mudança: a mudança mudou. É preciso ensinar inteligência agora, para tornar as crianças capazes de viver com as novas realidades que hão de acontecer todos os dias. Não se deve sobrecarregá-las com aquilo que não vai ser de nenhuma utilidade no futuro. A velha geração não tem que ensinar o que aprendeu, e sim ajudar a criança a ser mais inteligente para que possa ser capaz de responder de forma espontânea às novas realidades que virão. A velha geração não consegue sequer sonhar com o que devam ser essas realidades.

As crianças podem estar vivendo na lua, de modo que terão uma atmosfera totalmente diferente para se viver. As crianças podem estar vivendo no céu, porque a terra está ficando muito populosa. As crianças podem ter que viver debaixo da terra ou no fundo do mar. Ninguém sabe como as crianças vão ter que viver. Pode ser que elas vivam apenas à base de comprimidos, de pílulas de vitamina... estarão vivendo em um mundo totalmente diferente. Portanto, não adianta simplesmente continuar a dar às crianças o conhecimento enciclopédico do passado. É necessário prepará-las para enfrentar novas realidades.

É preciso prepará-las em conscientização, em meditatividade. Daí a educação será verdadeira. E não vai servir ao passado e aos mortos, vai servir ao futuro. Vai servir à vida.

Na minha visão, para ser verdadeira, a educação tem que ser subversiva, rebelde. Até agora foi ortodoxa, até agora fez parte do *establishment*. A verdadeira educação tem que ensinar aquilo que não é ensinado por nenhuma outra instituição. Tem que tornar-se o negócio contra a entropia.

Lembrem-se de que o Estado, o *establishment* e todas as instituições da sociedade, todos impedem o crescimento.

Por que eles impedem o crescimento? Porque todo crescimento traz desafio, e eles estão estabelecidos. E quem é que quer perder a estabilidade? Aqueles que estão no poder não gostariam que nada de novo acontecesse, pois isso mudaria o equilíbrio do poder. Aqueles que estão no poder não gostariam que nada novo fosse liberado, porque algo novo faria com que pessoas novas ficassem poderosas. Cada novo conhecimento traz novo poder ao mundo, e as gerações mais velhas não gostariam de perder o controle, o domínio.

A educação tem de servir à revolução. No entanto, normalmente, ela serve aos interesses do governo, do padre e da igreja. De uma forma muito sutil, a educação prepara escravos para o estado, escravos para a igreja. O verdadeiro propósito da educação deve ser subverter atitudes antiquadas, crenças e premissas que não servem mais para o crescimento e para humanidade, e que são positivamente prejudiciais e suicidas.

Um entrevistador perguntou certa vez a Ernest Hemingway:

– Não existe um ingrediente essencial para fazer de alguém um grande escritor?

– Sim, existe. Para ser um grande escritor, a pessoa deve ter um detector de merda embutido à prova de choque – respondeu Hemingway.

Assim é minha ideia de educação. As crianças devem ser treinadas e disciplinadas para que possam detectar porcaria. Uma pessoa realmente inteligente é um detector de porcaria. Ela sabe de imediato, no momento em que alguém diz algo, se trata de algo importante ou apenas estrume de vaca sagrada.

A evolução da consciência humana não é nada mais do que uma longa história de luta contra a veneração da porcaria. As pessoas seguem adorando e venerando merda. 99% das crenças são mentiras. 99% das crenças são anti-humanas, antivida. 99% são tão primitivas, tão bárbaras, tão completamente ignorantes que é inacreditável que as pessoas continuem a acreditar nelas.

A verdadeira educação vai ajudar as pessoas a abandonarem todo tipo de absurdo, por mais antigo, respeitável e venerado que seja. Ensinará o real. Não ensinará qualquer tipo de superstição, e sim como viver com mais alegria. Ensinará a afirmação da vida. Ensinará a reverência à vida e a nada mais. Ensinará como estar profundamente no amor com a existência. E não será apenas da mente, mas também do coração.

Além disso, ajudará as pessoas a tornarem-se uma "não mente". Essa é a dimensão que falta na educação. Ela simplesmente ensina as pessoas a ficarem cada vez mais emaranhadas em conceitos mentais e mais perdidas mentalmente. A mente é boa, útil, mas não é a plenitude do ser humano. Há o coração também, que na verdade é muito mais importante do que a mente, pois a mente pode criar melhores tecnologias, melhores máquinas, melhores estradas, melhores casas, mas não pode fazer com que a pessoa seja um ser humano melhor. Não pode tornar a pessoa mais amorosa, mais poética, mais graciosa. Não pode lhe dar a alegria da vida, a celebração. Não pode ajudar a pessoa a tornar-se uma música e uma dança.

A verdadeira educação tem de ensinar à pessoa os caminhos do coração também. Além disso, a verdadeira educação tem de ensiná-la o transcendental. A mente está para a ciência, assim como o coração está para a arte, a poesia e a música, e o transcendental para a religião. Se a educação não servir para tudo isso, ela não é verdadeira. E nenhum sistema educacional fez isso ainda.

Não é de se espantar que muitos jovens estejam abandonando as faculdades, as universidades, uma vez que podem ver que tudo é porcaria, podem perceber que tudo é estúpido.

Nenhuma outra instituição pode fazer isso, somente a educação: as universidades podem plantar as sementes da mutação, pois o novo homem tem que chegar à Terra.

Os primeiros raios já chegaram. O novo ser humano chega a cada dia e é preciso preparar a Terra para recebê-lo e, com o novo ser humano, uma nova humanidade e um novo mundo. Não há nenhuma outra possibilidade para receber o novo homem, para preparar o terreno, exceto através da educação. Caso não seja possível preparar o terreno, o ser humano está condenado.

As experiências que estão sendo feitas aqui são realmente um esforço para criar um novo tipo de universidade. Isso deve ser feito, e deve ser feito na Terra como um todo, em muitos lugares. Essa experiência tem que ser feita em todos os países. Apenas alguns vão aceitar o desafio, mas são esses poucos que vão ser os mensageiros. São esses poucos que vão declarar a nova era, o novo homem, a nova humanidade.

Walt Whitman escreveu:

Quando ouvi o astrônomo erudito,

Quando as provas, os números, foram enfileirados diante de mim,

Quando me foram mostrados os mapas e diagramas a somar, dividir e medir,

Quando, sentado, ouvia o astrônomo muito aplaudido, na sala de conferências,

Senti-me logo inexplicavelmente cansado e enfermo,

Até que me levantei e saí, parecendo sem rumo

No ar úmido e místico da noite, e repetidas vezes

Olhei em perfeito silêncio para as estrelas.

A nova educação, a verdadeira educação, não só tem que ensinar matemática, história, geografia, ciência, mas também a verdadeira moralidade, que é a estética. Chamo a verdadeira moral de estética, que é a sensibilidade para sentir o belo, porque a piedade vem como beleza. Em uma rosa ou uma flor de lótus, no amanhecer ou no pôr do sol, nas estrelas, nos pássaros cantando no amanhecer, ou nas gotas do orvalho, um pássaro a voar... A verdadeira educação tem que trazer as pessoas cada vez mais perto da natureza, porque apenas chegando cada vez mais perto da natureza é que as pessoas chegarão cada vez mais perto do divino.

Se o intelecto é um obstáculo no trajeto para a autorrealização, então o treinamento e o aperfeiçoamento deste não é simplesmente inútil? Não é possível que, devido à inocência e à expressividade, as crianças devam ser ajudadas a entrar para a meditação diretamente, sem lhes transmitir nenhum treinamento para o intelecto?

O intelecto é digno de consideração, é significativo, e é natural que surja a questão: se o intelecto é um obstáculo tão grande, por que treiná-lo primeiro? Por que não apresentar a meditação às crianças enquanto elas ainda são inocentes e simples, em vez de mandá-las para a universidade? Em vez de moldar sua faculdade lógica e de pensamento, em vez de educá-las, por que não colocá-los em imersão na meditação durante sua fase de inocência e simplicidade? Se o intelecto é um obstáculo, por que ajudá-lo a crescer? Por que não se livrar dele antes de desenvolvê-lo?

Estaria tudo bem se o intelecto fosse apenas um obstáculo. Mas um obstáculo também pode se tornar um trampolim. Caminha-se por uma via e há uma pedra enorme no caminho. Ora, isso é um obstáculo, mas é possível retornar a partir dali achando que o caminho não vai a lugar nenhum além. No entanto, se subir na pedra, revela-se um novo caminho, que está num nível totalmente diferente do anterior, mais baixo. Abre-se uma nova dimensão.

A pessoa ignorante, pouco inteligente, vai voltar daquele local, tomando a pedra como um obstáculo. A pessoa inteligente vai usar a pedra como uma escada. E a inteligência e a sabedoria são totalmente diferentes do que se chama intelecto.

Sem treinamento, o intelecto das crianças permanecerá como o dos animais. Não que venham a se tornar sábias, vão permanecer como animais selvagens. É claro, não teriam o obstáculo, mas também não teriam nenhum meio de subir. A pedra em si não é um obstáculo nem a escada uma ajuda.

Portanto, é necessário que todas as crianças passem pela formação intelectual. E essa formação, quanto melhor, mais profunda, quanto mais forte, maior; e essa pedra do intelecto, quanto maior, melhor, porque na mesma proporção é um meio de subir a maiores alturas. Aquele que fica esmagado sob esta pedra é o estudioso. Aquele que fica no topo desta pedra é o sábio. E aquele que, por medo, nem mesmo chega perto da pedra, é o ignorante.

O intelecto do ignorante nunca foi treinado, o intelecto do estudioso foi treinado mas não poderia ir além dele, o intelecto do sábio não só foi treinado, como também conseguiu ir além.

Evitar não ajudaria, tem que passar e ir além. E qualquer experiência pela qual a pessoa passa a intensifica, torna-a luminosa.

Assim, o intelecto da criança terá de ser treinado, sua lógica terá de ser afiada para que sirva como uma espada. Depois, se ela vai se cortar com a espada, cometer suicídio, ou salvar a vida de alguém, tudo vai depender de sua inteligência.

A lógica é apenas um meio. Pode-se utilizá-la para destruir a vida, daí então ela é destrutiva; pode-se usá-la para criar vida, daí então ela é criativa. Mas uma coisa é certa: apenas privar as crianças de intelecto não vai torná-las inteligentes. Elas seriam inocentes como os animais, mas não seriam meditativas como os sábios.

Já aconteceu algumas vezes de uma criança ter sido levada para a floresta por algum lobo. Cerca de quarenta anos atrás, duas dessas meninas foram encontradas perto de Calcutá. Há aproximadamente dez anos, uma outra criança que tinha sido criada por lobos foi encontrada em uma floresta perto de Lucknow. Essa criança era quase adulta, tinha cerca de 14 anos de idade. Nunca recebera qualquer educação humana, nunca conhecera qualquer escola, nunca estivera em companhia de qualquer humano. Foi levada pelos lobos enquanto ainda era um bebê de berço, portanto, cresceu com esses animais. Ela era incapaz até de ficar de pé sobre os dois pés, porque isto também faz parte do treinamento humano. Nunca pense que o ser humano fica de pé sobre os dois pés por conta própria, isso foi ensinado a ele.

O corpo humano é estruturado para andar de quatro. Nenhuma criança anda sobre dois pés quando nasce, ela anda de quatro, uma vez que andar sobre dois pés é um aprendizado. Ao perguntar a cientistas, a fisiologistas, eles dizem algo muito estranho. Dizem que o corpo humano pode nunca ser saudável como o dos animais, porque o corpo humano foi feito para andar sobre quatro pernas, mas ele inverteu o processo, ao andar sobre duas pernas e, consequentemente, todo o sistema é afetado. É como um carro que não foi projetado para subir uma montanha, as leis gravitacionais ficam desorientadas, pois, quando se anda no nível do chão de quatro, a pessoa está equilibrada, seu peso está distribuído igualmente sobre as quatro pernas, e seu corpo está paralelo à gravitação, pois há uma quantidade de força gravitacional ao longo de toda a sua coluna e, portanto, não há problema. No entanto, quando a pessoa fica de pé sobre as duas pernas, tudo é afetado. O sangue tem que fluir para cima, os pulmões têm que trabalhar mais, desnecessariamente. O tempo todo há uma luta contra a força da gravidade. A terra puxa para baixo. Por isso que não é de se estranhar quando alguém morre de insuficiência cardíaca. É raro os animais morrerem de ataque cardíaco, pois a debilidade do coração não se desenvolve em animais saudáveis e não pode ser evitada nos seres humanos. É um milagre que isso não aconteça com algumas pessoas, pois, em geral, está fadado a acontecer, em função de todo esse trabalho inverso de bombear o sangue que é feito continuamente, e que, apesar de ser uma necessidade, a natureza não a projetou para tal.

Assim, aquele menino que viveu com os lobos não podia andar sobre dois pés, podia apenas correr de quatro. E seu modo de correr também não era como o dos seres humanos, e sim como o dos lobos. Ele costumava comer carne crua como os lobos. Era muito robusto, até mesmo oito homens fortes encontraram dificuldade para segurá-lo e amarrá-lo, pois ele era quase um lobo. Poderia morder, arrancar fora uma porção de sua carne, afinal, ele era feroz! Não tinha se tornado um santo meditativo, tudo o que ele havia se tornado fora um animal selvagem. Incidentes similares aconteceram no Ocidente também: crianças educadas nas florestas por animais e que, portanto, foram encontradas como animais.

Em seguida, foram empreendidos esforços para dar formação a esse menino. Durante seis meses, foram dados todos os tipos de massagens e tratamentos elétricos, e ele mal podia ser colocado sobre dois pés. Bastava um pequeno lapso e ele voltaria a ficar de quatro, pois é muito difícil ficar sobre dois pés. Não se tem ideia da diversão de ficar de quatro, por isso as pessoas ficam de pé e sofrem.

Deram um nome para o menino. Cansaram de ensiná-lo e tudo o que ele conseguiu aprender e proferia antes de morrer foi uma única palavra: Rama. Ele só conseguia dizer o próprio nome. Em um ano e meio ele morreu. Os cientistas que estudaram o menino disseram que ele morreu por causa de todo esse treinamento, porque ele não era nada além de um filhote de algum animal selvagem.

Isso também demonstra o quanto a vida de uma criança pode estar morrendo ao enviá-la para a escola. Isso vai matar sua alegria, vai matar seu espírito selvagem. Esse é o problema nas escolas. Uma classe de trinta crianças, trinta animais selvagens, é entregue a um professor. A tarefa de torná-los civilizados caiu nas mãos dele. É por isso que não há outra profissão como a do professor. Não há outro ser humano mais angustiado do que um mestre. Seu trabalho é uma tarefa difícil!

Mas essas crianças terão de ser educadas, pois, caso contrário, não serão capazes de se tornar seres humanos. Serão inocentes, mas essa inocência será a da ignorância. O homem também é inocente por não saber, mas quando se torna inocente depois de saber, há o desabrochar da flor da vida.

O treinamento do intelecto é necessário e, consequentemente, a transcendência do intelecto.

E como alguém vai perder o que nem mesmo possui? Como é possível uma pessoa experimentar a paz que Einstein experimentará ao abandonar seu intelecto? Essa paz será incomparável, porque essa vai ser a paz depois da tempestade. A tempestade dessa pessoa ainda não chegou. O gosto que uma pessoa sente ao colocar o intelecto de lado após muita ginástica intelectual é como o gosto da saúde pura que se sente após se recuperar de alguma doença. A renúncia é uma grande felicidade no sentido de que a indulgência que a precede era um grande sofrimento.

As pessoas precisam passar pelo sofrimento do intelecto para que se possa alcançar a felicidade da sabedoria. Precisam passar pela angústia do mundo para que o êxtase supremo, despertando para o divino, possa lhes pertencer.

Elas terão que passar os opostos. Esse é o caminho.

A educação de cinco dimensões

A educação até agora esteve orientada para o objetivo: o que a pessoa está estudando não é importante, o que importa é o exame que virá depois de um ou dois anos. Isso faz com que o futuro seja mais importante do que o presente. Isso sacrifica o presente pelo futuro. E esse se torna o próprio estilo de vida das pessoas, no qual elas estão sempre sacrificando o momento por algo que não é presente. Isso cria um enorme vazio na vida.

A comuna da minha visão terá uma educação de cinco dimensões.

Antes de entrar nessas cinco dimensões, é preciso observar algumas questões. Uma: não deve haver nenhum tipo de exame como parte da educação, e sim a observação dos professores todos os dia, a cada hora, de modo que essas observações ao longo do ano decidam se o aluno deve avançar ou permanecer um pouco mais na mesma classe. Ninguém fracassa, ninguém passa de ano, a questão é que algumas pessoas são mais rápidas e algumas pessoas são um pouco preguiçosas. A ideia do fracasso cria uma ferida profunda de inferioridade, e a ideia de ser bem-sucedido também cria uma espécie diferente de doença, que é a da superioridade.

Ninguém é inferior, assim como ninguém é superior. Cada pessoa é única, incomparável. Assim, os exames não têm motivo de ser. Isso vai mudar toda a perspectiva do futuro para o presente. O que a pessoa faz correto neste momento será decisivo, e não cinco questões ao final de dois anos. Das muitas coisas que a pessoa passará durante esses dois anos, cada uma delas será decisiva, por isso a educação não será orientada para o objetivo.

O professor foi de enorme importância no passado, porque passara todos os exames, acumulara conhecimento. No entanto, a situação mudou, e esse é um dos problemas, porque as situações mudam, mas as respostas continuam a ser as antigas. Agora a explosão do conhecimento é tão vasta, tão grande, tão veloz, que não se consegue escrever um livro grande sobre qualquer assunto científico, porque no momento em que o livro estiver completo, estará desatualizado. Fatos novos e novas descobertas serão irrelevantes. Por isso é que, agora, a ciência tem que depender de artigos, de publicações especializadas, e não de livros. O professor foi educado trinta anos antes. Em trinta anos, tudo mudou, e ele continua repetindo o que lhe foi ensinado. Ele está desatualizado e está contribuindo para que seus alunos fiquem desatualizados. Portanto, na minha visão, o professor não tem lugar. Em vez de professores haverá guias, e a diferença tem de ser entendida: o guia vai dizer ao aluno onde, na biblioteca, encontrar as informações mais recentes sobre o assunto.

Ensinar não deve ser feito à maneira antiga, porque a televisão pode fazer isso de uma forma muito melhor, uma vez que pode trazer as informações mais recentes sem problema algum. O professor tem que apelar para os ouvidos dos alunos, enquanto a televisão recorre diretamente aos olhos e o impacto é muito maior, pois os olhos absorvem 80% das situações da vida das pessoas e são a parte mais ativa do ser humano. Se a pessoa quiser ver algo, não há necessidade de memorizar. Quase 98% da educação pode ser transmitida por meio da televisão, e as perguntas feitas pelos estudantes podem ser respondidas por computadores. O professor deve ser apenas um guia para mostrar ao aluno o canal certo, para mostrar a ele como usar o computador, como encontrar o livro mais recente. A função dos professores será totalmente diferente. Eles não vão transmitir conhecimento para os alunos, e sim torná-los cientes das fontes do conhecimento contemporâneo, das fontes de conhecimento mais recente. O professor será apenas um guia.

Com essas considerações, divido a educação em cinco dimensões. A primeira é informativa, como história, geografia e muitos outros assuntos que podem ser tratados por meio da televisão e do computador em conjunto. A segunda parte deve ser relacionada às ciências. Embora também possam ser transmitidas por meio da televisão e do computador, o guia humano será mais necessário, uma vez que são mais complicadas.

Na primeira dimensão entram também idiomas. Cada pessoa no mundo deve conhecer pelo menos duas línguas: uma é a língua materna e a outra é o inglês, como veículo de comunicação internacional. Os idiomas também podem ser ensinados de forma mais precisa por meio da televisão, pois o sotaque, a gramática, tudo pode ser ensinado de forma mais correta do que por professores humanos na sala de aula. Pode-se criar no mundo uma atmosfera de fraternidade: assim como a linguagem conecta as pessoas, ela também as desconecta. No momento não há nenhum idioma internacional.

Inglês é o idioma mais difundido, portanto, as pessoas devem abandonar seus preconceitos e olhar para a realidade. Houve muitos esforços para se criar línguas que evitassem preconceitos. Pode-se dizer que a língua do povo espanhol deveria ser a língua internacional, porque é falada por mais pessoas do que praticamente qualquer outra língua... Para evitar esses preconceitos, foram criadas línguas como o esperanto. No entanto, nenhum idioma criado foi capaz de dar certo. Existem algumas coisas que se desenvolvem, mas que não podem ser criadas, como é o caso da linguagem, que se desenvolve durante milhares de anos. O esperanto e outros idiomas criados são tão artificiais, que todos esses esforços fracassaram.

Mas é absolutamente necessário falar dois idiomas. Primeiro, a língua maternal, porque há sentimentos e nuances que só se pode dizer na língua nativa...

Um dos meus professores, um viajante do mundo que foi professor de filosofia em muitos países, costumava dizer que, com uma língua estrangeira a pessoa pode fazer tudo, mas quando se trata de briga ou para expressar o amor, é difícil sentir-se verdadeiro e sincero para com seus sentimentos. Assim, para expressar sentimentos e sinceridade, a língua nativa... que a pessoa absorve com o leite da mãe, que se torna parte de seu sangue, de seus ossos e de sua medula. Mas isso não é suficiente, pois cria pequenos grupos de pessoas e faz com que os outros sejam tidos como estranhos.

É absolutamente necessário que exista um idioma internacional como base para um mundo único, uma humanidade única. Assim, deve ser absolutamente necessário que todo mundo tenha dois idiomas. Isso entra na primeira dimensão.

A segunda dimensão é o inquérito sobre os assuntos científicos, que é de extrema importância, em função de ser metade da realidade, a realidade exterior. E a terceira dimensão será o que está faltando na educação hoje em dia, a arte de viver. As pessoas pressupõem que sabem o que é amor. Elas não sabem... e, no momento em que ficam sabendo, é tarde demais. Toda criança deve ser ajudada a transformar a raiva, o ódio, o ciúme em amor.

Uma parte importante da terceira dimensão deve ser também o bom humor. A chamada educação torna a pessoa triste e séria. E, se um terço da vida é perdido em uma universidade estando triste e séria, isso se torna enraizado, e a pessoa esquece a linguagem do riso, e a pessoa que esquece a linguagem do riso esqueceu grande parte da vida.

Assim, o amor, os risos e a familiaridade com a vida e suas maravilhas, seus mistérios... esses pássaros a cantar nas árvores não devem passar desapercebidos. As árvores, as flores e as estrelas devem ter uma conexão com o coração das pessoas. O nascer do sol e o pôr do sol não serão algo apenas exterior, devem ser algo interior também. A reverência pela vida deve ser a base da terceira dimensão.

As pessoas são tão irreverentes em relação à vida. Elas continuam a matar animais para comer, ao que chamam de "jogo", e, se o animal as come, dão o nome de calamidade! Estranho... em um jogo, devem ser dadas oportunidades iguais para ambas as partes. Os animais estão sem armas e os humanos têm metralhadoras ou flechas. Deve-se ensinar uma grande reverência pela vida, porque a vida é Deus e não há outro Deus que não seja a própria vida. E a alegria, o riso, o bom humor, em suma, um espírito de dança.

A quarta dimensão deve ser de arte e criatividade: pintura, música, artesanato, cerâmica, alvenaria, tudo o que é criativo. Deve-se permitir todas as áreas da criatividade, de modo que os alunos possam escolher. Deve haver apenas algumas matérias obrigatórias, como, por exemplo, um idioma internacional, uma certa capacidade de ganhar o próprio sustento, uma certa arte criativa. O aluno pode escolher a partir de todo o arco-íris das artes criativas, pois, se não aprender a criar, nunca se tornará parte da existência, que é constantemente criativa. Ao ser criativa, a pessoa torna-se divina: a criatividade é a única oração.

E a quinta dimensão deve ser a arte de morrer. Nesta quinta dimensão estarão todas as meditações, para que as pessoas possam saber que não há morte e para que se tornem cientes da existência de uma vida eterna dentro delas. Isso deve ser essencial, pois todo mundo irá morrer, ninguém pode evitar isso. E, sob o grande guarda-chuva da meditação, as pessoas podem ser apresentadas a Zen, a yoga, a hassidism, a todos os tipos e a todas as possibilidades que existem, e que não recebem atenção alguma da educação. Na quinta dimensão, as pessoas também devem estar cientes das artes marciais, como o aikido, o jiujítsu, o judô, que ao mesmo tempo, além de artes de autodefesa sem armas, são uma forma de meditação também.

A nova comuna terá uma educação completa, uma educação integral. Tudo o que é essencial deve ser obrigatório, e tudo o que não é essencial deve ser opcional. Pode-se escolher entre opções, que serão muitas. E, uma vez cumpridas as básicas, o aluno tem que aprender algo que goste, como música, dança, pintura. Ele tem que ter conhecimento para entrar em seu próprio interior, para conhecer a si mesmo. E tudo isso pode ser feito de forma muito fácil sem qualquer dificuldade.

Eu mesmo fui professor, e me demiti da universidade com uma nota que dizia: "Isso não é educação, isso é pura estupidez. Vocês não estão ensinando nada de significativo." No entanto, essa educação insignificante prevalece no mundo todo, sem fazer distinção, seja na União Soviética, seja nos Estados Unidos. Ninguém buscou uma educação mais completa, uma educação total. Neste sentido, quase todo mundo é ignorante, mesmo aqueles que têm níveis excelentes são ignorantes nas áreas mais vastas da vida. Alguns são mais ignorantes, alguns são menos, mas todo mundo é ignorante. E é impossível encontrar um homem educado, porque a educação como um todo não existe em lugar nenhum.

Normalmente, aquilo que é chamado de educação é praticamente contra a meditação. Não deveria ser assim, mas é assim. O significado original da palavra *educação* não é contra a meditação. Educar significa que qualquer coisa que esteja escondida no indivíduo deve ser trazida para fora. O indivíduo tem de desabrochar, este é o significado original de educação.

Isso é o que é meditação também: o ser humano tem que desabrochar em seu próprio ser. Ele não sabe o que ele vai ser, não sabe quais flores chegarão a ele, quais serão suas cores e quais serão seus perfumes, ele não sabe. Move-se em direção ao desconhecido. Ele simplesmente confia na energia da vida, que o deu à luz, que é seu alicerce, que é seu ser, é nisso que ele confia. Ele sabe que é filho deste universo, e que, se este universo o deu à luz, há de tomar conta dele também.

Quando a pessoa confia em si, confia em todo o universo também. E este universo é lindo. Basta ver... tantas flores nascem neste universo. Como alguém pode desconfiar dele? Essa enorme beleza está em toda parte. Como alguém pode desconfiar dele? Tal grandeza, tal graça, de uma pequena partícula de poeira às estrelas. Tal simetria, tal harmonia, como é que alguém pode desconfiar dele?

Bashō disse: "Se as flores nascem deste universo, então eu confio nele." Certo? Este é um grande argumento suficientemente lógico: "Se neste universo podem nascer tantas flores lindas, se uma rosa é possível, eu confio nele. Se uma flor de lótus é possível, eu confio nele."

A educação é uma relação de confiança em si mesmo e na existência, o que permite um desdobramento de tudo o que está oculto dentro da pessoa, trazendo tudo o que está interiorizado para fora. Mas ninguém está preocupado com ela. A sociedade está preocupada com as próprias ideias, ideologias, preconceitos, tecnologias, e continuam forçando as pessoas. A cabeça das pessoas é utilizada como um espaço vazio, e a sociedade fornece a mobília. Normalmente, a educação, ou qualquer coisa que esteja disponível em nome da educação, não é nada além do ato de preencher a mente das pessoas com conhecimento, porque o conhecimento tem alguma utilidade. Ninguém se incomoda com as pessoas, ninguém se incomoda com o destino delas. A sociedade precisa de mais médicos, de mais engenheiros, de mais generais, de mais técnicos, encanadores, eletricistas. Como precisa deles, força-os a se tornarem bombeiros, ou médicos, ou engenheiros. Não quero dizer que existe algo de errado em ser engenheiro ou médico, mas certamente há algo de errado se as pessoas são forçadas do lado de fora. Se alguém nasce para ser médico, será possível ver uma grande cura acontecendo em sua volta. Então será um curandeiro nato. Ele vai realmente ser um médico, seu toque será de ouro. Ele nasceu para ser aquilo.

Entretanto, quando é forçado de fora para dentro e a pessoa leva isso como uma profissão, porque é preciso viver e aprender e ganhar a vida, a pessoa a assume. Depois fica aleijada e esmagada sob o peso. E vai arrastando e arrastando, até que um dia morre. Nunca houve um momento de comemoração naquela vida. É claro, a pessoa vai deixar muito dinheiro para seus filhos para que eles próprios tornem-se médicos, para irem para a universidade, para a mesma universidade em que ela própria foi destruída. E seus filhos vão fazer o mesmo com seus filhos, e assim é que as coisas se perpetuam de uma geração para a outra. Não, não chamo isso de educação. É crime. É realmente um milagre que, apesar dessa educação, às vezes prospera um Buda no mundo. É um milagre. É simplesmente inacreditável como alguém pode escapar disso, pois se trata de uma metodologia para matar pessoas, dada a maneira como é estruturada. E as crianças pequenas são apanhadas pelo mecanismo desta educação, sem saber para onde estão indo e sem saber o que vai ser feito delas. No momento em que se tornam conscientes, já estão completamente corrompidas e destruídas. Quando elas têm condições de pensar sobre o que fazer com suas vidas, estão praticamente incapacitadas de se mover em qualquer outra direção.

Quando se tem 25 ou 30 anos, metade da vida se foi. Mudar agora parece ser muito arriscado. O indivíduo tornou-se médico, sua carreira vai bem e, de repente, um dia, ele percebe que isso não é o que ele estava destinado a seguir. Isso não é para ele. E agora, o que fazer? Então prossegue fingindo que é médico. E, se o médico não é feliz sendo médico, não vai ser de ajuda a nenhum paciente. Embora possa medicar o paciente, além de receitar medicamentos, ele não vai realmente ser uma força de cura. Quando um médico é realmente um médico, um médico nato... e todo mundo nasce para ser alguma coisa. É possível que a pessoa não note isso, pode até mesmo nem saber disso. Alguém é um poeta nato, não se pode fazer um poeta. Não há como fabricar poetas. Alguém é um pintor nato, não se pode fabricar pintores. Mas as coisas são colocadas de forma errada: o pintor está trabalhando como médico, o médico está trabalhando como pintor. O político está lá: talvez ele pudesse ter sido um bom encanador, no entanto, tornou-se primeiro-ministro ou presidente. E a pessoa que poderia ter sido um primeiro-ministro é encanador.

É por isso que no mundo há tanto caos: todo mundo está erroneamente colocado, ninguém está exatamente onde deveria estar. A educação correta será exatamente um caminho para a meditação. A educação errada ensina coisas que não servem para as pessoas. E, a menos que algo sirva para as pessoas, e as pessoas sirvam para isso, elas nunca poderão ser saudáveis e completas. Irão sofrer.

Geralmente, quando uma pessoa estudada se interessa por meditação, ela tem que desaprender tudo o que aprendeu. Tem que voltar à infância novamente e começar a partir daí, desde o beabá. É por isso que insisto em certas meditações, nas quais a pessoa possa se tornar criança novamente. Quando dança, a pessoa age mais como criança do que como uma pessoa adulta.

As pessoas que têm alguma respeitabilidade tornam-se muito presas, e não podem fazer nada, uma vez que não podem colocar sua respeitabilidade em risco. Elas têm medo. Não são felizes, não sabem o que é a felicidade e nem sabem exatamente o que significa estar vivo, mas são respeitáveis. Assim, apegam-se à sua respeitabilidade e, depois, morrem. Nunca chegam a viver, morrem antes mesmo de começar a viver. São muitas as pessoas que morrem antes mesmo de terem vivido.

As minhas meditações são para trazer as pessoas de volta à infância, quando não eram respeitáveis, quando podiam fazer maluquices, quando eram inocentes, e não corrompidos pela sociedade, quando ainda não tinham aprendido nenhum truque no mundo, quando eram de outro mundo, de um mundo irreal. Quero que as pessoas voltem para esse ponto e, a partir daí, comecem de novo. E esta é a vida delas. A respeitabilidade ou o dinheiro são prêmios de consolação, não são prêmios reais. Não devem se deixar enganar por eles.

Não se pode comer respeitabilidade, não se pode comer dinheiro, assim como não se pode comer prestígio social. São apenas jogos insignificantes, estúpidos, medíocres. Aquele que é inteligente o suficiente vai entender que é preciso viver a própria vida e que não deve se incomodar com outras coisas. Todas as outras considerações são insignificantes, o que importa é a vida de cada um. É preciso vivê-la de forma autêntica, com amor, com grande paixão e grande compaixão, e com muita energia. É preciso tornar-se uma onda de felicidade. Tudo o que for necessário para isso, deve ser feito.

Será necessário desaprender. Desaprender significa parar essas rotas erradas, ou seja, as pessoas param de se mover em direção a esses caminhos errados, para os quais foram forçadas, persuadidas e seduzidas pela sociedade a seguir. As pessoas assumem o comando da própria vida e se tornam seu próprio mestre. Esse é o significado do *sannyas*. O verdadeiro *sannyasin* é aquele que não se preocupa com a opinião dos outros, aquele que decidiu viver sua vida como quer vivê-la. Não quero dizer para as pessoas serem irresponsáveis. Quando começa a viver a vida com responsabilidade, a pessoa não só se preocupa consigo, mas também com os outros, porém de uma forma totalmente diferente. Agora a pessoa vai tomar todo o cuidado para não interferir na vida de mais ninguém – isso é que é responsabilidade. Ela não permite que ninguém interfira em sua vida e, naturalmente, não vai interferir na vida de ninguém. Não quer ninguém para guiar sua vida, não quer que sua vida seja uma viagem guiada. Uma viagem guiada não é uma viagem. A pessoa quer explorar sua própria trilha. Quer entrar na floresta sem nenhum mapa, de modo que também possa ser um explorador, que também possa desbravar alguns pontos pela primeira vez. Se a pessoa carregar um mapa, sempre chegará ao local em que outras pessoas já chegaram antes. Nunca é novo, nunca é original, nunca é virgem. Já está contaminado, corrompido. Muitas pessoas já passaram por ele, existe até mapa.

Quando eu era criança, fiquei surpreso no templo que meus pais costumavam visitar: havia mapas do céu e do inferno e de *moksha*, a libertação final. Um dia eu disse ao meu pai:

– Se existem mapas sobre *moksha*, então não estou interessado nele.

– Por quê? – perguntou meu pai.

– Se existem mapas, já estão podres. Muitas pessoas chegaram lá, até mesmo os cartógrafos chegaram lá. Tudo está medido, tem nome e rótulo. Isso parece ser apenas uma extensão do mesmo velho mundo. Não é nada novo. Eu gostaria de andar por um mundo que não tenha nenhum mapa. Eu gostaria de ser um explorador – esclareci.

Naquele dia deixei de ir ao templo.

– Por que não vem agora? – meu pai me perguntou.

– Remova aqueles mapas. Não posso tolerar aqueles mapas lá. Eles são muito ofensivos. Apenas pense sobre isso: até mesmo o *moksha* é mensurado? Então não há nada que não seja mensurável! – indaguei.

Todos os Budas já disseram que a verdade é imensurável, todos os Budas já disseram que a verdade não é apenas desconhecida, mas também impossível de ser conhecida. É um mar inexplorado: basta pegar um barco pequeno e entrar no mar inexplorado.

Assume-se uma aventura. É arriscado e perigoso. Mas é no risco e no perigo que a alma amadurece, torna-se integrada.

Para mim, se a educação estiver correta, ela vai ser apenas uma parte da meditação, e a meditação vai ser o último ponto da educação. Se a educação estiver correta, as universidades não devem ficar contra o universo. Elas podem ser apenas locais de treinamento, trampolins para o universo. Se a educação estiver correta, ela vai se preocupar com a pessoa no que diz respeito à felicidade, à música, ao amor, à poesia, à dança. Vai ensiná-la a se abrir. Vai ajudá-la a vir para fora de seu próprio ser, a desabrochar, a crescer, a se abrir para se desenvolver.

A educação é religiosa se fizer com que a pessoa seja corajosa o suficiente para se aceitar, viver sua vida, e tornar-se uma oferenda para a existência à sua própria maneira, que é única.

Ao ouvir os pássaros, eu me lembro... do lado de fora da minha sala de aula, no colégio, havia mangueiras lindas. E é nas mangueiras que os cucos fazem seus ninhos. Este é um cuco que está chamando agora, e não há nada mais doce do que o som de um cuco.

Então, eu costumava sentar perto da janela, e ficava olhando os pássaros, as árvores, e meus professores ficavam muito irritados.

– Você tem que olhar para o quadro-negro – diziam os professores.

– É a minha vida, e tenho todo o direito de escolher para onde olhar. Lá fora é tão bonito – tem o canto dos pássaros, e as flores, e as árvores, e o sol que entra pelas árvores –, que não acho que o seu quadro pode ser um concorrente – eu respondia.

Um professor ficou tão zangado que me disse:

– Então você pode sair e ficar lá do lado de fora da janela, se não estiver preparado para olhar para o quadro, pois estou ensinando matemática, enquanto você está olhando para as árvores e para os pássaros.

– Você está me dando uma grande recompensa, e não uma punição – respondi, e disse adeus a ele.

– O que quer dizer? – perguntou o professor.

– Nunca vou entrar, vou ficar todo dia do lado de fora da sala de aula – respondi.

– Você deve estar louco. Vou comunicar isso ao seu pai, à sua família: "vocês estão desperdiçando dinheiro com ele, pois ele está ficando do lado de fora" – disse o professor.

– Pode fazer o que quiser. Sei como lidar com as coisas junto ao meu pai. E ele sabe perfeitamente bem que, se eu decidi, então vou ficar do lado de fora da janela, e nada pode mudar isso – esclareci.

O diretor costumava me ver do lado de fora da janela todos os dias, quando vinha dar uma volta. Ele ficava intrigado com o que eu estava fazendo lá todo dia. No terceiro ou quarto dia, ele veio até mim e perguntou:

– O que está fazendo? Por que você continua a ficar aqui?

– Fui recompensado – respondi.

– Recompensado? Pelo quê? – perguntou o diretor.

– Apenas fique do meu lado e ouça o canto dos pássaros. E a beleza das árvores... Acha que ao olhar para o quadro e aquele professor estúpido... porque só estúpidos se tornam professores, pois não conseguem encontrar nenhum outro emprego. A maioria deles tem formação de terceiro grau acadêmico. Portanto, não quero olhar para esse professor nem para o quadro. No que diz respeito à matemática, não precisa se preocupar, vou dominá-la. Mas não posso perder essa beleza – argumentei.

Ele ficou ao meu lado e comentou:

– Com certeza é lindo. Sou diretor há vinte anos nesta escola, e nunca vim aqui. Concordo com você que isso é uma recompensa. Quanto à questão da matemática, tenho mestrado em matemática. Você pode vir à minha casa a qualquer hora que vou lhe ensinar matemática. Continue a ficar do lado de fora.

Assim, consegui um professor melhor, o diretor da escola, que era um matemático melhor. E o meu professor de matemática ficou muito confuso. Achou que eu ficaria cansado depois de alguns dias, mas já havia passado um mês inteiro. Então saiu e disse:

– Sinto muito. É duro para mim, sempre que estou na classe, você ter de ficar lá fora por minha ordem. E você não causou nenhum mal. Pode sentar-se do lado de dentro e olhar para onde você quiser.

201

– Agora é tarde – disse a ele.

– Como assim? – perguntou o professor.

– Quero dizer que agora eu gosto de ficar do lado de fora. Sentado atrás da janela só dá para ver uma porção muito pequena das árvores e dos pássaros, enquanto que daqui dá para ver milhares de mangueiras. E quanto à matemática, o próprio diretor está me ensinando. Toda noite vou até ele – esclareci.

– O quê? – indagou ele.

– Sim, pois ele concordou comigo que se trata de uma recompensa – expliquei.

O professor se dirigiu ao diretor e disse:

– Isso não pode ser assim. Eu o havia punido e você o está incentivando.

– Esqueça punição e incentivo. Você também deveria ficar do lado de fora em algum momento. Agora mal posso esperar. Antes eu costumava sair para dar uma volta como rotina, mas agora mal posso esperar por isso. A primeira coisa que tenho a fazer é sair para dar uma volta e ficar com aquele garoto e olhar para as árvores – explicou o diretor. – Pela primeira vez, aprendi que há coisas melhores do que matemática, ou seja, o som dos pássaros, as flores, as árvores verdes, os raios de sol passando pelas árvores, o vento soprando e cantando sua canção por entre as árvores. De vez em quando você também deveria sair e acompanhar o garoto – continuou o diretor.

O professor voltou muito arrependido e disse:

– O diretor me contou o que aconteceu. Então, o que devo fazer? Devo trazer a classe toda para fora?

– Isso seria ótimo. Podemos sentar sob essas árvores, e você pode dar sua aula de matemática. Mas eu não vou assistir à aula, mesmo que você me reprove, o que não pode fazer, porque agora eu sei mais matemática do que qualquer aluno da classe. E eu tenho um professor melhor. Você tem bacharel em matemática, enquanto o diretor tem mestrado, com medalha de ouro – respondi.

O professor pensou sobre isso durante alguns dias e, quanto fui lá numa manhã, vi que a classe toda estava sentada sob as árvores. Então eu disse:

– Seu coração ainda está vivo, a matemática não o matou.

Você poderia falar sobre educação religiosa?

Toda criança é criada e condicionada em uma determinada religião. É um dos maiores crimes contra a humanidade. Não há crime maior do que poluir a mente de uma criança inocente com ideias que vão se tornar entraves em sua descoberta da vida.

No momento em que quiser explorar algo, é preciso ser absolutamente imparcial. Não se pode explorar a religião como um muçulmano, como um cristão, como um hindu. Essas são as maneiras de impedir que as pessoas descubram a religião.

Toda sociedade, até agora, tenta doutrinar todas as crianças. Antes mesmo que a criança seja capaz de fazer perguntas, já lhe são dadas as respostas. Dá para perceber a estupidez disso? A criança nem fez a pergunta e já estão lhe fornecendo a resposta. O que estão fazendo, na verdade, é matar a própria possibilidade de surgir uma pergunta. As pessoas encheram a mente da criança com as respostas. E, a menos que ela tenha suas próprias questões, como será possível que a criança produza a sua própria resposta? A busca tem que ser realmente da criança. Não pode ser emprestada, não pode ser herdada.

No entanto, esse absurdo permaneceu por séculos. Há interesse por parte do padre, do político, dos pais em fazer algo da criança antes que ela descubra quem ela é. Eles têm medo que, se ela vier a descobrir quem é, ela se torne rebelde e perigosa para os interesses escusos. Depois, ela será um indivíduo, que vai viver em seu próprio direito, e não viver uma vida emprestada.

As pessoas têm tanto medo que, antes que a criança se torne capaz de perguntar, questionar, começam a encher a mente dela com toda espécie de bobagens. A criança é indefesa. É natural que ela acredite na mãe, no pai e, é claro, no padre em quem o pai e a mãe acreditam. O grande fenômeno da dúvida não surgiu ainda.

E esta é uma das coisas mais preciosas da vida, a dúvida, porque, se a pessoa não duvidar, não consegue explorar.

É preciso aprimorar suas forças para a dúvida, de modo que a pessoa possa eliminar todo o lixo e fazer perguntas que ninguém possa responder. Apenas a sua própria busca, a sua própria investigação, vai ajudá-la a concretizá-las. A questão religiosa não é algo que possa ser respondido por outra pessoa. Ninguém mais pode amar em seu nome. Ninguém mais pode viver em seu nome.

Cada pessoa tem que viver a própria vida, e tem que procurar e buscar as questões fundamentais da vida.

A menos que a pessoa descubra a si mesma, não há alegria, não há êxtase. Se Deus é apenas dado à pessoa, já pronto, não vale nada, não tem nenhum valor. Mas é assim que está sendo feito.

O que as pessoas chamam de ideias religiosas não são religiosas, mas apenas superstições transmitidas ao longo dos séculos, e há tanto tempo, que somente a sua antiguidade os fez parecer como verdade.

É impossível uma criança duvidar. Todas essas pessoas estão erradas? E estas não são apenas as únicas pessoas. Os pais delas, e os pais dos pais, por milhares de anos, acreditam nestas verdades. Não podem estar todos errados. "E eu, uma criança pequena, contra toda a humanidade..." A criança não consegue criar coragem. Começa a reprimir qualquer possibilidade de dúvida. E todo mundo ajuda a reprimir a dúvida: "A dúvida é do diabo. A dúvida é um grande, talvez o maior, pecado. A crença é uma virtude. Acredite e vai encontrar, duvide e terá perdido na primeira etapa."

A verdade é exatamente o oposto. Acredite e nunca vai encontrá-la. E, o que quer que encontre, não será nada além da projeção de sua própria convicção, não será verdade.

O que a verdade tem a ver com a crença?

É preciso duvidar, e duvidar totalmente, pois a dúvida é um processo de limpeza. Traz para fora todo o lixo da mente. Faz com que a pessoa volte a ser inocente outra vez, de novo a criança que foi destruída pelos pais, pelos padres, pelos políticos, pelos pedagogos. É preciso desvendar aquela criança novamente. É preciso começar a partir daquele ponto.

Nasci em uma família jainista. No jainismo não se acredita em Deus, não há nenhum Deus como criador. Como o condicionamento do jainismo não incute a ideia de Deus em suas crianças, nenhuma criança jainista, ou nenhum idoso jainista jamais há de perguntar: "Quem criou o mundo?" Eles foram condicionados, desde o princípio, a aceitar que o mundo existe de eternidade a eternidade, que não há ninguém que seja um criador, e que não há necessidade. Por isso a questão não se aplica.

O budista nunca faz a pergunta: "O que é Deus, onde está Deus?", porque o budismo não acredita em Deus. E as crianças são condicionadas dessa forma. Quando as pessoas perguntam sobre Deus, acham que se trata de uma pergunta delas, mas não é! Podem ter nascido em famílias hindus, em famílias cristãs, em famílias judias, e podem ter tido suas mentes condicionadas a aceitarem que existe um Deus. Receberam uma determinada imagem de Deus, e certas ideias sobre Ele. E foram criadas com tanto medo que o fato de ter dúvida é perigoso. Uma criança pequena é condicionada a ter medo do inferno eterno, onde as pessoas serão jogadas ao fogo, vivas, e vão queimar, mas não vão morrer. Naturalmente, a dúvida não parece ser tão significativa a ponto de assumir tal risco. E as pessoas estão tão motivadas que, se acreditarem – simplesmente acreditarem – todos os prazeres, todas as alegrias da vida lhes pertencerão. Acredite, e está do lado de Deus; duvide, e está ao lado do diabo.

A criança pequena é obrigada a comprar qualquer porcaria que os pais e familiares dão a ela. Ela tem medo. Ela tem medo de ficar sozinha à noite, em casa, e os pais estão falando sobre o inferno eterno: "Você segue caindo cada vez mais na escuridão, e não há fim para isso, e você nunca pode sair disso." Naturalmente, a criança simplesmente foge da dúvida, fica com tanto medo que não vale a pena. E a crença é tão simples. Nada é esperado da criança, além da crença no Pai, no Filho e no Espírito Santo… basta acreditar que Jesus é o filho de Deus, e o messias… e que ele veio para redimir toda a humanidade… e vai redimir todos vocês também. Que tal não ser redimido de forma tão barata? Não se exige muito das pessoas. Basta que acreditem, e tudo será resolvido em seu favor. Portanto, por que as pessoas devem optar pela dúvida? Devem, naturalmente, optar pela crença.

Isso acontece quando as pessoas são tão jovens, e depois elas seguem seu crescimento. Assim, a crença e o condicionamento, e as ideias e a filosofia, todas seguem no topo, de modo que é muito difícil cavar e descobrir que houve um dia em que as pessoas também eram cheias de dúvidas. A dúvida foi esmagada, colocada longe da vista. Houve um dia em que as pessoas estavam relutantes em acreditar, mas foram persuadidas. Todos os tipos de recompensas foram colocados diante delas.

Pode-se persuadir uma criança pequena dando-lhe um brinquedo apenas, e com isso a criança terá recebido todo o paraíso.

O fato de alguém conseguir persuadir uma criança a acreditar não significa que se tenha feito um grande milagre. Trata-se de uma exploração muito simples.

Talvez essa pessoa esteja fazendo isso inconscientemente, pois ela própria também passou pelo mesmo processo.

Uma vez fechadas as portas da dúvida, a pessoa terá fechado as portas da razão, do pensamento, dos questionamentos, das investigações. Não é mais realmente um ser humano. Com as portas da dúvida fechadas, a criança é apenas um zumbi hipnotizado, condicionado, persuadido pelo medo, pela ganância, a acreditar em coisas que nenhuma criança normal acreditaria se todas essas coisas não fossem planejadas.

E, uma vez que tenha deixado de duvidar e de pensar, a pessoa pode acreditar em qualquer coisa que seja. Daí, não há dúvida.

Somente a partir da infância inocente é que começa uma investigação real sobre a verdade. Apenas a partir daí é que a religião é possível.

Um garotinho fez o seguinte resumo de sua lição da escola dominical:

– Houve esses judeus que saíram de um campo de prisioneiros no Egito. Eles correram e correram até que chegaram a um grande lago. Os guardas da prisão estavam se aproximando, então os judeus pularam na água e nadaram até alguns barcos que estavam esperando por eles. Os guardas entraram em submarinos e tentaram torpedear os barcos, mas os judeus detonaram bombas de profundidade e explodiram todos os submarinos, e chegaram em segurança do outro lado. Todo mundo chamava o almirante pelo primeiro nome, Moisés.

O pai do garoto perguntou:

– Filho, você tem certeza de que foi isso que o professor te contou?

– Pai – respondeu o garoto –, se você não pode acreditar na minha história, jamais acreditaria na que o professor contou.

Ora, contar histórias estúpidas às crianças não vai ajudá-las a se tornarem religiosas, pelo contrário, vai ajudá-las a se tornarem antirreligiosas. Quando crescerem, vão saber que todas essas doutrinas religiosas eram contos de fadas. Deus, Jesus Cristo, todos vão se transformar, mais tarde, em Papai Noel na mente da criança, ou seja, ilusões, fábulas, para mantê-la ocupada. E, depois que as crianças souberem que o que lhes foi dito como absoluta verdade era só mentira e nada mais, algo muito valioso terá sido destruído em seu ser. Elas nunca vão se interessar pela religião.

Minha própria observação é que o mundo está se tornando cada vez mais não religioso por causa do ensino religioso.

O quanto você se lembra do que lhe foi ensinado? Ninguém sequer se lembra, tudo é jogado no lixo. O professor pode continuar ensinando... ninguém está ouvindo. As crianças são impotentes e, como são obrigadas a ir à escola dominical, então vão. Elas têm que ouvir, então elas ouvem, mas não estão lá. E, mais tarde, dizem e sabem que tudo aquilo era só bobagem. Nos dias de hoje, se uma pessoa disser a uma criança que Deus criou o mundo há 4.004 anos antes de Jesus Cristo, a criança vai sorrir para ela. A criança atual sabe que "ou você está me enganando, ou está em total ignorância".

O mundo existe há milhões de anos. Na verdade, nunca houve um começo. Deus não é o criador, na realidade, mas a criatividade. E dizer para uma criança que Deus terminou o mundo em seis dias e depois descansou no sétimo dia porque estava cansado! Ora, isso significa que, desde então, ele não se preocupou mais com a humanidade!

Um homem foi ao seu alfaiate e lhe perguntou.

— Quanto tempo vai levar para o meu terno ficar pronto? Você vem prometendo já há seis semanas, e você diz repetidas vezes: "Venha de novo, venha de novo..." E você sabe? Deus criou o mundo em apenas seis dias? Em seis semanas você não foi capaz nem mesmo de criar meu terno.

E sabe o que o alfaiate disse?

— Sim, eu sei. Então olhe para o mundo e depois olhe para o meu terno, e vai ver a diferença. O mundo está uma bagunça. Isso é o que acontece quando se cria algo em seis dias — argumentou o alfaiate.

Quando os Eisenbergs mudaram-se para Roma, o pequeno Hymie chegou em casa da escola em lágrimas. Explicou para a mãe que as freiras estavam sempre fazendo perguntas católicas e como ele, um bom menino judeu, poderia saber as respostas? O coração da sra. Eisenberg encheu-se de compaixão maternal.

— Hymie — disse ela — Vou bordar as respostas do lado de dentro da sua camisa, e é só você olhar para baixo e lê-las da próxima vez que aquelas freiras te azucrinarem.

— Obrigado, mãe — disse Hymie.

Quando a Irmã Michele lhe perguntou quem era a virgem mais famosa do mundo, ele nem piscou o olho.

— Maria — respondeu ele.

— Muito bem — elogiou a freira. — E quem era o marido dela?

— José — respondeu o menino.

— Vejo que você tem estudado. Agora, pode me dizer o nome do filho deles?

— Claro — disse Hymie. — Calvin Klein.

O pequeno Ernie estava cansado do longo sermão na igreja. Com um sussurro alto, ele perguntou à sua mãe:

— Se lhe dermos dinheiro agora, ele vai nos deixar sair?

Como ensinar as crianças a terem moral e serem religiosas?

A inteligência é a fonte de toda religiosidade e moralidade, e as crianças são mais inteligentes do que os adultos. Os adultos devem aprender com elas em vez de ensiná-las. Eles devem abandonar essa ideia estúpida de que têm que ensinar as crianças. Basta observá-las, ver sua autenticidade, sua espontaneidade, sua capacidade de observação, ver como são atentas, como são cheias de vida e de alegria, e de entusiasmo, cheias de admiração e reverência.

A religião surge na admiração e na reverência. Se a pessoa puder sentir admiração, se puder sentir respeito, ela é religiosa. Não por meio da leitura da Bíblia, do Gita ou do Alcorão, mas pela experiência da admiração. Quando vê o céu cheio de estrelas, sente uma dança no coração? Sente uma música surgir em seu ser? Sente uma comunhão com as estrelas? Então, quem sente é religioso. Ninguém é religioso ao frequentar a igreja ou o templo, ou ao repetir orações emprestadas que não tem nada a ver com o coração, que são somente assuntos da cabeça.

A religião é um caso de amor com a existência. E as crianças já estão neste caso. Tudo o que é necessário da parte dos adultos é não destruir as crianças. Devem ajudá-las a manter sua admiração viva, a permanecerem sinceras, autênticas e inteligentes. Mas acabam destruindo as crianças. É isso que vocês querem, na verdade, ao fazer esta pergunta: "Como podemos ensinar...?"

A religião nunca pode ser ensinada, pode somente ser captada. Quem é religioso? Quem tem a vibração da religião em volta de si? Aquele que é religioso não vai fazer uma pergunta tão estúpida. Então, seus filhos vão aprender apenas por estar com ele. Se eles o veem com lágrimas de alegria ao assistir ao pôr do sol, eles estão sujeitos a serem afetados, e vão cair em silêncio. Não é preciso dizer a eles que fiquem em silêncio, pois vão ver as lágrimas e vão entender a linguagem.

Observe a inteligência das crianças. E sempre que encontrar inteligência, alegre-se e ajude-as, e diga a elas: "Este é o caminho que você deve continuar seguindo."

O pai criticou o sermão, a mãe achou que o organista cometeu um monte de erros, e a irmã não gostou do canto do coro. No entanto, eles mudaram de ideia quando o filho mais novo disse: "Ainda assim, foi um bom show por vinte centavos."

O proprietário de uma granja queria fazer com que seu filho se comportasse melhor, portanto, desenvolveu uma lição prática.
– Você vê, meu filho? As galinhas que eram más foram comidas por uma raposa.
– E daí? – respondeu o filho. – Se tivessem sido boas, nós a teríamos comido!

Duas crianças de 6 anos examinavam uma pintura abstrata em uma loja de presentes. Ao olhar para uma mancha de tinta, um deles falou: "Vamos correr, antes que digam que fizemos isso!"

Um pai voltou para casa de seu dia habitual no escritório e encontrou o filho pequeno, que parecia muito infeliz, nos degraus da frente.
– O que há de errado, filho? – perguntou o pai.
– Fica entre nós – disse o menino. – Eu simplesmente não consigo me dar bem com sua esposa.

Um pai levou seu filho a uma ópera pela primeira vez. O regente começou a agitar a batuta e a soprano começou sua ária. O menino por fim perguntou:

– Por que ele está batendo nela com sua vara?
– Ele não está batendo nela, está apenas agitando-a no ar – explicou-lhe o pai.
– Então por que ela está gritando?

Basta observar crianças pequenas por pouco tempo para perceber a inteligência delas.

Johnny acabara de chegar em casa depois de seu primeiro dia na escola.
– Bom, querido – perguntou-lhe a mãe –, o que lhe ensinaram?
– Não muito – respondeu o filho. – Tenho que ir de novo.

Se as pessoas observarem as crianças pequenas, sua inventividade, sua inteligência, sua constante exploração do desconhecido, sua curiosidade, sua investigação, vão perceber que não precisam ensinar nenhuma crença a elas.

É preciso ajudar a criança a compreender e lhe dizer que deve encontrar sua própria religião.

Não se permite que as crianças votem, pois, por ideologia política, elas têm que esperar até os 21 anos, quando se acredita que estão maduras o suficiente para votar. E, segundo a ideologia religiosa, elas estão maduras o suficiente quando têm 4 ou 5 anos! Alguém acha que a educação religiosa é de menor grau do que a educação política? Alguém acha que, para pertencer a um partido político, é preciso ter uma inteligência superior, mais maturidade, do que para pertencer a uma religião? Se 21 anos é a idade para a maturidade política, então pelo menos 42 anos deveria ser a idade para a maturidade religiosa. Antes dos 42 anos, ninguém deveria escolher nenhuma religião. É preciso investigar, pesquisar e explorar em todas as direções possíveis.

Quando a pessoa se decide por uma religião por conta própria, tem um significado; quando lhe é imposta, significa escravidão. Quando a pessoa escolhe a religião, há comprometimento, há envolvimento.

E a moralidade é consequência da religião. Quando a pessoa sente no coração o surgimento da religião e a ocorrência de um relacionamento, de uma comunhão com a existência, ela se torna virtuosa. Não é uma questão de seguir os mandamentos, não é uma questão de dever e não dever fazer; é uma questão de amor, de compaixão. Quando a pessoa está em silêncio, surge uma profunda compaixão por toda a existência e, a partir dessa compaixão, ela se torna moral. Ela não é capaz de ser cruel, não consegue matar, não pode destruir. Quando está em silêncio, em êxtase, a pessoa começa a se tornar uma bênção a todas as outras pessoas. Esse fenômeno de tornar-se uma bênção a todos é a verdadeira moralidade.

A moralidade não tem nada a ver com os chamados princípios morais. Esses princípios apenas criam hipócritas: apenas pessoas falsas com dupla personalidade. Uma humanidade esquizofrênica surgiu por causa de milhares de padres, denominados santos e mahatmas, e seus ensinamentos contínuos: "Faça isso, não faça aquilo". Não ajudam as pessoas a terem consciência, a verem o que é certo e o que é errado. Não lhes dão olhos, dão somente direções.

Meu esforço aqui é ajudar as pessoas a abrirem seus olhos, destaparem seus olhos, removerem toda espécie de cortina de seus olhos, para que possam ver o que é certo. E, quando a pessoa vê o que é certo, ela é obrigada a fazê-lo, não pode fazer o contrário. Quando vê o que é errado, não pode fazê-lo, é impossível.

A religião traz clareza, e a clareza transforma o caráter das pessoas.

Você sempre diz para as pessoas não julgarem a si mesmas ou aos outros. Sou professor e, devido ao meu trabalho, tenho de julgar meus alunos. Agora estou preocupado com a maneira como devo lidar com o meu trabalho. Pode me ajudar?

O fato de eu ter dito que as pessoas não devem julgar, não significa que, em função de ser um professor, você não possa dizer a um aluno: "Sua resposta não está correta." Não está julgando a pessoa, está julgando o ato. E não estou dizendo para não julgar o ato, o que é algo totalmente diferente.

Por exemplo, se alguém é um ladrão, pode-se julgar que roubar não é bom. No entanto, não se deve julgar a pessoa, pois a pessoa é um fenômeno amplo e o ato é algo pequeno. O ato é uma parte tão pequena... essa parte pequena não deve se tornar um julgamento completo sobre a pessoa. Um ladrão pode ter muitos valores bons, como por exemplo, ele pode ser verdadeiro, ele pode ser sincero, ele pode ser uma pessoa muito amorosa.

Mas, na maioria das vezes, o que acontece é exatamente o oposto: as pessoas começam a julgar a pessoa e não a ação. As ações têm de ser corrigidas, principalmente em uma profissão como a do professor, em que tem que se corrigir, pois não se pode deixar que os alunos continuem a fazer coisas erradas. Vai ser muito cruel, impiedoso, mas não é preciso corrigi-los de acordo com a tradição, com a convenção, com a dita moralidade, com os próprios preconceitos de quem ensina. Sempre que corrigir alguém, é preciso estar com espírito meditativo e muito tranquilo, para que possa analisar a coisa a partir de todas as perspectivas. Talvez os alunos estejam fazendo a coisa certa e, consequentemente, a prevenção do professor não estará correta.

Portanto, quando digo: "Não julgue", quero apenas dizer que nenhuma ação dá a alguém o direito de condenar o outro. Se a ação não está certa, deve-se ajudar a pessoa que errou. É preciso ajudar essa pessoa a descobrir por que a ação não está certa, mas não se trata de julgamento. Não se deve afetar a dignidade da pessoa, humilhá-la, fazê-la sentir-se culpada. Isso é o que quero dizer quando digo: "Não julgue." Por outro lado, quanto ao ato de corrigir, quando se vê que algo está errado e que vai destruir a inteligência da pessoa e levá-la pelos caminhos errados da vida, é preciso ajudá-la, e que seja sem preconceitos, com tranquilidade e de forma consciente.

A função do professor não é apenas ensinar coisas fúteis, como geografia, história e todo tipo de bobagem. A função básica do professor é levar os alunos a uma conscientização melhor, a uma consciência mais elevada. Este deve ser seu amor e sua compaixão, além de ser o único valor com o qual deva julgar qualquer ação como certa ou errada.

Mas nunca, em momento algum, deixe que a pessoa sinta que é condenada. Pelo contrário, deixe que ela sinta que é amada, pois é através do amor que se deve tentar corrigi-la.

Um rapaz deitado em uma cama de hospital, voltando da anestesia, desperta e se depara com o médico sentado ao lado dele.

– Tenho uma má notícia e uma boa notícia para você – diz o médico. – Qual gostaria primeiro, a má ou a boa?

– Aaagh – geme o rapaz –, me conta a má.

– Bem – diz o médico. – Tivemos que amputar suas pernas abaixo do joelho.

– Aaagh – geme o rapaz –, que coisa horrível.

Depois de se recuperar do choque, ele pergunta ao médico pela boa notícia.

— Bem — respondeu o médico —, o homem da cama ao lado gostaria de comprar seus chinelos!

Basta não ser sério! Não pense que o trabalho de professor exige que a pessoa seja muito séria. Olhe a vida com olhos mais lúdicos... é realmente hilário! Não há nada a ser julgado, todo mundo está fazendo o seu melhor. Se uma pessoa se sente perturbada por outra, o problema é dela própria, e não da outra. É preciso primeiro corrigir a si mesmo.

Sou professora de escola infantil, dou aula para crianças de 4 e 5 anos de idade. Tem alguma coisa que pode me dizer para me ajudar a realizar esse trabalho da melhor forma possível?

Estar com crianças é uma das coisas mais bonitas do mundo. Mas é preciso aprender a lidar com elas, caso contrário, pode ser a coisa mais tediosa do mundo. É preciso amar estar com elas, caso contrário, é uma das coisas mais frustrantes. Pode deixar a pessoa louca. Pode levar a pessoa a um colapso nervoso, pois as crianças são muito barulhentas, muito incivilizadas, sem cultura... como animais. Elas podem deixar qualquer um louco! Uma criança já é suficiente para levar qualquer um à loucura, portanto, um monte de crianças, uma classe inteira delas, é realmente difícil. Mas para aquele que ama, é uma grande profissão.

Portanto, o professor não deve apenas ensiná-los, é preciso que aprenda também, pois as crianças ainda têm algo que ele perdeu. E que elas também vão perder, mais cedo ou mais tarde. Antes que elas percam, deve aprender com elas. Elas ainda são espontâneas, ainda são destemidas, ainda são inocentes. E vão perder isso tudo rapidamente. Quanto mais a civilização se desenvolve, mas cedo termina a infância. Antes, ela costumava terminar por volta dos 14, 15, 16 anos. Agora, mesmo uma criança de 7 anos já não é mais infantil. Ela começa a se tornar madura. A maturidade vem mais cedo porque hoje são conhecidos métodos melhores para condicionar, estruturar.

Por isso é bom, com 4 e 5 anos, ser uma criança de 4 e 5 anos. E o professor não deve pensar que ele próprio sabe e que as crianças não sabem. Ouça, eles sabem alguma coisa. Sabem de forma mais intuitiva. Não são experientes, mas elas têm uma visão muito clara. Seus olhos ainda estão desanuviados e seus corações ainda estão fluindo. Elas ainda não estão poluídas. O veneno não começou ainda. Elas ainda são naturais.

Portanto, com elas, o professor não deve demonstrar ser experiente. Não deve ser um professor, e sim um amigo. Deve ajudá-las e começar a procurar pistas da inocência, da espontaneidade, da inteligência. Dessa forma, será bastante ajudado e sua meditação será bem profunda.

É preciso apenas ter uma atmosfera carinhosa em torno delas, para que o professor possa ajudá-las a fazer melhor tudo o que queiram fazer. Basta ajudá-las a fazer melhor. E elas não estão em nenhum tipo de jogo que envolva ambição.

Não há a pretensão de torná-las muito poderosas, famosas, ricas, isso e aquilo, na vida delas, não. Todo o esforço dos adultos está em ajudá-las a serem animadas, autênticas, amorosas, harmoniosas, e a vida cuida disso. Confiança na vida é o que tem de ser criado em torno delas. Não que elas tenham que lutar, mas que possam relaxar. E, quanto à educação, basta ajudá-las a serem mais criativas. Pintar é bom, elas devem tentar pintar, ou criar alguma outra coisa, mas é preciso deixar que sejam criativas, que façam coisas por conta própria. O professor não deve introduzir seus próprios critérios.

Quando uma criança estiver pintando, não se deve introduzir critérios adultos, e nem dizer que isso não é Picasso. Se a criança gostou e quando estava pintando mergulhou na pintura, é o que basta. Pintar é ótimo! Não devido a qualquer critério objetivo, pois a pintura pode simplesmente não ter sentido, pode ser apenas uma profusão de cores, pode ser algo confuso... e tem que ser, pois uma criança é uma criança, ela tem uma visão diferente das coisas.

Por exemplo, quando uma criança faz o rosto de um homem, ela tem uma visão diferente. Ela vai desenhá-lo com olhos muito grandes, o nariz vai ser muito pequeno. Podem faltar orelhas, pois as crianças nunca olham para elas, mas os olhos são muito importantes para elas. Se ela faz um homem, vai fazer a cabeça, as mãos e as pernas, mas o tronco ficará faltando, pois esta é a visão dela. Para o adulto isso está errado, mas sob o ponto de vista da criança é assim que ela vê um homem: com mãos, pernas e cabeça. Então, não é uma questão que o adulto tenha que julgar, ou seja, se a pintura é boa ou ruim. Não, não há que se julgar de jeito nenhum. Não se deve fazer com que a criança se sinta bem ou mal com isso. Se a criança fica envolvida na pintura, é o suficiente. Ela estava em profunda meditação, ela se moveu com a pintura... ela se concentrou nisso! A pintura é boa quando o pintor está concentrado.

Ajude a criança a ficar completamente concentrada. E ela estará concentrada sempre que estiver pintando por conta própria. Se ela for forçada a pintar, ela ficará dispersa. É por isso que, qualquer coisa que ela queira fazer, é preciso deixá-la fazer. Apenas ajude-a. É possível ajudá-la de formas técnicas. Pode-se dizer a ela como misturar as cores, como ajustar a tela, como usar o pincel. O professor deve servir de ajuda — em vez de servir de guia, deve apenas servir de ajuda.

Assim como um jardineiro ajuda as árvores, não se pode puxar a árvore para fazer com que ela cresça mais rápido, não se pode fazer nada dessa maneira, nada pode ser feito de forma positiva. O jardineiro planta a semente, rega-a, coloca adubo e espera! A árvore se desenvolve por conta própria. Enquanto a árvore se desenvolve, o jardineiro a protege para ninguém machucá-la ou prejudicá-la. Esta é a função de um professor: ele tem de ser um jardineiro. Não que precise criar a criança, pois ela vem por conta própria. E o criador é a existência.

Isso é o que Sócrates quer dizer quando diz: "Sou uma parteira." Uma parteira não cria a criança. A criança já está lá, pronta para sair, e a parteira ajuda.

Portanto, ajude-as a serem criativas, ajude-as a ficarem alegres, pois isso tem desaparecido das escolas. As crianças estão muito tristes, e crianças tristes criam um mundo triste. Elas vão habitar o mundo, e os adultos destroem a alegria delas. Ajudem-nas a serem alegres, ajudem-nas a celebrarem, façam com que elas fiquem cada vez mais animadas. Nada é mais valioso do que isso.

O homem pode ser salvo apenas se a sociedade adotar um sistema alternativo de educação (*deschooling*), baseado na experiência de vida dos alunos e não no currículo escolar, ou se forem desenvolvidos tipos totalmente diferentes de escolas que não possam ser chamadas de escolas. Somente então a humanidade pode ser salva.

Assim, não deve haver nenhuma ambição, nenhuma comparação sequer. Nunca se deve comparar uma criança com outra e dizer: "Olha, o outro fez uma pintura melhor!" Isso é feio, violento, destrutivo. Ambas as crianças estão sendo destruídas. Aquela a quem foi dito que fez a melhor pintura começa a absorver a ideia do ego, da superioridade, enquanto aquela que foi condenada começa a sentir-se inferior. E estas são as mazelas: o superior e o inferior. Portanto, nunca de deve fazer comparações!

Será difícil para os professores, porque a comparação está muito presente no ser humano. Nunca se deve comparar. Toda criança tem de ser respeitada pelos seus esforços. Toda criança tem de ser respeitada como única.

A reconciliação com os pais

Estou com raiva dos meus pais, pela primeira vez. A minha raiva é tão contraditória em relação ao meu amor que dói. Você pode me ajudar?

Toda criança ficaria com raiva se entendesse o que os pobres pais têm feito a ela de forma inadvertida, inconsciente. Todos os esforços deles são para o bem da criança. Suas intenções são boas, mas sua consciência é nula. E, boas intenções nas mãos de pessoas inconscientes são perigosas, pois não podem chegar ao resultado pretendido. Podem criar exatamente o oposto.

Todo pai tenta trazer uma bela criança ao mundo, mas ao olhar para o mundo mais parece ser um orfanato. Não há nenhum pai. Na verdade, se fosse um orfanato, teria sido muito melhor, pois as pessoas pelo menos teriam sido elas mesmas, sem pais para interferir em suas vidas.

De modo que a raiva é natural, mas inútil. O filho ter raiva não ajuda os pais e prejudica a si próprio.

Relata-se que Gautama Buda fez uma declaração muito estranha: "Através da sua raiva, você se pune por culpa de outra pessoa." Parece muito estranho a primeira vez que alguém se depara com a declaração de que através da raiva a pessoa se pune por culpa de outra pessoa.

Os pais fizeram algo vinte anos atrás, trinta anos atrás, e o filho está zangado agora. Sua raiva não vai ajudar a ninguém, vai simplesmente criar mais feridas em si mesmo. Estou tentando explicar todo o mecanismo de como as crianças são educadas atualmente. O filho deve tornar-se mais compreensivo em relação ao que quer que tenha acontecido. Tinha que acontecer. Seus pais foram condicionados pelos pais deles. Não tem como saber quem foi realmente responsável por ter começado. Tem sido passado de geração para geração.

Os pais estão fazendo exatamente o que foi feito com eles. Foram vítimas. O filho vai sentir compaixão por eles e vai ficar feliz pelo fato de não repetir a mesma coisa em sua vida futuramente. Se decidir ter filhos, vai sentir-se feliz pelo fato de, no futuro, quebrar o círculo vicioso e poder vir a ser o beco sem saída. Não vai fazer isso aos seus filhos e aos filhos de qualquer outra pessoa.

Deve se sentir afortunado por ter um mestre para lhes explicar o que tem acontecido entre pais e filhos, ou seja, a complexa educação, as boas intenções, os resultados ruins, nas quais todo mundo está tentando fazer o melhor e o mundo continua a ficar cada vez pior. Seus pais não foram tão afortunados em ter um mestre, e você tem raiva deles. Você deveria sentir-se amável, misericordioso, amoroso. O que quer que tenham feito foi inconsciente. Eles não poderiam ter feito de outra forma. Tudo o que eles sabiam, eles experimentaram em você. Eles foram infelizes, e criaram outro ser humano infeliz no mundo.

Eles não tinham clareza sobre o porquê eram infelizes. Você tem clareza para entender por que uma pessoa se torna infeliz. E, uma vez entendido como é criada a infelicidade, pode-se evitar causar a mesma em outra pessoa.

Mas se coloque na pele de seus pais. Eles trabalharam duro, fizeram tudo o que puderam, mas não tinham ideia de como funciona a psicologia. Em vez de serem ensinados a ser mãe ou pai, foram ensinados a serem cristãos, marxistas, alfaiates, encanadores, filósofos, e todas essas coisas são boas e necessárias, mas falta o básico. Se vão produzir crianças, então o ensinamento mais importante deveria ser de como tornar-se mãe, como tornar-se pai.

Foi dado como certo que, ao dar à luz, a pessoa sabe como ser mãe e como ser pai. Sim, no que diz respeito ao nascimento de uma criança, é um ato biológico, a pessoa não precisa ser treinada psicologicamente. Os animais fazem isso muito bem, as aves fazem isso muito bem, as árvores fazem isso muito bem. No entanto, dar à luz uma criança, em termos biológicos, é uma coisa, e ser mãe ou pai é totalmente diferente. É preciso uma excelente educação, porque se trata da criação de um ser humano.

Os animais não criam nada, eles simplesmente produzem cópias idênticas. E agora a ciência chegou a um ponto em que descobriu que as cópias podem realmente ser produzidas! É uma ideia muito perigosa. Se forem feitos bancos de genes, e mais cedo ou mais tarde eles serão feitos, pois, uma vez que exista a ideia, esta há de se tornar realidade. E, cientificamente, está provado que é 100% possível... não há problema.

Pode-se ter bancos de genes nos hospitais, tanto para espermas masculinos como óvulos femininos. E vai ser possível criar exatamente os mesmos dois espermas e exatamente os mesmos dois óvulos, de modo que duas crianças nasçam exatamente iguais. Uma criança será liberada ao mundo, enquanto a outra crescerá em uma geladeira, inconsciente, mas todas as suas partes serão exatamente as mesmas que a da outra pessoa. E se a primeira pessoa sofrer um acidente e perder a perna ou perder um rim, ou tiver que ser operada, não há nenhum problema: sua cópia idêntica está guardada à espera no hospital. Pode-se retirar um rim da cópia, que cresce exatamente no mesmo ritmo, embora esteja inconsciente. Este rim será exatamente igual ao que foi perdido, portanto, pode substituí-lo.

Esta ideia de ter cópias idênticas, por um lado, parece ser um grande avanço da ciência médica, mas também é perigoso, no sentido de que o homem se torna uma máquina com peças de reposição, assim como qualquer máquina. Quando algo dá errado, substitui-se a peça. E se todas as partes podem ser substituídas, então o homem vai se afastar cada vez mais do crescimento espiritual, porque vai começar a pensar em si mesmo como uma simples máquina. Isso é o que metade do mundo, o mundo comunista, pensa: que o homem é uma máquina.

Você tem sorte de poder entender a situação em que seus pais estiveram. Eles não fizeram nada especificamente para você, pois teriam feito o mesmo para qualquer criança que tivesse nascido deles. Eles foram programados para isso. Estavam indefesos. E, ter raiva de pessoas indefesas simplesmente não está certo. É injusto, é desonesto e, além disso, é prejudicial a você.

Você pode ajudá-los tornando-se realmente o indivíduo sobre o qual estou falando: mais consciente, mais atento, mais amoroso. O fato de eles observarem seu comportamento faz com que possam mudar. O fato de verem você radicalmente mudado, pode simplesmente fazer com que eles pensem duas vezes, e que talvez eles estejam errados. Não há nenhuma outra maneira. Você não pode convencê-los intelectualmente. Intelectualmente eles podem argumentar, mas o argumento nunca muda ninguém. A única coisa que muda as pessoas é o carisma, o magnetismo, a mágica de sua individualidade. Depois, o que quer que ela toque torna-se dourado.

Portanto, em vez de desperdiçar o seu tempo e energia para ficar irritado e lutar contra o passado, que não existe mais, é preciso colocar toda a sua energia para se transformar na magia de sua individualidade. Assim, quando seus pais o virem, não vão poder ficar insensíveis às novas qualidades que você desenvolveu, e que são automaticamente impressionantes: o frescor, a compreensão, o carinho incondicional, a bondade, mesmo em situações em que a raiva teria sido mais apropriada.

Só essas coisas podem ser os argumentos reais. Você não precisa dizer uma palavra. Os olhos, o rosto, as ações, o comportamento, a resposta, tudo promoverá a mudança nos pais. Eles começarão a perguntar sobre o que aconteceu com você, como isso aconteceu com você, pois é de interesse de todo mundo ter essas qualidades. Essas são as verdadeiras riquezas. Ninguém é tão rico que possa se dar ao luxo de não ter as coisas que estou dizendo a você.

Então use sua energia para se transformar. Isso vai ajudá-lo, e vai ajudar os seus pais. Talvez isso possa criar uma reação em cadeia. Seus pais podem ter outros filhos, podem ter outros amigos, e isso vai se espalhar cada vez mais. É exatamente como estar sentado no banco de um lago calmo e jogar uma pedrinha no lago. A pedrinha é tão pequena que cria um pequeno círculo no início, mas círculo após círculo... e eles seguem se espalhando até as margens mais afastadas, na medida em que o lago pode levá-los. E se trata apenas de uma pedrinha.

O ser humano está vivendo em uma espécie de nova esfera, um novo lago psicológico, em que tudo o que as pessoas fazem cria determinadas vibrações em torno delas. Isso sensibiliza as pessoas, chega a fontes desconhecidas. Basta que uma pessoa crie uma pequena onda de individualidade correta para que esta venha a alcançar muitas pessoas, certamente, aquelas que são as mais estreitamente ligadas a ela. Elas primeiro vão observar e, depois, compreender com grande admiração. Portanto, sinta-se feliz. Você tem uma chance de se transformar totalmente. Ajude os seus pais, pois eles não tiveram essa oportunidade. Sinta pena deles.

Meus pais ficam tão desapontados comigo, eles se preocupam o tempo inteiro. O que eu devo aos meus pais?

O problema com a família é que os filhos crescem e deixam a infância, mas os pais nunca saem da condição de paternidade! O homem sequer aprendeu ainda que a paternidade não é algo que se tenha que ficar apegado para sempre. Quando o filho é uma pessoa adulta, a condição de paternidade de seus pais está concluída. O filho precisou deles, ele era indefeso. Ele precisou da mãe, do pai, e de sua proteção. No entanto, quando o filho pode ficar por conta própria, os pais têm de aprender a se retirar de sua vida. E, como os pais nunca se retiram da vida do filho, eles mantêm uma constante ansiedade tanto para si quanto para os filhos. Eles destroem, criam culpa, não ajudam além de um determinado limite.

Ser pai ou mãe é uma grande arte. Poucas pessoas são realmente capazes de ser pai ou mãe.

Não se preocupem de jeito nenhum, todos os pais ficam desapontados com seus filhos! E digo todos, sem nenhuma exceção. Mesmo os pais de Gautama Buda ficaram muito decepcionados com ele, assim como os pais de Jesus Cristo também ficaram muito desapontados com ele, é óbvio. Eles tinham vivido um determinado tipo de vida, e eram judeus ortodoxos, enquanto esse filho, Jesus, era contra muitas ideias e convenções tradicionais. O pai de Jesus, José, deve ter tido esperanças de que, agora que ele estava envelhecendo, o filho o ajudaria em sua carpintaria, em seu trabalho, em sua loja, no entanto, o estúpido do filho começou a falar sobre o reino de Deus! Será que ele foi muito feliz em sua velhice?

O pai de Gautama Buda era idoso e tinha somente um filho, e esse nasceu quando ele já era muito velho. Ele esperou por toda a sua vida, orou, adorou e fez todos os tipos de rituais religiosos para que pudesse ter um filho, pois quem tomaria conta de seu grande reino? Então, um dia o filho desapareceu do palácio! Será que o pai ficou feliz? Ele ficou tão zangado, e de forma tão violenta, que teria matado Gautama Buda se o tivesse encontrado! Sua polícia, seus detetives, procuraram em todo o reino. "Onde está escondido? Tragam-no a mim!"

E Buda sabia que ele seria pego pelos guardas, portanto, a primeira coisa que fez foi deixar a fronteira do reino de seu pai, fugiu para outro reino e, por 12 anos, nada se ouviu a respeito dele.

Quando se tornou iluminado, voltou para casa para compartilhar sua alegria, para dizer ao pai que "cheguei em casa", "eu percebi", "conheci a verdade, e este é o caminho". Mas o pai estava tão zangado, que tremia e se sacudia. Ele estava velho, muito velho. Gritou para Buda e disse:

– Você é uma desgraça para mim!

Olhou para Buda, que estava ali, de pé, coberto por um manto de mendigo, com uma tigela de mendicância, e disse:

– Como ousa ficar diante de mim como um mendigo? Você é o filho de um imperador, e em nossa família nunca houve um mendigo! Meu pai foi um imperador, o pai dele também. Durante séculos temos sido imperadores! Você desgraçou todo o processo de sucessão!

Buda ouviu por meia hora, sem dizer uma única palavra. Quando o pai ficou sem gás, esfriou um pouco a cabeça...

lágrimas saíam dos olhos, lágrimas de raiva, de frustração. Daí Buda disse:

– Peço apenas uma coisa. Por favor, limpe suas lágrimas e olhe para mim. Não sou a mesma pessoa que saiu de casa, estou totalmente transformado. Mas seus olhos estão tão cheios de lágrimas que você não pode enxergar. Você ainda está falando com alguém que não existe mais! Ele morreu.

Tal fala desencadeou outra explosão de raiva no pai:

– Você está tentando me ensinar? Você acha que sou um tolo? Não consigo reconhecer o meu próprio filho? Meu sangue corre nas suas veias, e não consigo reconhecer você?

– Por favor, não me interprete mal. O corpo certamente pertence a você, mas não a minha consciência. E a minha consciência é a minha realidade, não o meu corpo. Você está certo quanto ao fato de o seu pai ter sido imperador e o pai dele também, mas até onde sei sobre mim mesmo, eu fui um mendigo na minha vida passada, e fui um mendigo em uma vida anterior também, porque fui à procura da verdade. Meu corpo veio através de você, mas você serviu apenas como uma passagem. Você não me criou, você foi um meio, e a minha consciência não tem nada a ver com a sua consciência. O que estou dizendo é que agora eu vim para casa com uma nova consciência, eu passei por um renascimento. Basta olhar para mim, veja a minha alegria! – disse Buda.

E o pai olhou para o filho, sem acreditar no que ele estava dizendo. Mas uma coisa certamente era verdade: estava muito irritado, e o filho não reagira de jeito nenhum. Isso era absolutamente novo, ele conhecia seu filho. Se fosse apenas a pessoa antiga, ele ficaria tão bravo quanto o pai, ou ainda mais, porque era jovem e seu sangue era mais quente que o do pai. No entanto, não estava nada bravo, havia uma paz absoluta em seu rosto, uma grande tranquilidade. Ele estava imperturbável, e sem se sentir furioso com a raiva do pai. O pai abusou dele, mas pareceu não o ter afetado em nada.

Enxugou as lágrimas dos olhos velhos, olhou novamente, viu a nova graça...

Os pais vão ficar desapontados com o filho, porque devem ter tentado satisfazer algumas expectativas através dele. Mas o filho não deve se sentir culpado por causa disso, ou os pais vão destruir sua alegria, seu silêncio, seu crescimento. O filho deve permanecer imperturbável, despreocupado. Não deve sentir nenhuma culpa. A vida do filho é dele, e ele tem que viver de acordo com sua própria luz.

E quando tiver chegado à fonte da alegria, à felicidade interior, o filho deve ir até os pais para compartilhar. Eles vão ficar com raiva, mas é preciso esperar, pois a raiva não é nada permanente, vem como uma nuvem e passa. Espere! Depois o filho deve ir lá, estar com eles, mas somente quando tiver certeza de que ainda consegue manter-se calmo, apenas quando souber que nada vai gerar qualquer reação em si mesmo, somente quando souber que será capaz de responder com amor, apesar da raiva deles. Essa será a única maneira de ajudá-los.

Na pergunta, você diz: *Eles se preocupam o tempo inteiro.*

Esse é o papel deles! E não pense que, se você tivesse seguido as ideias deles, eles não teriam se preocupado. Ainda assim teriam se preocupado, pois esse é o condicionamento deles. Os pais deles devem ter se preocupado e os pais dos pais deles também, essa é a sua herança. E você os decepcionou, porque você não está mais se preocupando. Você está desgarrado! Eles estão infelizes, os pais dos seus pais foram infelizes, e assim por diante, assim sucessivamente... de volta a Adão e Eva! E você está se desgarrando, daí a grande preocupação.

Mas se ficar preocupado, você vai perder uma oportunidade e, então, eles o terão arrastado de volta para a mesma lama.

Eles vão se sentir bem, vão se alegrar pelo fato de você ter voltado à velha forma tradicional, convencional, mas isso não vai ajudar nem a você nem a eles.

Se permanecer independente, se alcançar a fragrância da liberdade, se tornar-se mais meditativo — e é por isso que você está aqui, para tornar-se mais meditativo, ser mais calmo, mais amoroso, mais feliz —, então um dia você poderá compartilhar o seu êxtase. Para compartilhar, primeiro é preciso tê-lo, pois só se pode compartilhar aquilo que se tem.

Agora, você também pode se preocupar, mas duas pessoas que se preocupam simplesmente multiplicam as preocupações, e não ajudam uma à outra.

Deve ter sido o condicionamento deles. É o condicionamento de todos no mundo.

Um rabino estava hospedado na casa de uma família, e o homem da casa, impressionado com a honra, advertiu seus filhos para que se comportassem com seriedade à mesa de jantar, porque o grande rabino estava para chegar. Porém, durante a refeição, os filhos riram de algo e o pai ordenou-lhes que saíssem da mesa.

O rabino levantou-se de imediato e preparou-se para partir.

– Alguma coisa errada? – perguntou o pai preocupado.

– Bem – disse o rabino, – eu ri também!

Não se preocupe com a seriedade dos pais, com a preocupação deles em relação a você. Eles estão tentando, inconscientemente, fazer com que você se sinta culpado. Não deixe que eles tenham êxito, porque se tiverem êxito, além de o destruírem, vão destruir uma oportunidade para eles próprios, que teria sido possível através de você.

Na pergunta você diz: *O que eu devo aos meus pais?*

Deve isto: que você seja você mesmo. Deve isto: que você seja feliz, que tenha que estar em êxtase, que tenha que se tornar um motivo de celebração para si mesmo, que tenha que aprender a rir e a se alegrar. Eles o ajudaram fisicamente, você tem que ajudá-los espiritualmente. Essa será a única maneira de lhes retribuir.

Sinto-me culpado em relação à minha mãe. Não consigo lhe dar amor, atenção e, desde que estamos morando na mesma casa, a situação ficou pior e não sei o que fazer com ela.

Algumas coisas. Primeiro: pais e mães demandam demais, mais do que as crianças podem dar, pois o curso natural é que eles amem as crianças porque são seus filhos. Porém, os filhos não podem amá-los do mesmo modo, porque os pais não são seus filhos. Os filhos vão amar seus filhos, e o mesmo vai acontecer de novo: seus filhos não vão ser capazes de amar os pais do mesmo modo, pois o rio se desloca para frente, e não para trás. O curso natural é aquele em que os pais vão amar os filhos e os filhos vão amar seus próprios filhos, não pode retroceder. Mas a demanda parece ser natural. Como a mãe amou o filho, ela acha que o filho deve amá-la da mesma forma. E, quanto mais ela demandar, menos ele será capaz de devolver o amor, e mais ela criará um sentimento de culpa no filho. Portanto, abandone essa ideia, abandone-a completamente, pois isso é natural. O filho não pode amar a mãe da mesma forma que ela o ama, e não há nada de errado. Isso acontece com todos os filhos, é como a natureza prevê que isso aconteça.

Se os filhos amam demais seus pais, não serão capazes de amar seus próprios filhos. Isso vai ser mais perigoso, pois a sobrevivência das espécies estará em risco. A mãe também não terá amado a mãe dela. No máximo, pode ter sido educada, formal, mas amor não flui para trás. O filho pode ser respeitoso, é verdade, e deve ser respeitoso, mas o amor não é possível. Uma vez compreendido que o amor não é possível, o sentimento de culpa desaparecerá.

Existem algumas pessoas que ficam muito apegadas, muito obcecadas com seus pais. Essas pessoas são psicologicamente doentes. Se uma mulher ama demais a mãe, ela não será capaz de amar um homem, porque sempre vai achar que sua mãe vai sofrer, e que estará criando uma espécie de conflito. Se ela ama um homem, seu amor vai fluir em direção a esse homem e ela vai se sentir culpada. Essas pessoas nunca vão curtir a vida e também vão ficar irritadas com seus pais. Lá no fundo, vão esperar que: "Algum dia, se a mãe morrer ou se o pai morrer, então ficarei livre", embora não digam isso a ninguém, e nem mesmo para si mesmas. O desejo apenas estará lá, à espreita em seu inconsciente, porque parece ser a única possibilidade de ser livre. Isso não é bom, pensar nos pais como mortos, mas é assim que acontece quando o filho torna-se muito apegado.

Não há necessidade, apenas tenha respeito, é só isso. Tome cuidado, tudo o que puder fazer, faça, mas não se sinta culpado. E, se os pais são compreensivos, vão entender. Isso acontece com os animais, pois com eles não há dúvida: no momento em que o filhote é capaz de se virar sozinho, ele deixa os pais. Os animais não vão atrás dos filhotes para dizer: "Preste atenção, aonde você vai? Fizemos tanto por você..." Isso nunca é questionado na natureza.

E não é que a mãe e o pai não tenham feito nada, pelo contrário, eles fizeram muito, especialmente a mãe, mas porque era o seu prazer. Carregar o filho no ventre foi sua alegria. Alimentá-lo e criá-lo foi sua alegria. Ela já foi recompensada. Não é necessário que se dê nada mais a ela, não há motivo para tal. Ela desfrutou daqueles momentos, aproveitou a fase em que estava grávida. Quando deu à luz, estava feliz porque se tornou mãe, portanto, estava realizada. Depois ela criou o filho e isso a deixava feliz: ela estava criando uma criança... uma felicidade natural. A natureza sempre recompensa de forma imediata, nunca mantém arquivos pendentes.

Portanto, não se sinta culpado. Este é o ponto em que você tem que mudar sua mente. Abandone a culpa e depois observe a mudança que vai ocorrer.

Se não se sente bem, não há necessidade de ir até ela. Vá somente quando sentir-se bem! Nunca vá por obrigação. Nunca vá por que tem que ir. Vá apenas quando sentir-se realmente feliz e por querer estar com sua mãe por alguns momentos. É melhor estar feliz e estar lá por alguns momentos do que estar horrível e ficar lá por horas e criar sofrimento para ela e para si mesmo. Seja um pouco mais consciente.

Fico com um nó no estômago com a ideia de ver meus pais. Ou fico muito distante, tenho atitudes mecânicas em relação a eles, ou muito crítico e defensivo. Não tenho compaixão por eles. Devo fazer terapia?

Não há necessidade. É apenas um medo que vem do passado. Sua energia está perfeitamente boa: não há nó na energia, o nó está apenas em sua memória. São duas coisas diferentes.

Se o nó estiver na energia, então é algo difícil. No entanto, se o nó estiver apenas na memória, é algo muito simples, pois você pode simplesmente descartá-lo. Minha sugestão é que, antes de adotar qualquer outra medida, apenas seja feliz por dois, três meses. Basta aproveitar a vida sem nenhuma barreira, sem nenhuma culpa, sem nenhuma inibição. Se puder aproveitar a vida sem culpa e sem inibição, vai surgir em você uma grande compaixão por seus pais.

Na verdade, nenhum filho nunca é capaz de perdoar seus pais, a não ser que ele não tenha sentimento de culpa, pois os pais significam culpa. Eles criaram a culpa básica: faça isso, não faça aquilo; seja desse jeito e não seja daquele jeito. Eles foram os primeiros elementos criativos, mas também foram destrutivos. Ajudaram o filho a crescer, amaram o filho, mas como eles têm suas próprias mentes e seus próprios condicionamentos, tentaram impor esses condicionamentos ao filho. Portanto, todo filho odeia os pais.

Você está se sentindo contra seus pais, com medo deles, porque eles não permitem que você seja você mesmo. Por isso, sempre que eles estão presentes, você começa a sentir cólicas, e a sentir nós no estômago. Mais uma vez você se torna uma criança na presença deles, mais uma vez revive o passado. Sente-se indefeso novamente e, como agora você não é mais uma criança, é natural que seja argumentativo, que adote retaliações, que fique irritado ou se torne muito defensivo, ou comece a evitar... mas todas essas coisas criam uma distância.

E você tem um desejo profundo de amar seus pais. Isso acontece com todo mundo. Afinal, o filho vem dos pais, ele deve sua vida a eles. Todo mundo adora essa questão da origem, mas a origem não permite a proximidade, a comunicação, de modo que, quando o filho chega perto dos pais é um problema. Se o filho não se aproxima, há algum desejo profundo de estar junto, de perdoar, de fazer novos laços.

Durante três meses, apenas viva do jeito que desejar. Isso vai ser a limpeza desta parte da memória. Basta viver do modo que quiser viver. Seus pais não estão mais obstruindo você. Eles vão falar de dentro de você muitas vezes: você vai fazer algo e escutará a voz de seus pais: "Não faça isso." Ria dessa voz e lembre-se de que agora você é livre, e que seus pais o tornaram maduro o suficiente para que possa viver sua própria vida e assumir a responsabilidade por ela. Portanto, não há necessidade dessa voz, pois agora você tem sua própria consciência, e não precisa ter um substituto para ela. Agora os pais não precisam falar por você, você pode falar por si.

Tente isso por três meses e, passado esse tempo, esse nó vai desaparecer. Ele pode sumir facilmente, pode inclusive ser apagado. E você pode fazer isso sozinho, não há necessidade de fazer terapia. Se não puder e sentir que está difícil, então a terapia será útil. Ela vai fazer a mesma coisa, ou seja, vai tentar apagar a memória. Se não puder fazer isso sozinho, é sempre bom ter o suporte de algum especialista que saiba como fazê-lo, mas primeiro experimente por conta própria.

O que acontece às vezes é que o terapeuta pode ser capaz de ajudar a pessoa a se livrar dos seus pais, mas ele próprio se torna pai da pessoa. A mente está tão atrapalhada, tão confusa, que, se começa a perder algum controle sobre algo, imediatamente começa a se apegar a outra coisa de alguma outra direção como substituto. Por isso, muitas pessoas que vão ao terapeuta aos poucos se livram de muitos problemas, mas depois o terapeuta torna-se o problema. Depois, elas não têm condição de deixá-lo, não podem abandonar a terapia. Podem até trocar de terapeuta, podem mudar de tipo de terapia, podem ir de um tipo de tratamento a outro, mas já ficaram viciados em terapia.

É muito bom, às vezes, enfrentar os próprios problemas por conta própria, pois vai lhe proporcionar mais confiança.

E o processo consiste em fazer o que quiser fazer. Bom ou ruim, não importa. O que quer que se queira fazer é bom, durante esses três meses, e o que quer que não se queira fazer é ruim, portanto não faça. É preciso ficar completamente à vontade e livre, e curtir a vida quase como se tivesse nascido pela primeira vez. E isso é exatamente o que acontece com os sannyas. Trata-se de uma nova criança, de um novo nascimento. Pode-se começar a crescer ao longo de uma nova trilha e, então, as vozes dos pais e o condicionamento deles não interferirão em nada. Trata-se de um novo crescimento.

O meu pai morreu repentinamente e sinto que, de alguma forma, tenho que estar com a minha mãe, de modo a concluir alguma coisa lá. Tem algo que parece um tanto inacabado emocionalmente em relação a ela, e acho que agora é a hora.

É sempre assim com os pais. A relação é tal que, para terminá-la, é preciso primeiro uma grande conscientização, para depois ser possível colocar um fim. Até mesmo a ideia de terminar pode não permitir que ela termine. Portanto, não carregue essa ideia. Basta que esteja lá... de forma natural, carinhosa. Faça o que puder fazer, pois os pais fazem bastante e, no Ocidente, os filhos sequer agradecem a eles por isso. Ninguém demonstra gratidão.

No Oriente é totalmente diferente. No Oriente, nunca é uma situação inacabada. É sempre completa, porque os pais dão muito aos filhos e os filhos sempre lhes tratam com o máximo de reverência possível, com o máximo de respeito possível. Isso tornou-se tão natural no Oriente, e tem que ser assim por uma razão muito profunda.

Se a pessoa não está em harmonia com seus pais, não estará em harmonia consigo mesma, pois os pais não são apenas um fenômeno inesperado, eles estão profundamente arraigados no filho. Metade do ser vem de sua mãe, e a outra metade vem de seu pai. Ambos vão continuar no filho. Todos os conflitos deles continuarão no filho... todas as ansiedades deles vão continuar lá no fundo. É para o bem do próprio filho ter que chegar a uma harmonia. E a maneira mais fácil é não fazer qualquer esforço para isso.

O esforço nunca vai ajudar, uma vez que é muito artificial. Portanto, descarte essa ideia, senão o sentimento de que algo ficou incompleto vai voltar.

Basta ir lá, estar lá. Ela vai precisar de você neste momento. Quando seu pai se for, ela vai ter uma grande tristeza, e vai precisar de você. Portanto, não faça nenhum esforço de forma deliberada. Apenas fique com ela, dê carinho, preocupe-se. Medite com ela às vezes, ajude-a a meditar se ela puder. Se não for possível, diga a ela que vai meditar no quarto dela, e que ela pode simplesmente descansar na cama enquanto você medita, e que a própria vibração vai ajudá-la.

Fique feliz. Vai ser difícil nesta situação, mas, ainda assim, fique feliz. Leve alegria para ela... torne o fardo leve. Ajude-a a aceitar a situação.

E não se preocupe com o relacionamento, pois, de repente, vai ver que está curado. É indireto, não se pode trabalhar diretamente. E, se durante duas, três semanas, você puder ser bastante amoroso e útil, e ela se sentir feliz por você ter vindo, sentir-se feliz por você ter algum tipo de energia totalmente diferente do que ela precisava, por você tê-la reconfortado, isso é o suficiente. Você vai sentir chegar harmonia à relação.

Se as pessoas puderem ser amorosas, nenhum relacionamento ficará em uma situação pendente. Cada fase de um relacionamento tem uma conclusão.

Tenho suspeitas em relação ao meu pai. Não acho que ele seja meu verdadeiro pai. Você pode me ajudar a me livrar dessa dúvida?

Essa é uma questão realmente difícil! Em primeiro lugar, não importa. É irrelevante se A é seu pai ou se B é seu pai. Como isso pode importar?

Você é o que você é. De onde veio a sua primeira célula, de que fonte, não faz nenhuma diferença agora.

Por que está tão preocupado com isso? Às vezes essas coisas se tornam obsessões. Mesmo que você venha a saber, mesmo que eu diga que "esse homem é o seu pai" — por exemplo, se digo que Paul é seu pai, então o quê? Você vai acreditar em mim? Depois pode ser que você comece a duvidar de mim, então é melhor que você duvide de seu pai! Ou pode começar a duvidar do pobre Paul, que não tem nada a ver com isso!

Somente a sua mãe vai poder responder. Nem mesmo o seu pai pode responder, porque mesmo o seu pai pode não estar certo. Pergunte à sua mãe.

Um jovem foi até seu pai e disse:
– Pai, eu gostaria de me casar com a Susy.
– Não se case com ela, filho – disse o velho. – Quando era jovem, tive muitas aventuras e, bem, sabe como é.

Cerca de uma semana depois, o menino veio até seu pai novamente e disse:
– Pai, estou apaixonado por Mildred e quero me casar com ela.
– Ela é sua meia-irmã, filho. Você não pode se casar com ela – disse o velho vendedor.
– E quanto à Mabel? – o garoto perguntou duas semanas mais tarde.
– Ela é sua meia-irmã também – disse o pai.

O jovem, que estava ansioso para se casar, foi até sua mãe e se queixou:
– O papai diz que não devo me casar com a Susy, nem com a Mildred, nem com a Mabel porque elas são minhas meias-irmãs. O que eu faço?

A mãe envolveu o garoto em seus braços e o consolou:

– Você pode se casar com qualquer uma delas que você quiser, pois ele não é o seu pai!

Por isso e algo muito difícil, a não ser que a sua mãe seja honesta, pois ninguém pode dar a você uma garantia.
Ouvi falar de uma máquina produzida pela IBM. Não sei se é verdade ou não, mas você pode procurar saber.

Uma mulher, ao ouvir falar que as máquinas da IBM eram fantásticas, entra na sala de vendas da empresa para dar uma olhada.
– Você pode fazer à maquina qualquer pergunta que queira e ela vai lhe dar a resposta correta – explica-lhe o vendedor.
A mulher escreve a pergunta: "Onde está o meu pai?", e coloca-a na máquina. A resposta sai de volta: "Seu pai está pescando na costa oeste da Flórida."
– Ridículo! – exclama a mulher. – Meu pai está morto há vinte anos.
– A máquina nunca comete erro – anuncia o vendedor. – Há simplesmente um mal-entendido. Reformule a pergunta e faça-a novamente.
A mulher escreve para a máquina: "Onde está o marido da minha mãe?"
A máquina da IBM responde: "Ele está morto faz vinte anos, mas o seu pai está pescando na costa oeste da Flórida."

Mas, por favor, não faça essas perguntas a mim, não sou uma máquina da IBM, nem sou sua mãe!

Meditação

A meditação é um estado natural que o ser humano perdeu. É um paraíso perdido, mas esse paraíso pode ser recuperado. Olhe nos olhos da criança, olhe e verá um grande silêncio, uma grande inocência. Toda criança vem com um estado meditativo, mas tem que ser iniciada nos caminhos da sociedade, tem que ser ensinada a pensar, a calcular, a raciocinar, a argumentar, tem que aprender as palavras, a linguagem, os conceitos. E, aos poucos, perde o contato com sua própria inocência. Torna-se contaminada, poluída pela sociedade. Torna-se um mecanismo eficiente, e não é mais um homem.

Tudo o que é preciso é recuperar esse espaço mais uma vez. Todos tiveram conhecimento disso antes, de modo que, quando a pessoa entra em contato com a meditação pela primeira vez, ela se surpreende com o surgimento de uma grande sensação de já ter conhecido isso antes. E esse sentimento é verdadeiro, as pessoas conhecerem isso antes. Elas esqueceram. O diamante está perdido nas pilhas de lixo. Mas aquele que puder descobrir o lixo, há de encontrar o diamante novamente, ele lhe pertence.

Não pode realmente ser perdido, pode apenas estar esquecido. O ser humano nasce como meditador e, então, aprende os caminhos da mente. No entanto, a verdadeira natureza permanece escondida em algum lugar lá no fundo como uma corrente subterrânea. Qualquer dia, um pouco de escavação e a pessoa vai encontrar uma fonte que ainda flui, a fonte das águas doces. E a maior alegria na vida é encontrá-la.

Com certeza, a meditação é para místicos. Por que você propõe a meditação para as pessoas comuns e para seus filhos?

É para místicos, com certeza, mas todo mundo nasce místico, uma vez que todo mundo carrega um grande mistério dentro de si a ser compreendido, todo mundo carrega uma grande potencialidade que tem que ser colocada em prática. Todo mundo nasce com um futuro. Todos têm esperança.

O que se entende por místico? Místico é aquele que tenta compreender o mistério da vida, que se move em direção ao desconhecido, aquele que segue em direção ao inexplorado, cuja vida é uma vida de aventura, de exploração. Toda criança começa dessa forma, com reverência, com admiração, com uma grande interrogação em seu coração. Toda criança é uma mística. Em algum lugar no caminho do chamado crescimento, o ser humano perde o contato com a sua possibilidade interior de ser um místico. Torna-se um empresário ou um empregado, torna-se um funcionário público ou um ministro. Torna-se alguma outra coisa e começa a pensar que ele é aquilo. E se ele acredita, para ele isso se torna real.

Meu esforço aqui é destruir suas noções erradas sobre si mesmo e liberar seu misticismo. A meditação é uma maneira de liberar o misticismo, e é para todo mundo, sem exceção, pois ela não faz objeção.

E as crianças são as mais capazes. Elas são místicos naturais. Antes de serem destruídas pela sociedade, antes de serem destruídas pelos robôs, por outras pessoas corruptas, é melhor ajudá-las a conhecer algo de meditação.

A meditação não é um condicionamento, porque a meditação não é uma doutrinação. A meditação não lhes dá nenhum credo. Ao ensinar uma criança a ser um cristão, é preciso dar a ela uma doutrina, é preciso forçá-la a acreditar em coisas que parecem naturalmente absurdas. É preciso dizer à criança que Jesus nasceu de uma mãe virgem, o que se torna um fundamento. Ora, desta forma destrói-se a inteligência natural da criança. Entretanto, ao ensinar meditação à criança, não há doutrinação. Em vez de lhe ser dito que tem que acreditar em alguma coisa, a criança simplesmente é convidada a participar de uma experiência de não pensamento. O não pensamento não é uma doutrina, é uma experiência. E as crianças são muito, muito capazes, porque estão muito próximas da fonte. Elas ainda se lembram de alguma coisa daquele mistério. Acabaram de vir do outro mundo, elas ainda não o esqueceram completamente. Mas cedo ou mais tarde esquecerão, mas a fragrância ainda está em torno delas. É por isso que todas as crianças parecem tão belas, tão graciosas.

Já viu uma criança feia? Então o que será que acontece com todas essas crianças bonitas? Em que ponto elas desaparecem? Mais tarde, na vida, é muito difícil encontrar pessoas bonitas. Então, o que acontece com todas as crianças bonitas? Por que elas se transformam em pessoas feias? Qual é o acaso, qual é a calamidade que acontece no caminho?

Elas começam a perder a sua graça no dia em que começam a perder sua inteligência. Elas começam a perder seu ritmo natural, sua elegância natural, e começam a aprender o comportamento plástico. Já não riem ou choram mais espontaneamente, não dançam mais espontaneamente. Foram forçadas a viver em uma gaiola, em uma camisa de força. Foram aprisionadas. As correntes são muito sutis, não são muito visíveis. As correntes são de pensamento cristão, hindu, muçulmano. As crianças são acorrentadas, mas não podem ver as correntes, por isso não são capazes de ver que estão acorrentadas. E vão sofrer a vida inteira. É como um aprisionamento. Não é como jogar uma pessoa em uma cela de cadeia. Cria-se uma cela de cadeia em torno da pessoa, de modo que, onde quer que ela vá, a cela continua em volta dela. Ela pode ir para o Himalaia e sentar-se em uma caverna, e vai permanecer hindu, vai permanecer cristão, e ainda assim vai continuar a pensar.

A meditação é uma maneira de ir para dentro de si mesmo, naquela profundidade onde não existem pensamentos. Portanto, não é doutrinação. Na verdade, ela não ensina coisa alguma, apenas torna a pessoa alerta quanto à sua capacidade interior de ficar sem pensamento, de estar sem mente. E o melhor momento é quando a criança ainda não foi corrompida.

Uma coisa curiosa aconteceu comigo quando eu era uma garotinha, talvez 11 ou 12 anos de idade. Durante o período do recreio na escola, eu estava no banheiro e olhei no espelho para ver se eu estava com aparência arrumada. Então, de repente, descobri que eu estava em pé no meio do caminho entre o meu corpo e o espelho, a observar a mim mesma olhando para o meu reflexo no espelho. Achei divertido ver três de mim, e pensei que pudesse ter sido um truque passível de ser aprendido. Assim, tentei mostrar minha amiga e a mim novamente, mas sem sucesso.

Parecia que o meu eu essencial tinha saído da minha forma física. Será que vale a pena entender o que aconteceu com aquela garotinha?

Isso acontece com muitas crianças, porém, devido ao fato de a atmosfera ao redor não dar apoio à consciência, essas experiências não são nutridas pelos pais, pela escola, pelos amigos, pelos professores. E, se você diz que isso aconteceu com você, as pessoas vão dar risada, e você, por si só, vai achar que algo deu errado, que não estava certo.

Por exemplo, todas as crianças, em todas as culturas ao redor do mundo, gostam de rodopiar. E todos os pais as impedem de rodopiar e dizem: "você vai cair". É verdade, existe uma possibilidade de que elas caiam. Porém, essa queda não vai prejudicá-las muito. Por que será que as crianças gostam de rodopiar? Enquanto o corpo rodopia, as crianças pequenas podem vê-lo girando. Já não se identificam com ele, pois é uma experiência nova.

Elas já estão identificadas com tudo, com o modo de andar, com o modo de comer, geralmente já estão identificadas com tudo o que fazem. Esse rodopio é como uma experiência em que, quanto mais rápido o corpo se move, rodopia, menor é a possibilidade de identificar o que resta a ser identificado. Logo elas ficam para trás, o corpo está girando, mas seu ser não consegue rodopiar. O ser para em um determinado ponto e começa a ver seu próprio corpo girando. Às vezes, o ser pode sair do corpo também. Se a criança que rodopia não fica em um lugar, e continua a mover-se, rodopiando e movendo-se ao redor do lugar, então o seu eu essencial pode vir para fora e observar o seu corpo.

Deve-se ajudar e alimentar tais atividades, além de perguntar à criança: "O que você está sentindo com esta experiência?", e lhe dizer: "Essa experiência é uma das maiores na vida, por isso não a esqueça. Mesmo que caia, não vai provocar danos, não há nada que possa ser prejudicial. Mas o que você pode ganhar não tem preço." No entanto, as crianças vão ser impedidas de fazer isso e muitas outras coisas.

A minha própria experiência na infância era: o rio da minha cidade costumava inundar. Ninguém o atravessava quando o rio estava cheio. Era um rio que vinha das montanhas e, normalmente, era pequeno, mas em época de chuva, ele ficava com pelo menos um quilômetro e meio de largura. A correnteza da água era tão forte que não dava para ficar de pé. E era fundo, de modo que não tinha como ficar de pé de qualquer maneira.

Eu adorava isso. Esperava pela estação das chuvas, porque sempre ajudava... chegava um momento em que eu tinha a sensação de que ia morrer, porque eu ficava cansado e não conseguia ver a outra margem, e as ondas eram altas e a correnteza era forte... e não tinha como voltar, porque daí a outra margem estava longe. Talvez eu estivesse no meio, pois era a mesma distância, tanto de um lado quanto do outro. Eu me sentia tão cansado e a água me puxava para baixo com tanta força que chegava um momento em que eu via que "agora não há nenhuma possibilidade mais de viver". E esse era o momento em que, de repente, eu me via acima da água, e o meu corpo na água. Quando aconteceu pela primeira vez, foi uma experiência muito amedrontadora. Achei que eu tivesse morrido. Eu tinha ouvido falar que, quando a pessoa morre, a alma sai do corpo: "Então eu saí do corpo e estou morto." No entanto, eu podia ver que o corpo estava tentando alcançar a outra margem, então segui o corpo.

Essa foi a primeira vez que tomei consciência de uma conexão entre o ser essencial e o corpo. Está conectado logo abaixo do umbigo, cinco centímetros abaixo, por algo como um cordão de prata. Não é material, mas brilha como a prata. Toda vez que alcançava a outra margem, meu ser entrava no meu corpo. A primeira vez foi amedrontador, mas depois tornou-se um grande entretenimento.

Quando contei aos meus pais, eles disseram:

– Um dia você vai morrer nesse rio. Esse é um sinal para lá de suficiente. Pare de ir ao rio quando está inundado.

– Estou curtindo tanto isso... a liberdade, nenhuma força da gravidade, e ver o próprio corpo completamente separado – respondi.

O que aconteceu com você foi apenas acidental. Se tivesse dado continuidade a isso, ela teria voltado. Mas foi bom... acontece com muitas crianças. Porém, ninguém persiste, e é por isso que, de vez em quando, isso acontece e logo fica esquecido, ou acredita-se ter sido fruto da imaginação, ou talvez tenha sido apenas uma fantasia, um sonho. No entanto, é uma realidade. Você tinha abandonado a si mesmo e o que viu é uma espécie de consciência do lado de fora do corpo.

Qual é a maneira mais fácil para as crianças começarem a meditar?

As crianças podem entrar em estado de meditação com muita facilidade. Basta apenas saber ajudá-las para isso. Elas não podem ser coagidas, isso é impossível. Ninguém pode jamais ser coagido a meditar, pois forçar é uma violência. Como é que se pode forçar alguém a meditar? Ela vem quando tem que vir. Porém, é possível persuadir. Pode-se convidar a criança com um respeito enorme. Dance e cante com ela, sente-se em silêncio com ela. Aos poucos, a criança vai começar a absorver isso e a curtir a brincadeira. Não pode ser um trabalho para ela, não pode ser algo sério, e não deve ser para ninguém! Só pode ser uma brincadeira. Portanto, ajude-a a brincar de meditação. Deixe que seja um jogo. Faça disso um jogo com ela e, pouco a pouco, ela vai começar a adorá-lo. Vai começar a perguntar: "Quando vamos brincar de meditação?" E, depois que ela começar a aprender algumas formas de silêncio, então a meditação terá começado a funcionar, e um dia será possível perceber que ela está num estado mais profundo na meditação do que jamais era esperado. Por isso é necessário que se propicie uma atmosfera meditativa.

E essa é a minha observação: se os adultos são um pouco mais meditativos, as crianças absorvem o espírito mais facilmente. Elas são muito sensíveis. Elas aprendem o que quer que esteja lá na atmosfera, elas captam a vibração dela.

As crianças nunca se importam com o que as pessoas dizem. Elas sempre respeitam o que as pessoas *são*. E têm uma capacidade de percepção, uma clareza, e uma intuição muito profunda.

É preciso amá-las e permitir que sejam um pouco meditativas. Com isso, é possível muita coisa.

A sociedade pode ser transformada totalmente se as crianças pequenas começarem a meditar. Elas não são sérias, de modo que estão muito preparadas para a meditação. São alegres e brincalhonas. Levam tudo na diversão. Às vezes acontece de, quando digo a uma criança: "Feche os olhos", ela fechar os olhos e desfrutar disso como ninguém mais desfrutaria. A própria ideia foi levada tão à sério que a alegra. Ela senta em silêncio. Às vezes, vejo adultos olhando, apenas abrindo os olhos um pouco para ver o que está acontecendo à volta. No entanto, as crianças pequenas, quando fecham os olhos, *realmente* fecham os olhos. Elas fecham os olhos muito forte, porque têm medo de eles abrirem se não os fecharem forte. Elas *realmente* fecham com força. Usam ali toda a sua energia, porque sabem que, se não fizerem isso totalmente, os olhos vão se abrir e vão começar a olhar para ver qual é a situação, o que está acontecendo. Eu as vi *realmente* fechando os olhos. E ver uma criança sentada em silêncio é uma das coisas mais bonitas com que o ser humano pode se deparar.

As crianças podem ser ensinadas a meditar de forma mais fácil, porque ainda não estão corrompidas. Quando a pessoa foi corrompida, o grande trabalho é ajudá-la a desaprender.

Ouvi dizer que, sempre que alguém chegava até Mozart, o grande compositor e músico, ele perguntava: "Você aprendeu música em algum outro lugar antes?" Se a pessoa tinha aprendido, Mozart pedia o valor dos honorários em dobro. Se a pessoa não tinha aprendido nada de música, ele dizia: "Tudo bem. Faço até por metade do preço."

As pessoas ficavam muito intrigadas, pois isso era ilógico: "Quando chega um homem sem habilidade, que não conhece nada de música, você cobra metade do preço, enquanto que, quando alguém que trabalha há dez anos vem, você cobra o dobro?" Mozart então esclarecia: "Há uma razão. Primeiro eu tenho que limpar a lousa. Esse é o trabalho mais difícil. Destruir tudo o que a pessoa está carregando é mais difícil do que ensinar."

Ensinar é muito fácil se a pessoa estiver disponível. Com um coração virgem, ensinar é muito simples, e uma criança é um coração virgem.

Tenho 12 anos. Posso começar a meditar?

Esta é a idade certa em que se deve começar a meditar, exatamente quando está chegando mais perto dos 14 anos. Você tem 12, e esses dois anos serão de um grande valor para você. Após cada sete anos, a mente sofre mudanças. O 14º ano será o de maior mudança, portanto, se a pessoa estiver preparada, muita coisa se torna possível. Por outro lado, se a pessoa não estiver pronta, então vai perder a mudança. E, tudo o que é belo sempre acontece quando a pessoa está passando por esse período de transformação.

Então, comece a meditar. E, quando falo em meditar, quero dizer que, sempre que estiver sentado em silêncio, deve começar a balançar exatamente como fez agora. Sinta-se como uma árvore e balance. À medida que balança, e enquanto se sente como uma árvore, você vai desaparecer como um ser humano, e é esse desaparecimento que é a meditação. Há 1001 maneiras de desaparecer. Estou lhe dando a maneira mais simples, uma que você possa fazer mais facilmente. Dance, e desapareça na dança, rodopie e desapareça no turbilhão. Corra, e desapareça correndo: deixe a corrida ficar lá e esqueça a si mesmo. Esse esquecimento é meditação, e é possível na sua idade.

Há diferentes portas para a meditação que se tornam possíveis mais tarde. Porém, para uma criança, o esquecimento é a meditação. Portanto, esqueça de si através de qualquer coisa e vai perceber a meditação vindo até você.

As crianças podem entrar em meditação com a dança muito facilmente, porque a dança não é antinatural, artificial, pois o homem nasce com a capacidade de dançar. Como as pessoas pararam de dançar de forma natural, o corpo está sofrendo muito. Há algumas coisas que podem acontecer somente através da dança, como, por exemplo, fluir. Portanto, o pai deve ajudar o filho a participar de meditações dançantes. Se ele puder entrar na dança, a meditação vai acontecer por vontade própria.

Sou professor e minhas crianças na escola às vezes gostam de fazer barulho e correr, e não quero mais forçá-las a ficarem quietas e a se manterem em silêncio.

Faça isso todos os dias: pelo menos duas vezes ao dia, dê a eles 15 ou vinte minutos para entrarem em frenesi, para ficarem completamente enlouquecidos e fazer o que quiserem, seja pular, gritar ou berrar... apenas vinte minutos de manhã, antes do início da aula. Se você participar também, elas vão se divertir muito. Grite e pule, participe para que eles realmente se soltem completamente. No momento em que virem que o professor está participando, as crianças vão simplesmente desfrutar da brincadeira como um todo. Bastam 15 minutos. Diga a elas para fazer o máximo de barulho que puderem e para fazer qualquer coisa que queiram. Depois, diga-lhes para parar e, durante cinco minutos, permanecer em silêncio. Isto será uma grande meditação para elas.

E, se achar que funciona, então uma vez mais, em algum momento no período da tarde, antes da hora de sair, faça isso novamente. Dentro de dois ou três meses, vai perceber uma grande mudança nas crianças... inacreditável.

A energia acumulada tem de ser liberada. Na verdade, elas têm tanta energia que, ao serem forçadas a ficar sentadas, entram em ebulição! Por isso elas buscam qualquer oportunidade para começar a fazer travessuras.

Apenas libere-as. Além de ser de grande ajuda, vai ser possível constatar que a inteligência delas vai melhorar, a capacidade de concentração vai melhorar, a capacidade auditiva vai melhorar, a compreensão vai melhorar, porque elas não vão mais ficar sobrecarregadas. O amor e o respeito pelo professor vão crescer imensamente, e, além disso, vão ouvi-lo. Com isso, não será necessário forçá-las, uma vez que apenas a sua palavra será o suficiente.

Você pode lhes dizer: "Espere! Logo vai chegar o período da bagunça. Basta esperar mais uma hora!" Elas vão compreender que você não as está proibindo para sempre. Elas logo vão aprender a regra, que há momentos em que elas podem ser travessas, barulhentas, e fazer o que quiserem e, depois, é claro, há o momento para ler e estudar.

Se surgir algum problema com as autoridades da escola, converse com eles e lhes conte aos poucos. Isso também será de muita ajuda para eles, pois outras classes também precisarão de ajuda. Diga-lhes apenas que se trata de uma experiência e peça que o deixem fazer isso por seis meses. Depois eles podem ver o que aconteceu com as crianças, se os relatórios delas estão melhores, se a inteligência delas aumentou, se a compreensão delas está mais profunda. Diga-lhes que observem e, depois, se acharem que o sistema é bom, pode tornar-se um sistema para toda a escola. A escola toda pode se reunir durante vinte minutos, duas vezes ao dia. Vai ser uma grande alegria.

Meditações

Meditação Gibberish

Esta é uma técnica catártica, que encoraja os movimentos expressivos do corpo.

Sozinho ou em grupo, feche os olhos e comece a fazer sons sem sentido, ou seja, *gibberish* – em inglês, sons inarticulados. A palavra *gibberish* vem de um místico sufi, Jabbar. Jabbar nunca fazia uso de nenhuma língua para falar, apenas proferia algo sem nexo. Apesar disso, ele tinha milhares de discípulos porque o que ele dizia era: "Sua mente não é nada além de *gibberish*. Coloque-a de lado e sentirá o gosto do seu próprio ser."

Para usar a meditação *gibberish*, não diga coisas que tenham significado, não use a linguagem que você conhece. Use o idioma chinês se não souber o chinês. Use japonês, se não souber o japonês. Não use o alemão, se souber o alemão. Pela primeira vez, dê-se ao luxo de ter liberdade, a mesma tida pelos pássaros. Simplesmente permita qualquer coisa que venha a mente, sem se preocupar com a racionalidade, se é justo ou não, com o significado, a importância, do mesmo modo que fazem os pássaros.

Primeira etapa: 15 minutos

Mova-se totalmente com esses sons inarticulados. Faça qualquer som que queira, mas não fale em um idioma. Permita-se expressar tudo o que precise ser expresso dentro de você. Ponha tudo para fora. Enlouqueça, com total consciência, para tornar-se o centro do ciclone.

A mente pensa, sempre, em termos de palavras. A meditação *gibberish* ajuda a quebrar esse padrão de verbalização contínua. Sem suprimir os pensamentos, é possível colocá-los para fora, por meio dela. Deixe o seu corpo ser expressivo da mesma forma.

Segunda etapa: 15 minutos

Deite-se de barriga para baixo e sinta-se como se estivesse se fundindo com a mãe Terra. A cada respiração, sinta-se fundindo com o chão abaixo de você.

Meditação Born Again do Osho

Essa meditação tem duração de duas horas por dia, durante sete dias, e pode ser feita sozinho ou em grupo.

Seja brincalhão. Vai ser difícil, uma vez que as pessoas estão tão engessadas. Elas têm uma armadura em torno de si e é muito difícil soltá-la, relaxá-la.

Coloque o conhecimento e a seriedade de lado, e fique absolutamente brincalhão por esses dias. Você não tem nada a perder. Se não ganhar nada, não vai perder nada também. O que se pode perder por ser brincalhão? Mas vou lhes dizer: você nunca mais será o mesmo de novo.

Nesses dias, quero jogá-lo de volta ao ponto em que você começou a ser "bom", em contraposição ao ser natural. Seja brincalhão, de modo que a infância seja recuperada. Será difícil, porque terá de colocar de lado suas máscaras, suas faces, além de ter que colocar de lado sua personalidade. Mas, lembre-se, a essência só pode se afirmar quando a personalidade não estiver presente, pois a personalidade tornou-se uma prisão. Coloque-a de lado.

Recupere a infância. Todo mundo anseia por isso, mas ninguém está fazendo nada para recuperá-la. Todos almejam isso! As pessoas sempre dizem que a infância é o paraíso e os poetas seguem escrevendo poemas sobre a beleza da infância. Quem impede as pessoas de recuperá-la? Dou a todos essa oportunidade.

Primeira etapa: uma hora

Comporte-se como uma criança. Basta entrar na sua infância. O que quer que tiver vontade de fazer, faça: dançar, cantar, pular, chorar, qualquer coisa em qualquer postura. Nada é proibido, exceto tocar e interferir com outras pessoas.

Segunda etapa: uma hora

Sente-se em silêncio, em meditação. Vai ficar mais revigorado, mais inocente, e a meditação se tornará mais fácil.

Meditação para crianças até 12 anos de idade

Esta é uma meditação para as crianças e seus professores, para fazerem juntos no início de cada dia na escola. Mas não deve ser adotada como obrigatória.

Primeira etapa

Cinco minutos de *gibberish*. As crianças devem ter total liberdade para gritar, berrar e expressar seus sentimentos.

Segunda etapa

Cinco minutos de gargalhadas. Elas devem ter permissão para rir sem limites. Assim, suas mentes ficarão mais puras e revigoradas.

Terceiro estágio

Depois do *gibberish* e das risadas, elas devem se deitar por cinco minutos, imóveis e em silêncio, como se estivessem mortas, apenas com o ir e vir da respiração.

Meditação para as crianças acima de 12 anos de idade

Mais tarde, Osho acrescentou mais um passo para adolescentes, ao introduzir um período de choro, durante cinco minutos, depois do riso e antes do silêncio, para crianças acima de 12 anos de idade.

Cinco minutos de *gibberish*.
Cinco minutos de riso.
Cinco minutos de choro.
Cinco minutos para se deitar como se estivessem mortas.

De volta ao útero

Antes de ir dormir, sente-se na cama de forma descontraída e feche os olhos. Sinta o corpo relaxar... Se o corpo começar a inclinar para frente, pode deixá-lo, ele pode inclinar para frente. Ele pode vir a gostar de adotar a postura do útero, como quando uma criança está no útero da mãe. Se tiver vontade, passe para a postura do útero, e vire um bebê no útero da mãe.

Em seguida, apenas ouça sua respiração, e nada mais. Apenas ouça a respiração entrando e saindo. Não estou dizendo para dizer isso, e sim apenas para sentir a respiração que entra e, quando a respiração está saindo, sinta-a sair. E, nesse sentimento, é possível sentir o surgimento de um silêncio e de uma clareza imensos.

Isso é por apenas dez a vinte minutos, no mínimo dez e no máximo vinte, depois vá dormir.

Sinta o silêncio do útero

Deixe o silêncio ser a sua meditação. Sempre que tiver tempo, apenas caia no silêncio, e é exatamente o que quer dizer: cair, como se você fosse uma criança no útero da sua mãe. Sente-se dessa maneira e, aos poucos, vai começar a sentir que deseja colocar a cabeça no chão. Então, coloque a cabeça no chão. Adote a postura do útero, e vai sentir de imediato que o silêncio está chegando, o mesmo silêncio que estava lá no útero da mãe. Ao sentar-se na cama, fique debaixo de um cobertor, encolha-se e permaneça ali completamente imóvel, sem fazer nada.

Alguns pensamentos virão às vezes, deixe-os passar. Seja-lhes indiferente, e não os deixe preocupá-lo: se eles vierem, tubo bem; se não vierem, tudo bem. Não lute, não os afaste. Se lutar, vai ficar perturbado; se afastá-los, vão se tornar persistentes; se não os quiser, eles vão ser muito teimosos e vão permanecer. Simplesmente permaneça indiferente, deixe-os ficar ali na periferia como se o ruído do tráfego estivesse presente. E é realmente um ruído de tráfego, o tráfego do cérebro de milhões de células comunicando-se umas com as outras e da energia em movimento e da eletricidade saltando de uma célula a outra. É só o zumbido de uma grande máquina, por isso deixe-os lá.

Você ficará completamente indiferente aos pensamentos; não lhes dizem respeito, não é problema seu – talvez seja o problema de alguém, mas não seu. O que você tem a ver com isso? E vai ficar surpreso, pois vão surgir momentos em que o ruído desaparecerá, e você será deixado completamente sozinho.

Saia do negativo para o positivo

A negatividade é muito natural. Não deveria ser assim, mas é, pois toda criança passa por muitos momentos negativos. Quando está na fase de ser educada, todo mundo diz a ela o que fazer, e o que não fazer, como se ela fosse uma pessoa insignificante. Ela é uma pessoa frágil em tamanho minúsculo no mundo dos gigantes, e todo mundo tenta manipulá-la. Lá no fundo, ela segue dizendo "Não, Não, Não!" Do lado de fora, ela tem que dizer: "Sim, sim, sim." E com isso ela se torna uma hipócrita.

Então, tente esse método toda noite por sessenta minutos. Durante quarenta minutos, fique negativo, o máximo que puder. Feche as portas, coloque travesseiros ao redor do quarto. Tire o telefone do gancho e diga a todos que não quer ser perturbado por uma hora. Coloque um aviso na porta dizendo que, durante uma hora, você deve ser deixado totalmente em paz.

Faça as coisas da forma mais sombria possível. Coloque alguma música triste e sinta-se sem vida. Sente-se lá e sinta-se negativo. Repita "Não" como um mantra.

Imagine cenas do passado, de quando você era muito sem graça e sem vida, e queria cometer suicídio, e não havia o entusiasmo de viver, e exagere essas situações. Crie toda a situação ao seu redor. Sua mente vai dispersá-lo. Ela vai dizer: "O que está fazendo? A noite está tão bonita, e a lua está cheia!" Não dê ouvidos à mente. Diga a ela que pode vir mais tarde, mas que neste momento você está dedicando completamente à negatividade. Seja religiosamente negativo, hein? Chore, derrame lágrimas, grite, xingue, tudo o que tiver vontade, mas lembre-se de uma coisa: não fique feliz! Não permita nenhuma felicidade. Se você se pegar feliz, dê um tapa em você mesmo imediatamente! Volte para a negatividade, e comece a bater nos travesseiros, a lutar com eles, pule. Seja mau! E vai descobrir que é muito difícil ser negativo por esses 40 minutos.

Esta é uma das leis básicas da mente: o que quer se faça de forma consciente, não se pode fazer. Mas faça, e quando fizer conscientemente, vai sentir uma separação. Está fazendo, mas você ainda é uma testemunha, não está absorto em suas ações. Surge uma distância, e essa distância é maravilhosa. Mas não estou dizendo para criar essa distância. Ela é um subproduto, você não precisa se preocupar com isso. Depois de quarenta minutos, assim do nada, saia da negatividade.

Jogue os travesseiros para longe, acenda as luzes, coloque uma música agradável, e dance durante vinte minutos. Diga apenas "Sim! Sim! Sim!". Deixe que este seja o seu mantra. E, em seguida, tome um bom banho. Isso vai arrancar toda a negatividade, e vai lhe dar uma nova visão em relação à palavra sim.

Isso vai lhe propiciar uma limpeza completa. Uma vez removidas essas pedras, você vai passar a ter um fluxo maravilhoso.

Meditação do riso

À noite, antes de dormir, e de manhã, tente essa meditação por dez a quarenta minutos. Sentado em silêncio, dê uma risadinha, como se todo o corpo estivesse dando risadinhas, rindo. Comece a balançar com o riso e deixe-o se espalhar para as mãos e para os pés. Se vierem às gargalhadas, pode deixar; se vierem de forma discreta, também pode deixar. Deixe que o corpo todo se envolva, não apenas os lábios e a garganta, mas também que se eleve a partir das solas dos pés e, em seguida, passe pela barriga.

Visualize-se como uma criança pequena. Se tiver vontade, comece a rolar no chão. O barulho não é tão significativo como o envolvimento. Não se mantenha rígido. Relaxe, coopere com isso. Mesmo que exagere um pouco no começo, vai ser útil de qualquer forma.

Depois, deite-se na terra ou no chão, com a barriga para baixo. Entre em contato com a terra, sinta que ela é sua mãe e você é o filho, perca-se nesse sentimento. Respire com a terra, sinta-se como a terra. Todas as pessoas vêm da terra e um dia vão voltar a ela.

Depois deste período de contato com a terra, a sua dança vai ter uma qualidade diferente.

Isso acontece à noite, antes de ir dormir. Apenas dez minutos são suficientes e, em seguida, caia no sono. Novamente na parte da manhã, a primeira coisa, e pode ser feita na cama. Portanto, é a última coisa à noite e a primeira coisa de manhã. O riso da noite vai definir uma direção em seu sono. Os sonhos ficarão mais alegres, mais barulhentos, e vão ajudar no riso da manhã, vão criar o pano de fundo. O riso da manhã vai definir a direção para o dia todo. Durante o dia todo, sempre que houver uma oportunidade, não esqueça, dê risadas.

Alívio da tensão no rosto

Todas as noites, antes de dormir, sente-se na cama e comece a fazer caretas, assim como as crianças gostam de fazer. Faça todo tipo de careta, boa, má, feia, bonita, de modo que o rosto como um todo e a musculatura comece a se movimentar. Faça sons, sons sem nexo são interessantes, e balance, apenas por dez a 15 minutos e, em seguida, vá dormir. De manhã, antes de tomar banho, fique novamente diante do espelho e, por dez minutos, faça caretas. Diante do espelho é melhor ainda, pois será capaz de ver e de responder.

Na infância, muitas pessoas controlaram demais as feições do rosto. Reprimiram todos os tipos de emoção. Fizeram com que seus rostos ficassem totalmente inexpressivos; ninguém pode julgar seus sentimentos a partir de seus rostos.

Portanto, à noite, durante dez minutos, faça caretas, faça sons e curta isso como uma criança pequena, e também de manhã diante do espelho, e vai tornar-se um *expert*. Em dois ou três meses, a tensão no rosto terá desaparecido completamente.

Da cabeça para o coração

Substitua o pensar pelo sentir. E a melhor maneira será começar a respirar a partir do coração.

Durante o dia, quantas vezes lembrar, apenas respire fundo, sinta o ar bater no meio do peito. Sinta como se toda a existência estivesse sendo despejada em você, em seu coração exatamente no meio, não à esquerda, não à direita... exatamente no meio. É onde se encontra o centro do seu coração.

Não tem nada a ver com o coração físico. É algo totalmente diferente, ele pertence ao corpo sutil.

Então, respire profundamente e, sempre que o fizer, respire fundo pelo menos cinco vezes: inspire e encha o coração. Sinta o ar no meio, sinta que a existência está sendo derramada no coração: a vitalidade, a vida, a piedade, a natureza... tudo sendo derramado dentro.

E, em seguida, expire profundamente, novamente a partir do coração, e sinta que está despejando o que lhe foi dado de volta para a existência. Faça isso várias vezes ao dia.

Com isso, você vai tornar-se cada vez mais sensível, mais consciente de muitas coisas. Vai cheirar mais, vai saborear mais, vai tocar mais, vai ver mais, vai ouvir mais, e tudo vai se tornar intenso. Você vai começar a sentir a vida realmente pulsando em você.

Relaxamento

Apenas observe uma criança, como ela é relaxada, como ela deixa as coisas acontecerem. E não é preciso muita sabedoria para relaxar, trata-se de uma arte simples. As pessoas já têm conhecimento disso quando nascem, já está lá, deve apenas se tornar ativo a partir de uma posição dormente. Deve ser provocado.

Todos os métodos de meditação não são nada além de métodos para ajudar as pessoas a lembrarem da arte do deixar acontecer.

É necessário recordar princípios simples. O corpo deve ser o começo. Deitado na cama, antes de vir o sono, comece a observar, de olhos fechados, a energia a partir de seus pés. Mova-se a partir daí. Apenas observe o interior: Há alguma tensão em algum lugar? Seja nas pernas, nas coxas, no estômago? Há alguma distensão, alguma tensão? Se você encontrar alguma tensão em algum lugar, simplesmente tente relaxá-lo. E não se mova deste ponto, a menos que sinta que já tenha relaxado.

Vá até as mãos, pois as mãos são a sua mente, elas estão ligadas à sua mente. Se a sua mão direita estiver tensa, o lado esquerdo do seu cérebro estará tenso. Se a sua mão esquerda estiver tensa, o lado direito do seu cérebro estará tenso. Por isso, primeiro vá para as mãos, uma vez que elas são praticamente as sucursais da mente e, depois, finalmente alcance a mente.

Quando o corpo inteiro está relaxado, a mente está 90% relaxada, pois o corpo nada mais é do que uma extensão da mente. Então, os 10% que estão na mente... simplesmente observe, e basta observar para que as nuvens desapareçam. Vai demorar alguns dias para você se acostumar, é uma questão de pegar o jeito. E isso vai reviver a sua experiência de infância, quando você era muito relaxado.

Dentro de alguns dias, você vai ser capaz de pegar o jeito. E, uma vez conhecido o segredo, algo que ninguém pode lhe ensinar e que você terá de buscar dentro do próprio corpo, mesmo durante o dia, a qualquer hora, você poderá relaxar. E ser um mestre do relaxamento é uma das experiências mais belas do mundo. É o começo de uma grande jornada em direção à espiritualidade, porque, quando se está completamente no espírito do deixar acontecer, você não é mais um corpo.

Se todo o corpo estiver relaxado, a pessoa simplesmente esquece que é um corpo. E nesse esquecimento está a lembrança de um novo fenômeno que se encontra oculto dentro do corpo: o ser espiritual.

O deixar acontecer é a forma através da qual a pessoa tem conhecimento de que ela não é o corpo, e sim algo eterno, imortal.

Faça uma avaliação da sua vida, que é onde você pode encontrar alguma experiência natural do deixar acontecer. Há momentos em que você está nadando. Se você for realmente um nadador, ao flutuar, sem nadar, pode encontrar uma grande capacidade de deixar acontecer. Basta seguir com o rio, sem fazer qualquer movimento contra a corrente, tornando-se parte da corrente.

É preciso reunir experiências do deixar acontecer a partir de diferentes fontes, e logo você terá todo o segredo em suas mãos.

O paraíso recuperado

Muitas vezes, sentado na sua presença, sinto-me dominado por um sentimento muito infantil. Parece tão familiar, mas de muito tempo atrás. Isso é significativo?

Esta grande experiência através da qual você está passando aqui é basicamente alcançar sua infância perdida novamente.

Quando digo "sua infância perdida", quero dizer a sua inocência, os olhos cheios de curiosidade, que não sabem nada, que não possuem nada e, no entanto, sentem-se no topo do mundo. Aqueles momentos dourados de curiosidade, alegria, sem tensão, sem preocupação, sem ansiedade, têm de ser recuperados, redescobertos.

É claro que a segunda infância é muito mais valiosa e significativa do que a primeira. Na primeira, a inocência estava lá por causa da ignorância, de modo que não era pura e clara, e não era de possessão da criança, era apenas um fenômeno natural que acontece em toda infância. A segunda inocência é a maior conquista do adulto, pois não acontece de fato. A segunda inocência torna o adulto inocente sem ignorância, uma vez que vem através de todos os tipos de experiência. É madura, centrada, desenvolvida.

Você deve se achar abençoado por se sentir assim. A segunda infância é exatamente o significado existencial da meditação e, a partir daí, a grande peregrinação de volta para casa, de onde você nunca realmente saiu, pois é impossível sair, uma vez que a casa é você. Onde quer que vá, você vai se encontrar lá.

Há apenas um ser essencial em cada pessoa que estará em todo lugar com ela, sem qualquer condição. Mesmo que ela esteja no inferno, não importa, ele estará com ela; se estiver no céu, não importa, ele estará com ela.

Encontrar esse núcleo essencial do próprio ser é, por um lado, a inocência absoluta e, por outro lado, a maior sabedoria que já existiu na face da terra.

Portanto, o corpo da pessoa pode envelhecer, mas se ela aprende formas de permanecer em silêncio e em paz, meditativa e amorosa, ela não vai envelhecer. Vai continuar tão jovem e revigorada como as gotas de orvalho no amanhecer brilhando no belo nascer do sol, parecendo muito mais preciosa do que qualquer pérola.

As pessoas devem ficar felizes e alegrar-se com a própria infância. Isso foi o que Jesus quis dizer quando recomendou repetidas vezes: "A menos que nasça de novo..." Nem mesmo os cristãos pegaram o sentido dessa afirmação. Eles pensam literalmente que "a menos que nasça de novo" significa que, primeiro, a pessoa tem que morrer, para depois nascer novamente, no dia do juízo, Jesus vai levá-la para o paraíso. Este não é o sentido do homem.

O que ele diz é o seguinte: A menos que você morra agora como uma personalidade formada e reapareça como uma personalidade inocente, sem arranhões, sem estar corrompido pela sociedade e pelas pessoas... Esse é o seu novo nascimento, isso é ressureição.

– Não quero mais o seu filho, Ernie, nadando em nossa piscina – diz a sra. Meyer para a vizinha, a sra. Jones.

– Mas o que foi que o meu filhinho Ernie fez? – pergunta a sra. Jones.

– Ele sempre faz xixi na piscina – esclarece a sra. Meyer irritada.

– Não seja tão dura com ele – diz a sra. Jones. – Todas as crianças dessa idade fazem isso!

– Talvez elas façam – diz a sra. Meyer –, mas não do trampolim.

A infância tem os seus encantos, porque não conhece etiqueta, boas maneiras, e todos os tipos de besteiras. É tão simples, tão inocente e tão espontânea.

Um homem entrou em um bar e ficou surpreso ao ver um cachorro sentado em uma mesa com três homens jogando pôquer. O homem aproximou-se e perguntou:

– Esse cachorro consegue realmente ler as cartas?

– Claro que consegue – respondeu um dos homens. – Mas ele não é muito bom jogador. Sempre que tem uma boa mão, ele abana o rabo!

Isso é absolutamente inocente... o pobre cachorro não consegue conter sua alegria.

Duas baratas estavam mastigando iguarias em cima de uma pilha de lixo, quando uma delas começou a falar de alguns novos inquilinos nos apartamentos próximos.

– Ouvi dizer – disse ela – que a geladeira é impecável, as portas brilham e não tem uma partícula de poeira em lugar nenhum.

– Por favor, por favor – disse a outra barata –, não enquanto estou comendo!

Notícia tão ruim...!

Será uma revolução enorme o dia em que o homem começar a aprender a linguagem dos pássaros, das abelhas, das baratas. Todos eles têm suas formas de se comunicar. Mas assim o coração humano sente um pouco de tristeza, porque as pessoas não são capazes de aprender nem mesmo a se comunicar entre si, apesar de estarem aqui há milhares de anos. Que tipo de estupidez é essa, em que os próprios seres humanos não reconhecem toda a humanidade como pertencente a eles, e eles como pertencentes a ela? Tudo o que o homem faz é simplesmente massacrar, matar, guerrear. A mesma energia, o mesmo esforço teria feito com que esse mundo fosse o maior milagre em todo o universo.

Mas eles não entendem uns aos outros. Podem falar a mesma língua, mas não se espera necessariamente que haja compreensão, o que se espera é a má interpretação. Por isso, as pessoas estão se escondendo, escondendo sua infância, escondendo sua inocência, protegendo-se de todo mundo com medidas de defesa, pois, do contrário, será possível ver crianças, jovens e idosos, todos jogando neste jardim da Terra, deleitando-se, rindo, dando risadinhas. Por que essa seriedade? O homem não ganhou nada com essa seriedade, ele simplesmente perdeu tudo. E, apesar disso, ele continua sério.

Sou completamente contra a seriedade.

Chamo isso de doença psicológica.

Apenas um comportamento brincalhão, infantil, inocente é o comportamento certo, é o que eu gostaria de chamar de comportamento virtuoso, religioso, espiritual... não apenas humano, mas divino também.

No momento em que a pessoa for tão inocente quanto uma criança, ela terá transcendido a humanidade, terá entrado no mundo da piedade.

Nunca fui realmente uma criança, na época em que era uma, mas nestes últimos dias, muitas vezes me sinto como criança.

Isso é realmente um milagre, realmente um milagre! Sentir-se como uma criança novamente é uma grande conversão. Permita isso... não se sinta tímido. Coloque a idade e a mente de lado. Se puder, de repente vai sentir surgir uma nova energia em seu corpo. Sua idade vai ser reduzida em pelo menos vinte anos. Pode tornar-se mais jovem de imediato e pode viver mais tempo. Portanto, permita-se, é maravilhoso.

A pessoa deve se tornar uma criança novamente e então a vida ficará completa. Na infância, a pessoa começa, e na infância, a pessoa termina. Se ela morre sem se tornar uma criança, todo o seu ciclo de vida ficará incompleto. Ela terá que nascer de novo.

Essa é a ideia do renascimento de todo o Oriente. Se a pessoa pode renascer, ou seja, renascer nesta vida, então não há necessidade de nascer de novo. Se a pessoa pode realmente tornar-se uma criança neste corpo, não há necessidade de nascer no mundo novamente. Ela pode viver no coração da existência. Não há necessidade, então, de voltar. Ela aprendeu a lição e completou o círculo.

Todo o meu esforço é o seguinte: ajudar as pessoas a serem crianças novamente. É difícil, é muito difícil, porque toda a experiência, todo o comportamento, todas as características das pessoas resistem e dizem "O que você está fazendo? Que bobeira!" Mas seja bobo e deixe-as falar. A pessoa vai se sentir tão aliviada, tão nova. Deve permitir isso. Por outro lado, embora seja algo muito significativo, pode-se perdê-lo. Se a pessoa não ajudar, pode ser perdido facilmente, porque toda a sua personalidade estará contra. A pessoa terá de trabalhar, de forma consciente, uma maneira para permitir isso. Todo o seu passado estará lá como uma rocha e esse novo fenômeno será apenas como um pequeno riacho com água gotejando, que pode vir a ser um rio, caso a pessoa ajude, pois, se assim não for, a rocha se manterá muito grande. Mas, afinal, se a pessoa ajudar, quanto mais suave, quanto mais afeita à água, quanto mais forte ela for, mais desaparecerão as coisas do tipo pedra.

A longo prazo, a rocha é sempre derrotada pela água. O velho é sempre derrotado pela criança. A morte é sempre derrotada pela vida. É preciso se lembrar disso, e sempre ajudar nas coisas mais suaves, mais jovens e mais frescas.

Os adultos devem fazer amizade com crianças e segui-las por aí. Elas vão se divertir. As crianças são sempre receptivas e compreensivas. Elas vão entender imediatamente que os adultos parecem velhos, mas que não o são. Basta misturar-se com crianças e esquecer as pessoas grandes.

É sempre bom sair para dar uma volta com uma criança de 2 ou 3 anos e entrar em comunhão com ela, ver o que ela está fazendo, ver como anda e como se interessa por tudo. Uma borboleta, uma flor ou um cachorro latindo, e a criança fica totalmente envolvida com cada momento. Só ela sabe como viver. Quando o adulto se torna criança novamente, ele sabe como viver. No meio disso, há somente o sofrimento e o inferno.

Portanto, a pessoa deve manter essa ideia de uma criança de 3 anos. Deve deixar que essa seja a sua realidade e que a sua idade cronológica seja somente um fenômeno social, apenas uma fachada. Deve ser adulto somente na parte externa, enquanto na parte interior permanece uma criança. E, quando estiver sozinho, abandone todos os trejeitos de adulto, eles não são necessários. Deve se comportar como uma criança. E vai ser bom brincar com crianças pequenas.

Às vezes o adulto pode pegá-las para dar uma volta na praia ou em qualquer outro lugar, um jardim, por exemplo, e comportar-se como elas. Não deve forçá-las a se comportar como ele. Basta acompanhá-las para descobrir as novas percepções que surgem dentro de si.

Às vezes é assustador sentir-se como uma criança, porque a pessoa passa a se sentir mais vulnerável, mais aberta, e qualquer um pode magoá-la. A pessoa se torna muito impotente novamente... mas essa impotência é maravilhosa. Ser vulnerável é belo, ser ferido algumas vezes é belo. Simplesmente evitar essas feridas torna as pessoas duras e faz com que elas formem uma crosta, do tipo aço, como uma armadura. É seguro, mas não tem vida.

As pessoas estão em um espaço realmente maravilhoso! Permaneçam nele e convidem-no repetidas vezes.

Sempre que tiver uma oportunidade, a pessoa deve simplesmente tornar-se uma criança. No banheiro, no banho, seja apenas uma criança. Tenham todos os seus brinquedos à sua volta!

Informações adicionais

www.OSHO.com

Um site de fácil compreensão que abriga a revista e os livros de OSHO, o acervo da OSHO Talks, em formato de áudio e vídeo, e os textos da OSHO Library, em inglês e híndi, além de ampla informação sobre a OSHO Meditations. Você poderá encontrar o programa da OSHO Multiversity e mais detalhes sobre o Resort Internacional de Meditação OSHO.

SITES:

http://OSHO.com/resort
http://OSHO.com/AllAboutOSHO
http://OSHO.com/shop
http://www.youtube.com/OSHO
http://www.twitter.com/OSHOtimes
http://facebook.com/pages/OSHO.International
http://www.flickr.com/photos/oshointernational

Para entrar em contato com a **OSHO International Foundation**: www.osho.com/oshointernational

Resort Internacional de Meditação

O Resort Internacional de Meditação Osho é um ótimo local para passar férias e para ter uma experiência pessoal direta de uma nova maneira de viver, com mais atenção, relaxamento e diversão. Localizado em Puna, Índia, aproximadamente 160 quilômetros a sudeste de Mumbai, o resort oferece uma variedade de programas a milhares de pessoas que o visitam a cada ano, procedentes de mais de cem países.

Criada originalmente como um retiro de verão destinado a marajás e a colonialistas ingleses abastados, Puna é atualmente uma cidade moderna e próspera, que abriga inúmeras universidades e indústrias de alta tecnologia.

O Resort de Meditação ocupa uma área de mais de quarenta acres em um bairro residencial muito arborizado, chamado Koregaon Park. Seu *campus* oferece um número limitado de acomodações para visitantes numa nova casa de hóspedes, mas existe uma grande variedade de hotéis e apartamentos próximos, que ficam disponíveis para permanência de alguns dias a vários meses.

Os programas do Resort de Meditação se baseiam todos na visão de Osho de um novo tipo de ser humano, capaz, ao mesmo tempo, de participar criativamente da vida cotidiana e de buscar relaxamento no silêncio e na meditação. Realizada em instalações modernas, com ar-condicionado, a maioria dos programas inclui uma variedade de sessões individuais, cursos e workshops, que abrangem desde artes criativas até tratamentos holísticos de saúde, terapia e transformação pessoal, ciências esotéricas, abordagem zen nos esportes e recreação, questões de relacionamento e transições significativas da vida para homens e mulheres. Sessões individuais e workshops em grupo são oferecidos durante todo o ano, ao lado de uma programação diária integral de meditações.

Cafés e restaurantes ao ar livre, situados na própria área do resort, servem cardápios indianos tradicionais e uma variedade de pratos internacionais, todos feitos com vegetais produzidos organicamente na própria fazenda. O *campus* tem seu próprio suprimento de água potável de boa qualidade.

www.osho.com/resort

Este livro foi composto na tipologia Adobe Caslon Pro,
em corpo 11/15,2, impresso em papel off-white,
no Sistema Cameron da Divisão Gráfica
da Distribuidora Record.